职业教育财经类
“十二五”规划教材

市场营销基础与实务

The Basics and Practice of Marketing

刘芳　胡俊开　主编
朱伟　副主编

人民邮电出版社
北京

图书在版编目（CIP）数据

市场营销基础与实务 / 刘芳，胡俊开主编. -- 北京：人民邮电出版社，2015.2（2019.12重印）
职业教育财经类“十二五”规划教材
ISBN 978-7-115-38351-8

Ⅰ. ①市… Ⅱ. ①刘… ②胡… Ⅲ. ①市场营销学－高等职业教育－教材 Ⅳ. ①F713.50

中国版本图书馆CIP数据核字(2015)第009890号

内 容 提 要

本书基于对市场营销职业能力的分析，以项目为依托，以任务为载体，注重对学生实践能力的培养。全书内容包括10个项目，分别为：市场营销学概述、市场营销环境分析、消费者购买行为分析、确定目标市场、制定产品策略、制定定价策略、分销渠道分析、运用促销策略、市场营销战略与组织管理、市场营销实务新发展。每个项目设有“案例链接与思考”“技能训练”“资料贴吧”“项目思考与练习”等栏目，帮助学生更好地将市场营销的知识运用到实际的工作情境中。

本书既可作为高职高专院校市场营销及相关专业的核心课教材，也可作为企业营销人员的参考和培训用书。

◆ 主　　编　刘　芳　胡俊开
副 主 编　朱　伟
责任编辑　刘　琦
执行编辑　朱海昀
责任印制　杨林杰

◆ 人民邮电出版社出版发行　　北京市丰台区成寿寺路11号
邮编　100164　　电子邮件　315@ptpress.com.cn
网址　http://www.ptpress.com.cn
涿州市京南印刷厂印刷

◆ 开本：787×1092　1/16
印张：13　　2015年2月第1版
字数：309千字　　2019年12月河北第7次印刷

定价：32.00元

读者服务热线：(010)81055256　印装质量热线：(010)81055316
反盗版热线：(010)81055315
广告经营许可证：京东工商广登字20170147号

前　言

市场营销学是一门应用性和实践性很强的学科。它能够将理论与实践建立起密切的联系，通过实践场景让学生从中加深对相关知识的理解，同时学会用理论解释实践。高职高专市场营销专业面向一线的企业营销职业岗位，以培养营销技术与管理方面的高技能人才为目标。本书基于对市场营销职业能力的分析，选取典型工作任务，对营销岗位所必需的知识力求讲清楚、讲透，使课程的应用性得到更有效的体现。

本书在编写上力求兼顾理论与实务：理论前沿、适用，用于解释现实、指导实践；实务贴近工作实践，能帮助学生加深对知识的理解，培养学生的能力。本书在体系结构上，保持了市场营销学体系的基本架构，在内容上进行了整合和提炼，既突出市场营销学的广泛实用性，又体现它的持续发展性。

本书的特色具体体现在以下几方面。

首先，在理论上，兼顾知识的系统性、前瞻性和实用性。在突出经典的市场营销理论之外，本书还吸收了市场营销学理论的最新成果，在最后一个项目中专门介绍了当代营销实务的新领域，包括网络营销、文化营销、绿色营销、体验营销、关系营销、整合营销，让学生感受到市场营销学知识的经典价值与创新魅力。

其次，在实务上，突出可操作性和应用性。书中将市场营销的知识学习与技能培养置于实际情境之中，根据市场营销职业岗位能力要求，以项目为依托、以任务为载体，将市场营销知识转换为可感知和易理解的信息，传递给学生，有助于内化为学生的关键能力。

再次，本书注重体现知识的拓展性、案例的生动性、学习的自主性。书中在每个项目开篇由新颖案例导入并引出相应的思考，激发学生对本项目的学习兴趣和关注。各项目根据职业岗位能力要求划分为若干子任务，并在任务中穿插“案例链接与思考”“资料贴吧”等可读性强的内容。

此外，为了培养学生的职业能力，每个项目安排了“技能训练”“案例分析”“综合实训”，强化学生的知识应用能力。

本书由刘芳、胡俊开担任主编，朱伟担任副主编。参与编写的人员还有吴军、吴波、章文艳、李滨、邱联章。全书由刘芳、胡俊开最后统稿。由于时间仓促，编者水平和经验有限，书中难免有欠妥和错误之处，恳请广大读者批评指正。

2014 年 11 月

目　录

项目一　市场营销学概述

项目目标

知识目标

（1）掌握市场营销的几大核心概念。

（2）掌握营销管理哲学。

技能目标

（1）学会运用现代市场营销观念。

（2）学会针对不同的需求种类制订不同的营销策略。

本章导入

麦当劳公司运用市场营销观念

麦当劳公司作为快餐汉堡包零售商，是一流的市场营销商，其 14 000 家快餐店分布于全球 79 个国家和地区。每天有 1 900 万顾客经过著名的金色双拱标志，每年多达 96%的美国人在麦当劳用餐。现在，麦当劳每秒销售 145 只汉堡包。这一销售业绩应归功于其强劲的市场营销定位，即麦当劳知道怎样为顾客服务，并能够随消费者欲望的变化而进行调整。

麦当劳的市场营销哲学完全浓缩于其座右铭“QSCV”之中，这 4 个字母分别代表质量、服务、洁净与价值。顾客走进窗明几净的餐厅，来到友好的柜台服务员面前，很快便可以点到一份可口的快餐。

麦当劳已掌握了为消费者服务的艺术，并细心把基本原理教给其职员和特许经销商。麦当劳通过频繁的顾客调查来监督产品和服务质量，并且不遗余力地改进汉堡包的生产方法，以简便操作、降低成本、加快服务，从而带给顾客更多的价值。除了这些努力之外，每一家麦当劳快餐店还通过社区参与和服务项目来成为附近地区的一分子。

麦当劳公司在其位于美国以外的 4 700 家快餐店中，仔细地根据当地的口味和习惯来制订菜单。比如，在日本供应玉米汤和叉烧汉堡；在意大利罗马有通心粉沙拉；在法国巴黎有配以葡萄酒和现场钢琴音乐的麦乐系列汉堡包；在以牛为神圣的印度，麦当劳卖蔬菜汉堡包而不是牛肉汉堡。

麦当劳在莫斯科开设第一家快餐店时，很快就赢得了俄罗斯消费者的青睐。但是，为了在这个新市场达到其高水准的顾客服务标准，它不得不克服一些巨大的障碍。麦当劳必须把那些经受过时间考验的做事方法教授给供应商、职员甚至顾客。公司还在汉堡包大学中培训俄罗斯经理，并要求 630 名新职员中的每一位都要接受 16～20 小时的基本知识培训。麦当劳还必须培训消费者，因为绝大多数莫斯科市民从来没见过快餐店。在莫斯科开业的第一天，麦当劳为700名莫斯科孤儿举办开业聚会，并把开业当天的全部收益捐献给莫斯科儿童基金会。结果，这家新的莫斯科快餐店营造了一个非常成功的开端。

麦当劳对消费者的注重已使其成为世界上最大的快餐服务组织之一。现在，她已赢得了20%的美国快餐业务，并正迅速地向全球扩张。

请思考：

1. 你认为麦当劳的市场营销观念的核心思想是什么？
2. 麦当劳在保持和吸引顾客方面有何独特之处？

任务一　认识市场营销

一、认识市场营销学

市场营销学是由英文“Marketing”一词翻译过来的。关于“Marketing”一词的中文翻译有“市场学”“行销学”“销售学”“市场经营学”“营销学”等，本书考虑到从静态和动态结合上把握“Marketing”的含义，用“市场营销学”的译法比较合适。

市场营销学是在经济学、行为科学等学科基础上发展起来的。正如营销大师菲利普·科特勒（Philip Kotler）在1987年美国市场营销协会（AMA）成立50周年纪念大会上所言：“营销学之父为经济学，其母为行为学，哲学和数学为其祖父、祖母”。

（一）市场营销学在美国的发展

市场营销进入美国的学术界，成为一个专门的研究的领域始于20世纪初期。它的产生是美国社会经济环境发展变化的产物。19世纪末20世纪初，美国开始从自由资本主义向垄断资本主义过渡，社会环境发生了深刻的变化。工业生产飞速发展，专业化程度日益提高，人口增长急剧，个人收入上升。日益扩大的新市场为创新提供了良好的机会，人们对市场的态度开始发生变化。所有这些变化因素都有力地促进了市场营销思想的产生和市场营销理论的发展。从总体上来看，市场营销理论在美国的发展，大致经历了萌芽时期、职能研究时期、形成和巩固时期、市场营销管理导向时期、协同发展时期、分化扩展时期这6个阶段，如表1-1所示。

表1-1　美国市场营销理论发展阶段

发展阶段	时间跨度	所处环境	研究重点	代表人物
萌芽时期	1900—1920年	西部开发及铁路建设，国内市场急剧扩大	重视广告及分销	阿克•肖 拉尔夫•斯达•巴特勒 韦尔德
职能研究时期	1921—1945年	收入提高，分配不均，消费结构发生变化	市场营销职能研究	克拉克 韦尔德 亚历山大

续表

发展阶段	时间跨度	所处环境	研究重点	代表人物
形成巩固时期	1946—1955 年	产能过剩，竞争激烈	如何满足需求	范利、格雷瑟和柯克斯 梅纳德和贝克曼
市场营销管理导向时期	1956—1965 年	生产和生活方式巨大变化	如何发挥市场营销效能	奥德逊 霍华德 麦卡锡
协同发展时期	1966—1980 年	消费结构分化明显	吸收其他学科	乔治•道宁 菲利普•科特勒
分化扩展时期	1981 至今	科技革命，竞争惨烈	学科分化	莱维•辛格 菲利普•科特勒 列斯和特罗 克里斯琴•格罗路斯 巴巴拉•本德•杰克逊

（二）市场营销理论应用的发展

第二次世界大战之后，市场营销学发生了根本性的变化，从传统市场营销学演变为现代市场营销学，市场营销学日益广泛应用于社会各领域，也从美国拓展到其他国家。

1. 市场营销学广泛应用于社会各领域

市场营销观念和理论首先被引进生产领域。先是日用品公司，如小包装消费品公司，继而被引入耐用消费品公司，接着被引进工业设备公司，而后被引入重工业公司，诸如钢铁、化工公司。其次，从生产领域引入服务业领域。先是被引入航空公司、银行，继而保险、证券金融公司。后来，又被专业团体，诸如律师、会计师、医生和建筑师等所运用。

在资本主义国家，市场营销原理与方法亦应用于社会及政治领域。比如将市场营销方法应用于大学、医院、博物馆及政府政策的推行等社会领域中。又如，法国政府应用市场营销原则与方法了解公众对政府废除死刑及扩大欧洲共同体的看法，根据公众不同的政见进行市场细分，然后采用广告宣传去影响或改变公众对政府政策的反对态度。再如，西方国家政党及政治候选人应用市场营销方法对选民进行市场细分，对选民进行广告宣传，争取选民投票支持。

为了与市场营销学应用范围的扩大相适应，市场营销学从基础市场营销学扩展为工业市场营销学、服务市场营销学、社会市场营销学、政治市场营销学及国际市场营销学。

2. 市场营销学在各国应用的发展

20 世纪初，市场营销学首创于美国。20 世纪 50 年代，市场营销学开始传播到日本、法国、苏联及东欧国家。

中国则是自改革开放以后，才开始引进市场营销学的。首先是通过对国外市场营销学书刊及国外学者的讲课内容进行翻译介绍。其次，自 1978 年以来，我国选派学者、专家、学生赴国外访问、学习、考察国外市场营销学开设课程的状况以及国外企业对市场营销原理的应用情况，还邀请外国专家和学者来国内讲学。1984 年 1 月，中国高等院校市场学研究会成立，继而各省先后成立了市场营销学会。这些营销学术团体对于推动市场营销学理论研究及在企业中的应用起了巨大的作用。如今，市场营销学已成为各高校经济管理条件的必修课，市场营销学原理与方法也已广泛地应用于各类企业。由于各地区、各部门之间的生产力发展水平不平衡，产品市场趋势有别，加之各部门经济体制改革进度不一，各企业经营机制改革深度不同等，市场营销学在各地区、各部门、各类企业的应用程度不尽相同。

二、市场营销学的研究对象及方法

1. 市场营销学的研究对象

市场营销学的研究对象为：以市场为导向的企业市场营销活动及其规律性。具体来说，市场营销学的全部研究都是以产品适销对路、扩大市场销售为中心而展开的，并为此提供理论、思路和方法。它的核心思想是企业必须面向市场、面向消费者、适应不断变化的环境并及时做出正确的反应，企业必须发挥自身的优势，比竞争者更好地为消费者或用户提供令人满意的各种商品或服务，并且要用最少的费用、最快的速度将产品送达用户手中，企业应该而且只能在消费者或用户的满足之中实现自己的各项目标。

2. 市场营销学的研究方法

梅纳德和贝克曼在《市场营销原理》一书中，把市场营销定义为“影响商品交换或商品所有权转移以及为商品物流服务的一切必要的企业活动”。他们提出了研究市场营销的 5 种方法：①产品研究法，即按产品类别向纵深方向对市场营销活动进行分析；②机构研究法，即对参与市场活动的各个机构进行研究，如批发机构、零售机构等；③历史研究法，即从历史发展的角度分析市场营销职能及其执行职能的机构，寻找其产生、发展和消亡的原因；④成本研究法，即从成本对价格的影响出发，研究成本对市场营销活动以及顾客购买行为的影响；⑤职能研究法，即从市场营销职能的角度，来比较各类中间商在各种产品的市场营销活动中所执行的职能，以便于实现各种机构的最佳组合。他们还指出，从 20 世纪初以来，市场营销学已从描述性方法过渡到分析性方法。定义是十分重要的，市场营销学所包含的各个要素若无正确定义，便无法进行研究。市场营销原理则是对一般规律的阐述。人们在研究各种事实的因果关系时发现了某种规律，这些规律在特定条件下就会起作用。当市场营销原理组合在一起时，便构成了市场营销理论。

乔治 • 道宁（George S.Downing）首次提出了系统研究法。他在《基础市场营销：系统研究法》一书中提出，市场营销是企业活动的总体系统，通过定价、促销、分销活动，并通过各种渠道把产品和服务供应给现实顾客和潜在顾客。道宁力图阐明企业为什么以及如何在其所选择的市场上经常不断地修正自己的行动，以增强适应性。道宁强调说，市场营销并非仅仅是某种职能，它是一个贯穿始终的过程。

三、掌握市场营销的核心概念

（一）市场的概念、分类及功能

1. 市场的概念

市场是社会分工和商品经济发展到一定程度的产物。随着社会生产力的发展，社会分工的细分，商品交换日益丰富，交换形式复杂化，人们对市场的认识日益深入。

传统的观念认为，市场指的是商品交换的场所，如商店、集市、商场、批发站、交易所等。这是市场的最一般、最容易被人们理解的概念，所有商品都可以从市场流进流出，实现了商品由卖方向买方转换。

广义的市场是由那些具有特定需要或欲望，愿意并能够通过交换来满足这种需要或欲望的全部顾客所构成的。这种市场范围，既可以指一定的区域，如国际市场、国内市场、城市市场、农村市场，也可以指一定的商品，如食品市场、家电市场、劳动力市场等，甚至还可指某一类经营方式，如超级市场、百货市场、专业市场、集贸市场等。

从广义的市场概念可以看出，市场的大小并不取决于商品交换场所的大小，而是取决于那些表示有某种需要，并拥有使别人感兴趣的资源，而愿意以这种资源来换取其需要的东西的主体数量。具体来说，市场由购买者、购买力和购买愿望这三要素组成。只有当这三要素同时具备时，企业才拥有市场，即

市场={有需求的人口}={购买者+购买力+购买欲望}

技能训练 1-1

训练背景

家电下乡是我国政府于 2008 年 12 月宣布的财政政策救市方案，为了应对美国开始的全球金融海啸所造成的消费性电子产品外销需求急速衰退，意图扩大内需市场，全国非城镇户口居民购买彩色电视、冰箱、移动电话与洗衣机这 4 类产品，按产品售价 13%给予补贴，最高补贴上限为电视 2 000 元、冰箱 2 500 元、移动电话 2 000 元与洗衣机 1 000 元。

商务部和财政部预测，2008 年财政补贴家电下乡资金将达到 104 亿元，累计拉动消费 9 200 亿元。

从 2009 年 2 月 1 日起，家电下乡在原来 14 个省市的基础上，开始向全国推广，产品也从过去的 4 种增到 8 种。除了之前推出的“彩电、冰箱、手机、洗衣机”之外，本次家电下乡又新增了摩托车、计算机、热水器和空调。它们和彩电等产品同样享受国家 13%的补贴。各个省市可以根据各地区不同的需求在这 4 种产品中选择两个进行推广。

2010 年 3 月 29 日，财政部和商务部印发了《新增家电下乡补贴品种实施方案》，在这些新增品种中，电动自行车最受消费者青睐，并将成为 10 大家电下乡品种之一。

资料来源：http://baike.baidu.com/view/1721311.htm?fr=aladdin

训练要求

请谈谈你是如何理解市场概念中的各个要素的。

从经营者的角度来看，人们常常把卖方称为行业，而将买方称为市场，它们的关系如图 1-1 所示。

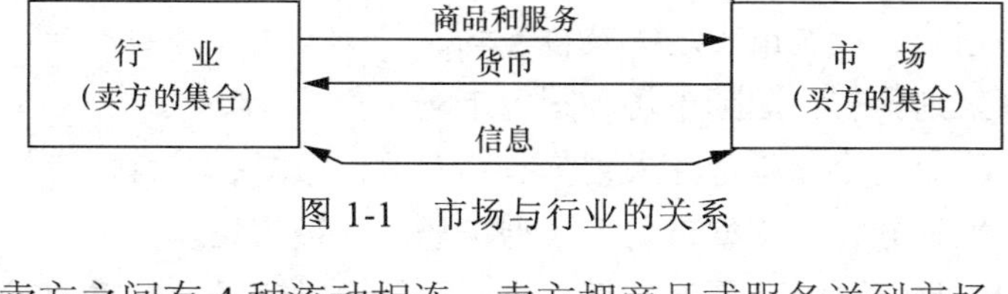

图 1-1　市场与行业的关系

这里买方与卖方之间有 4 种流动相连：卖方把商品或服务送到市场，并与市场取得沟通，买方把金钱和信息送至行业。图中，内环表示钱物交换，外环表示信息交换。

从宏观角度来看，市场是所有交换关系活动的总和，其交换内容可以是有形的，如商品市场、金融市场、生产要素市场等；也可以是无形的，如服务市场，这些由交换过程连接而形成的复杂市场就构成了一个整体市场，如图 1-2 所示。

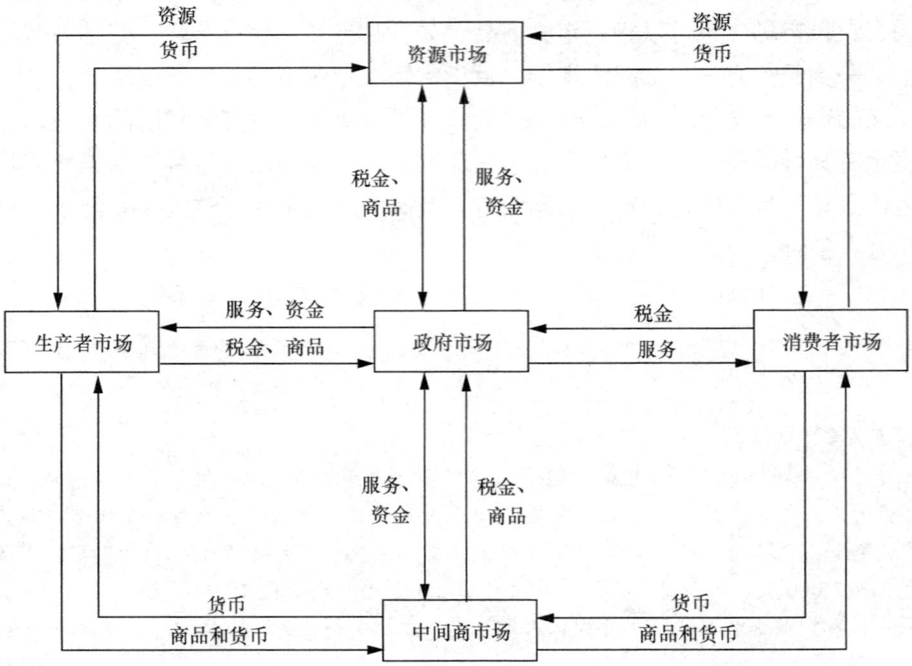

图 1-2　整体市场的流程结构

在整体市场中，生产者主要从资源市场（工业品市场）购买资源，生产出商品或服务卖给中间商，中间商再出售给消费者，消费者则从出卖劳动力所得到的报酬来购买其所需的商品和服务。政府则是另一种市场，它为公众需要提供服务，对各市场征税，同时也从资源市场、生产者市场和中间商市场采购商品与服务。

2．市场的分类

按购买者的购买目的和身份市场来划分有：消费者市场、生产商市场、中间商市场、政府市场等。

按照商品流通的时间来划分有：现货市场、期货市场。

按照商品流通的顺序来划分有：批发市场、零售市场。

按市场上的竞争状况来划分有：完全竞争市场、完全垄断市场、垄断竞争市场、寡头垄断市场。

按地理位置来划分有：城市市场、农村市场。

按照区域范围来划分有：国际市场、国内市场。

按照经营产品的专门化和综合性来划分有：专业性市场、综合性市场。

按照规模大小来划分有：小型市场、中型市场、大型市场。

按市场经营的商品以及最终用途来划分有：一般商品市场、特殊商品市场。

按交易对象是否具有物质实体来划分有：有形产品市场、无形产品市场。

3. 市场的功能

市场功能是市场机制在市场营销活动中，以商品交换为中心所具有的客观职能，市场一般有以下功能。

（1）交换功能。这是指通过市场进行商品收购和商品销售活动，能实现商品所有权与货币持有权之间的相互转移，最终把商品送到消费者手中，使买卖双方都得到满足。

（2）供给功能。这是指商品的运输和储存等方面的活动。商品的运输和储存是实现商品交换功能的必要条件。由于商品的生产与消费往往不在同一地点，这就要求通过运输把商品从生产地转移到消费地。另外将商品通过储存设施加以保管留存，以保证市场上商品的及时供应。

（3）价值实现功能。商品的价值是人们在生产劳动过程中创造的，其价值的实现则是在市场上通过商品交换来完成的。任何商品都会受到市场的检验，市场是企业营销活动的试金石。市场状况良好，商品能顺利地在卖者和买者之间转换，最终送到消费者手里实现消费，价值才能最后实现。

（4）反馈功能。市场能客观反映商品供求的状况，它把供求正常和供求失调的信息反馈给企业，为企业制定经营决策提供依据。

（5）调节功能。市场的调节功能是通过价值规律、供求规律和竞争规律来体现的。人们从市场上得到有关市场供求、市场价格和市场竞争情况的信息反馈后，可以通过一定的调节手段和措施使生产的商品适应市场的需求。

（6）便利功能。这是为了保证交换和供给功能能够顺利实现而提供的各种便利条件。包括资金融通、风险承担、商品标准化和市场信息系统等。

市场的这些功能是通过参与市场活动的企业和个人的经济行为来实现的，它们之间存在互相制约、互相促进的关系。

（二）市场营销的概念

在现实中，市场营销经常被理解为推销（Selling）。其实，推销只是市场营销多重功能中的一项，并且通常还不是最重要的一项功能。正如美国著名管理学家彼得·德鲁克（Peter Drucker）所言："可以设想，某些推销工作总是需要的，然而，营销的目的就是要使推销成为多余，从而使产品或服务完全适合顾客需要而形成产品自我销售；理想的营销会产生一个已经准备来购买的顾客群体，剩下的事情就是如何便于顾客得到这些产品或服务。"

市场营销是一个动态发展的概念。近几十年来，西方学者从不同角度给市场营销下了许多不同的定义，归纳起来可以分为三类：一是把市场营销看作一种为消费者服务的理论；二是强调市场营销是对社会现象的一种认识；三是认为市场营销是通过销售渠道把生产企业与市场联系起来的过程。

世界营销权威菲利普·科特勒所提出的定义："市场营销是个人和群体通过创造产品和价值，并同他人进行交换以获得所需所欲的一种社会及管理过程。"

根据这一定义，可以将市场营销概念归纳为以下要点：

① 市场营销的终极目标是满足需求和欲望；

② 市场营销的核心是交换，而交换过程是一个主动、积极寻找机会，满足双方需求和欲望的社会和管理过程；

③ 交换过程能否顺利进行，取决于营销者创造的产品和价值满足顾客需要的程度和交换过程管理的水平。

要对市场营销进行深入细致的研究，首先应该掌握它的一些基本的核心概念。它们包括了需要、欲望和需求，商品与服务，价值和满足，交换和交易，市场和营销者，如图 1-3 所示。

图 1-3 市场营销的核心概念

1. 需要、欲望和需求

（1）需要（Need）。构成市场营销基础的最基本的概念就是人类需要。它是指人们没有得到某些满足的感受状态。人们在生活中需要空气、食品、衣服、住所、安全、感情以及其他一些东西，这些需要都不是社会和企业所能创造的，而是人类自身本能的基本组成部分。

技能训练 1-2

辩一辩：“电脑控”、“手机控”的出现，是否意味着它们创造了人们的新需要？

（2）欲望（Want）。它是指人们想得到这些基本需要的具体满足物或方式的愿望。一个人饿了，需要充饥，想要得到食物，如面包、方便面等。

技能训练 1-3

想一想：“画饼充饥”可以成为你的欲望吗？

（3）需求（Demand）。它是指人们有能力购买并且愿意购买某种商品或服务的欲望。人们的欲望几乎没有止境，但资源是有限的。因此，人们想用有限的金钱选择那些价值和满意程度最大的商品或服务，当有购买力作为后盾时，欲望就变成了需求。

企业并不创造需要，需要早就存在于营销活动出现之前。企业以及社会上的其他因素只是影响了人们的欲望，他们向消费者建议一个什么样的商品可以满足消费者哪些方面的要求，如一套豪华住宅可以满足消费者对居住与社会地位的需要。优秀的企业总是力图通过使商品富有吸引力、适应消费者的支付能力和容易得到来影响需求。

2. 商品与服务

人们在日常生活中需要各种商品来满足自己的各种需要和欲望。从广义上来说，任何能满足人们某种需要或欲望而进行交换的东西都是商品。

商品这个词在人们心目中的印象是一个实物，如汽车、手表、面包等。但是，诸如咨询、培训、运输、理发等各种无形服务也属于商品范畴。一般用商品和服务这两个词来区分实体商品和无形商品。在考虑实体商品时，其重要性不仅在于拥有它们，更在于使用它们来满足人们的欲望。例如，人们购买汽车并不是为了观赏，而是因为它可以提供一种被称为交通的服务。所以，实体产品实际上是向人们传送服务的工具。

服务则是一种无形产品，它是将人力和机械的使用应用于人与物的结果。例如，保健医生的健康指导、儿童钢琴知识教育、汽车驾驶技能的培训等。

当购买者购买商品时，实际上是购买该商品所提供的利益和满意程度。例如，在具有相同的报时功能的手表中，为什么有的消费者偏爱价格高昂的劳力士手表？原因在于它除了基本的报时功能外，还是消费者成功身份的象征。这种由产品和特定图像、符号组合起来表达的承诺，能够帮助消费者对有形产品和无形产品做出购买判断。在很多情况下，符号和无形的产品让消费者感到更有形、更真实。由于人们不是为了商品的实体而购买商品，商品的实体是利益的外壳，因此，企业的任务是推销商品实体中所包含的内核——利益或服务，而不能仅限于描述商品的形貌。

3. 价值与满意

消费者通常都面临一大批能满足某一需要的商品，消费者在这些不同商品之间进行选择时，一般都是依据商品所能提供的最大价值而做出购买决定的。这里所谓的价值（Value）就是消费者付出与消费者所得之间的比率。一般来说，消费者在获得利益的同时也需要承担成本。消费者所获得的利益包括功能利益和附加利益，而成本则包括金钱、时间、精力以及体力。因此，价值可用以下公式来表达

$$价值=\frac{利益}{成本}$$

企业可以通过这几种方法来提高购买者所得价值：①成本不变，增加利益；②利益不变，降低成本；③增加利益同时降低成本；④利益增加幅度比成本增加幅度大；⑤成本降低幅度比利益降低幅度大。

如果满意（Satisfaction）解释为顾客通过对某商品可感知的效果与他的价值期望相比较后所形成的愉悦或失望的感觉状态，则满意水平可表示为感知效果与价值期望之间的差异函数，即

$$满意水平=感知效果-价值期望$$

如果效果超过期望，顾客就会高度满意；如果效果与期望相等，顾客也会满意；但如果效果低于期望，顾客就会不满意。

案例链接与思考

王永庆卖米

王永庆15岁小学毕业后，到一家小米店做学徒。第二年，他用父亲借来的200元钱做本金，自己开了一家小米店。为了和隔壁那家日本米店竞争，王永庆颇费了一番心思。

当时大米加工技术比较落后，出售的大米里混杂着米糠、沙粒、小石头等，买卖双方都是见怪不怪。王永庆则多了一个心眼，每次卖米前都把米中的杂物拣干净，这一额外的服务深受顾客欢迎。

王永庆卖米多是送米上门，他在一个本子上详细记录了顾客家有多少人、一个月吃多少米、何时发薪水等。算算顾客的米该吃完了，就送米上门；等到顾客发薪水的日子，再上门收取米款。

他给顾客送米时，并非送到就算。他先帮顾客将米倒进米缸里；如果米缸里还有米，他就将旧米倒出来，将米缸刷干净，然后将新米倒进去，将旧米放在上层。这样，米就不至于因陈放过久而变质。他这个小小的举动令不少顾客深受感动，铁了心专买他的米。

就这样，他的生意越来越好。从这家小米店起步，王永庆最终成为我国台湾地区工业界的“龙头老大”。后来，他谈到开米店的经历时，不无感慨地说：“虽然当时谈不上什么管理知识，但是为了服务顾客做好生意，就认为有必要掌握顾客需要。没有想到，由此追求实际需要的一点小小构想，竟能作为起步的基础，逐渐扩充演变成为事业管理的逻辑。”

从王永庆的米店里买米，会感觉自己的所得是超于产品价值的，这超出的价值便是服务。令人感动的服务绝不仅仅是微笑能涵盖的，它融合在每一个工作的细节里。如果去衡量的话，衡量的标准便是：你是否在与顾客交往的每一个环节上都细心地为顾客的方便与顾客的利益着想了？我们应该明白的是：在如今技术高度发展、产品趋同的形势中，一个企业如果想存活并发展，就一定要有超越产品的让顾客愿意为之捧场的理由。只有乐于把方便给予他人，把利益给予他人，把温暖给予他人，把服务给予他人，才能塑造出企业独特的魅力，赢得顾客的心。

请思考：

用价值等式分析王永庆卖米的成功秘诀有哪些？

4. 交换与交易

需要和欲望只是市场营销活动的序幕，只有通过交换，营销活动才真正发生。交换（Exchange）是提供某种东西作为回报而与他人换取所需东西的行为，它需要满足以下 5 个条件：①至少要有两方；②每一方都要有对方所需要的有价值的东西；③每一方都要有沟通信息和传递信息的能力；④每一方都可以自由地接受或拒绝对方的交换条件；⑤每一方都认为同对方的交换是称心如意的。

如果存在上述条件，交换就有可能。市场营销的中心任务就是促成交换。交换的最后一个条件是非常重要的，它是现代市场营销的一种境界，即通过创造性的市场营销，交换双方都达到双赢。

交易（Transaction）是交换的基本单元，是当事人双方的价值交换。或者说，如果交换成功，就有了交易。怎样达成交易是营销界长期关注的焦点，各种各样的营销课题理论实际上都可还原为对这一问题的不同看法。

5. 营销者

在交换活动中，对交换双方来说，如果一方比另一方更积极主动地寻求交换，则前者称为营销者，后者称为潜在顾客。具体来说，营销者就是指希望从他人那里得到资源，并愿以某种有价值的东西作为交换的人。很明显，营销者可以是一个卖主，也可以是一个买方。假如有几个人同时想买某幢漂亮的别墅，每个想成为房子主人的人都力图使自己被卖方选中，这些购买者就都在进行营销活动，也都是营销者。

任务二　了解营销管理哲学

营销管理哲学是企业开展市场营销工作的指导思想或者说企业的经营思想。它集中反映了企业以什么态度和思想方法去看待和处理组织、顾客和社会三者之间的利益关系。市场营销工作的指导思想正确与否对企业经营的成败兴衰具有决定性的意义。

企业市场营销的指导思想是在一定的社会经济环境下形成的，并随着这种环境的变化而变化。当然，指导思想的变化会促使企业的组织结构以及业务经营程序和方法的调整和改变。一个世纪以来，西方企业的市场营销观念经历了一个漫长的演变过程，可分为生产观念、产品观念、推销观念、市场营销观念和社会营销观念这 5 种不同的观念。

一、早期观念

1. 生产观念

生产观念的产生背景是 20 世纪 20 年代以前，整个西方国家的国民收入还很低，生产落后，许多商品的供应还不能充分满足需要，生产企业在市场中占主导地位的卖方市场状态。

生产观念也称为生产中心论，它是一种最古老的经营思想。这种指导思想认为，消费者或用户欢迎的是那些买得到而且买得起的产品。因此，企业应组织自身所有资源、集中一切力量提高生产效率和分销效率，扩大生产，降低成本以拓展市场。显然，生产观念是一种“重生产、轻市场营销”的企业经营思想。

20 世纪初，亨利 · 福特（Henry Ford）在开发汽车市场时所创立的“扩大生产、降低价格”的经营思想，就是一种生产观念。福特汽车公司从 1914 年开始生产“T 型汽车”，福特将其全部精力与才华都用于改进大规模汽车生产线，使“T 型汽车”的产量达到非常理想的规模，大幅度地降低了成本，使更多的美国人买得起“T 型汽车”。他不注重汽车的外观，曾开玩笑地说：“福特公司可供应消费者任何颜色的汽车。”这种只求产品价廉而不讲究花色式样的经营方式无疑是生产观念的典型表现。

我国在改革开放前，由于产品供不应求，生产观念在企业中盛行，主要表现是生产部门埋头生产，不问市场，商业企业将主要力量集中在抓货源上。工业部门生产什么，商品部门就收购什么，根本不问及消费者的需要。

生产观念是一种“以产定销”的经营指导思想，它在以下两种情况下仍显得有效：第一，市场商品需求超过供给，卖方竞争较弱，买方争购，选择余地不大。第二，产品成本和售价太高，只要提高效率，降低成本，从而降低售价，才能扩大销路。

正因为如此，时至今日，一些现代公司也时而奉行这种观念，如美国德州仪器公司（Texas Instruments）一个时期以来为扩大市场，就一直尽其全力扩大产量、改进技术以降低成本，然后利用它的低成本优势来降低售价，扩大市场规模。该公司以这种经营思想赢得了美国便携式计算器市场的主要份额。今天的许多日本企业也是把这种市场取向作为重要的策略。

然而，在这种经营思想指导下运作的企业也面临一大风险，即过分狭隘地注重自己的生产经营，忽视顾客真正所需要的东西，会使公司面临困境。例如，德州仪器公司在电子表市场也采用这一战略时，便遭到了失败。尽管公司的电子表定价很低，但对顾客并没有多少吸引力。在其不顾一切降低价格的冲动中，该公司忽视了顾客想要的其他一些东西，即不仅仅要价廉，而且要物美。

2. 产品观念

产品观念认为，消费者会欢迎质量优、性能好、特点多的产品，因此，企业应把精力集中在创造最优良的产品上，并不断精益求精。

产品观念是在这样的背景下产生的。相比于上一阶段，社会生活水平已有了较大幅度的提高，消费者已不再仅仅满足于产品的基本功能，而是开始追求产品在功能、质量和特点等方面的差异性。因此，如何比其他竞争对手在上述方面为消费者提供更优质的产品就成了企业的当务之急。在产品供给不太紧张或稍微宽裕的情况下，这种观念常常成为一些企业经营的指导思想。在20世纪30年代以前，不少西方企业广泛奉行这一观念。

在传统上，我国有不少企业奉行产品理念，“酒好不怕巷子深”“一招鲜，吃遍天”等都是产品观念的反映。目前，我国还有很多企业不同程度地奉行产品观念，它们把提高产品功能与质量作为企业首要任务，提出了“企业竞争就是质量竞争”“质量是企业的生命线”等口号，这无疑有助于推动我国企业产品的升级换代，缩短与国外同类产品的差距，一些企业也由此取得了较好的经济效益。

然而，这种观念也容易导致公司在设计产品时过分相信自己的工程师知道怎样设计和改进产品，他们很少深入市场研究，不了解顾客的需求意愿，也不考察竞争者的产品情况。他们假设购买者会喜欢精心制作的产品，能够鉴别产品的质量和功能，并且愿意付出更多的钱来购买质量上乘的产品。某一办公室文件柜制造商总是认为他的产品一定好销，因为它们认为自己的产品是世界上最好的。他说：“这文件柜从四层楼扔下去仍能完好无损。”不过令人遗憾的是，没有人会在购买文件柜后，先把文件柜从四楼上扔下去再开始使用。而为了保证这种过分的产品坚固性，必然会增加产品的成本，消费者也不愿意为这些额外又无多大意义的品质付更多的钱。

案例链接与思考

厉家菜馆的专注

在北京后海的羊房胡同里，有家“高级”的菜馆，名为厉家菜馆。一个除了门牌号外（羊房11号）无任何标志的小院里，“厉家菜”的招牌挂在墙上，题字者是末代皇帝溥仪的弟弟溥杰。美国前财政部长鲁宾、英国前首相梅杰等都光临过这里，梅葆玖、成龙、金庸等国内名人也曾是厉家菜的座上客。“厉家菜”是清朝同治、光绪年间内务府大臣厉子嘉后裔的私房菜。

“厉家菜”的特点之一就是不用诸如味精之类的化学原料，调味靠的是天然方法。菜馆里也没有任何现代化的厨具，用的都是火灶。作为一种“宫廷风味菜”，它要求选料精，做工细。

“厉家菜”每天只做晚餐，每天只摆一桌席，想要吃的话，要提前几天订位，价位在10 000~100 000元之间。为了这一桌席，他们全家要从上午准备到晚上客人来。

对于配菜，“厉家菜”也非常讲究。比如说做糖醋类的菜，这次应该多少糖配多少醋合适，等做完了，下次再按这个比例做，准出岔子不可。因为酿造的东西，一批和另一批之间总会有一定的误差，所以，每次都得去尝，去找酸碱比例，如果不了解一些化学知识和计量学知识，是不行的。

再比如做菜。比方说炒咸什，配料有胡萝卜、玉兰片、芥菜头、黑木耳、香菜、姜丝，好几种颜色。胡萝卜多一些，就一片红，香菜多一些，又一片绿，几种菜的比例搭配要好，颜色的配合和分布也要讲究，这样，菜端上来，就呈现出造型的美。

菜做完了，上桌也有学问。不能菜盘子上来就摆在一起，谁跟谁挨着，怎么搭配好看，大盘和小盘如何摆放，炒、煮、蒸、熘、炸，颜色不能靠得太紧，色差也不能太大。这些配菜做菜的功夫，都是别家菜不能比的。

“厉家菜”的稀缺之处还在于：食客不许点菜，因烹制过程复杂，厉家人得忙活一天，才能做出一桌；没有招牌，只在小院门口挂个白底红字的小灯箱，写着“羊房 11 号”，此外无与餐馆有关的标志。餐厅内有一张 10 人用餐的餐桌就占了屋内大半面积。墙上挂着末代皇帝溥仪之弟溥杰所书的“厉家菜”三个大字；不做广告，厉家菜的名声全靠食客们口耳相传。

厉家菜只有套餐，共十几套，每套从 18 种至 22 种菜不等。黄焖鱼翅、原汁鲍鱼、京味龙虾和清汤燕菜等无不令人叫绝。

资料来源：http://baike.baidu.com/view/397652.htm

请思考：

1. 你是如何看待厉家菜馆的“不许点菜，主人做什么你就吃什么”的规定？
2. 厉家菜馆的经营模式可复制吗？对于我们有何启示？。

产品观念还会引起美国营销学专家西奥多·李维特（Theodore Leavitt）教授所讲的“营销近视症”（Market Myopia）的现象，即不适当地把注意力放在产品上，而不放在需要上。铁路管理部门认为用户需要的是火车本身，而不是为了解决交通运输，于是忽略了飞机、公共汽车、货车和小汽车日益增长的竞争；计算尺制造商认为工程师需要的是计算尺本身而不是计算能力，以致忽略了袖珍计算器的挑战。

3. 推销观念

这是一种以推销为中心内容的经营指导思想。它强调企业要将主要精力用于推销工作，企业只要努力推销，消费者或用户就会更多地购买。这一观念认为，消费者通常表现出一种购买惰性或者抵触心理，故需用好话去劝说他们多买一些，企业可以利用一系列有效的推销和促销工具去刺激他们大量购买。在这种观念的指导下，企业十分注重运用推销术和广告术，大量雇佣推销人员，向现实和潜在买主大肆兜售产品，以期压倒竞争者，提高市场占有率，取得更多的利润。

推销观念产生于从卖方市场向买方市场转变的时期。从 1920 年到 1945 年，很多西方国家从生产不足开始进入了生产过剩，企业之间的竞争日益激烈。特别是在 1929 年所爆发的严重经济危机下，大量商品卖不出去，许多工商企业和银行倒闭，大量工人失业，市场萧条。残酷的事实使许多企业家认为即使物美价廉的产品，也未必能卖出去，必须重视和加强商品销售工作。

自从产品供过于求、卖方市场转变为买方市场以后，推销观念就被企业普遍采用，尤其是生产能力过剩和产品大量积压时期，企业常常本能地采纳这种理念。

应当说，推销观念有其合理性的地方，因为一般而言，消费者购买是有惰性的，尤其是当产品丰富和销售网点健全的情况下，人们已不再需要像战时状态那样储存大量产品，也没有必要担心商品涨价。买商品只求“够用就行”已成为主导性的消费观念。另外，在买方市场条件下，过多的产品和追逐过少的消费者也是事实。因此，加强推销工作以扩大本企业的产品信息，劝说消费者选择购买本企业产品，都是非常必要的。

然而，推销观念注重的仍然是企业的产品和利润，不注重市场需求的研究和满足，不注重消费者利益和社会利益。强行推销不仅会引起消费者的反感，而且还可能使消费者在不自愿的情况下购买了不需要的商品，严重损害了消费者利益。这样，反过来又给企业造成不良的后果。正如科特勒教授所指出，感到不满意的顾客不会再次购买该产品，更糟糕的情况是，感到满意的普通顾客仅会告诉另外 3 个人有关其美好的购物经历，而感到不满意的普通顾客会将其糟糕的经历告诉其他 10 个人。

资料贴吧

表 1-2　早期观念比较

分类	环境状态	顾客关注	口号	观念特征	局限性	营销任务	典型事例
生产 观念	卖方市场	质量过关 性能齐全 价格合理	我有 你买	生产导向“闭门多造车”	无变化 无创新	提高生产效率 广泛的销售渠道	本公司旨在生产黑色“T 型车”
产品 观念	卖方市场	质量高 性能好 有特色	我好 你买	产品导向“闭门造好车”	易形成“营销近视症”	生产优质产品 进行技术革新	“酒香不怕 巷子深”
推销 观念	卖方向买 方过渡	“非必需品” 有购买惰性	我劝 你买	生产能出售的东西	注重短期 行为	积极推销 主动促销 抓“卖点”	保险、求职、 招生等

二、现代观念

1. 市场营销观念

市场营销观念也称为需求中心论，它与推销观念及其他传统的经营思想存在着根本的不同。这一观念认为，实现企业营销目标的关键在于正确地掌握市场的需求，然后对整体市场营销组织进行调整，使公司能比竞争者更有效地满足消费者的需求。这种营销观念的具体表现是顾客需要什么，就卖什么，而不是企业自己能制造什么，就卖什么。

20 世纪 50 年代以后，资本主义发达国家的市场已经变成名副其实的供过于求，卖主间竞争激烈，买主处于主导地位的买方市场。同时，科学技术发展，社会生产力得到了迅速的提高，人们的收入水平和物质文化生活水平也在不断提高，消费者的需求向多样化发展并且变化频繁。在这种背景下，企业意识到传统的经营观念已不能有效地指导新的形势下的企业营销管理工作，于是市场营销观念形成了。

在这种观念的指导下，“顾客第一”“顾客是上帝”“顾客永远是正确的”“爱你的顾客而非产品”“顾客才是企业的真正主人”等成为企业家的口号和座右铭。营销观念的形成，不仅从形式上，更从本质上改变了企业营销活动的指导原则，使企业经营指导思想从“以产定销”转变为“以销定产”，第一次摆正了企业与顾客的位置，所以是市场观念的一次“重大革命”。图 1-4 表示了推销观念与营销观念的本质区别。

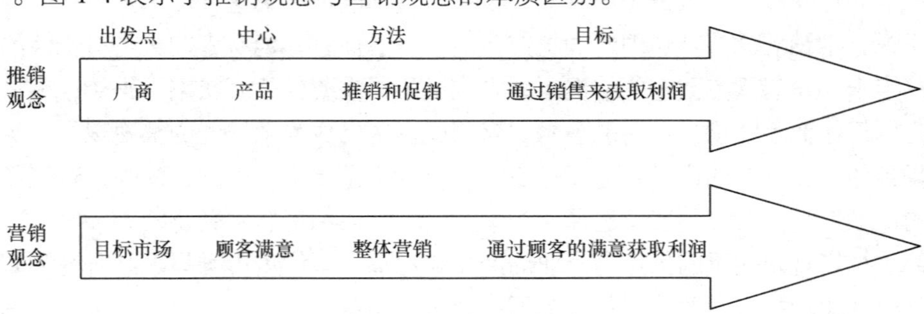

图 1-4　推销观念与营销观念的区别

市场营销观念的意义具体可以体现为以下几点。

第一，企业的市场营销工作由以生产者为中心转向了以目标市场的顾客需要为中心，促进了“顾客至上”思想的实现。

第二，改变了企业的组织结构，提高了市场营销部门在企业中的地位，建立了以市场营销为中心的新的管理体制。

第三，改变了企业的经营程序和方法，企业的市场营销转化为整体性的营销活动过程，营销管理工作占据了重要的地位。

第四，销售工作由过去的“硬卖”转变为诱导式的“软卖”，通过满足顾客的需求来获取利润。

由于市场营销观念符合“生产是为了消费”的基本原理，既能较好地满足市场需要，同时也提高了企业的环境适应能力和生存发展能力，因而自从被提出后便引起了广泛的注意，为众多企业所追捧，并成为当代市场营销学研究的主体。

技能训练 1-4

比较营销、促销、推销、直销、传销之间的区别。

2. 社会营销观念

社会营销观念也称为社会中心论，它是用来修正或取代市场营销观念的。这种观念认为，企业的任务是确定目标市场的需要和利益。并且在保持或增进消费者和社会福利的情况下，比竞争者更有效地满足目标市场消费者的需求。

社会营销观念产生于 20 世纪 70 年代。进入 20 世纪 60 年代以后，市场营销理念在美国等西方国家受到质疑。

首先，不少企业为了最大限度地获取利润，迎合消费者，采用各种方式扩大生产和经营，而不顾社会整体利益的损害。只顾生产而忽视环境保护，促使环境恶化、资源短缺等问题变得相当突出。如清洁剂满足了人们洗涤衣服的需求，但同时严重污染了江河，大量伤害鱼类，破坏了生态平衡。

其次，某些标榜自己奉行市场营销理念的企业以次充好、大搞虚假广告、牟取暴利，损害了消费者的权益。

再次，某些企业只注重消费者的眼前需要，而不考虑长远需要。如化妆品，虽然短期内能美容，但有害元素含量过高；汉堡包、炸鸡等快餐食品虽然快捷、方便、可口，但由于脂肪与食糖含量过高而不利于顾客的健康。

这些质疑促使了人们从不同角度对市场营销理念进行补充，如理智消费者的营销观念、生态营销观念、人道营销观念等均属于社会营销观念之列。

社会市场营销观念要求企业在确定营销决策时要权衡三方面的利益，即企业利润、消费者需要的满足和社会利益。具体来说，社会市场营销观念希望摆正企业、顾客和社会三者之间的利益关系，使企业既发挥特长，在满足消费者需求的基础上获取经济效益，又能符合社会利益，从而使企业具有强大的生命力。许多公司通过采用和实践社会营销观念，已获得了引人瞩目的销售业绩，如美国的安利、强生等大公司就是其中的例子。

可以说，社会市场营销观念只是市场营销的进一步扩展，在本质上并没有多大的突破。但是，许多企业主动采纳它，主要原因在于把它看作改善企业名声、提升品牌知名度、增强顾客忠诚度、提高企业产品销售额的一个机会。他们认为，随着环境与资源保护、健康意识的深入人心，顾客将逐渐地寻找在提供理性和情感利益上具有良好形象的企业。

技能训练 1-5

训练背景

“十一”黄金周被挤成“黄金粥”

2013 年，全国共实现旅游收入 2 233 亿元人民币，比 2012 年中秋节、国庆节假期增长 6.1%；游客人均花费支出 521 元，同比 2012 年中秋节、国庆节假期增长 5%。“十一”黄金周期间，全国共接待游客 4 亿 2 800 万人次，比 2012 年中秋节国庆节假期增长 0.7%。

1999 年 9 月 18 日，国务院发布修订后的《全国年节及纪念日放假办法》，决定增加公众法定休假日，黄金周概念应运而生。黄金周催生了假日经济：景区出现游客“井喷”，商家赚得“钵满盆溢”。

大量的游客，在这个长达 7 天的国庆黄金周里奔赴各大旅游目的地，长城、故宫、鼓浪屿等均人满为患，华山、三亚海滩等更暴露出各种问题，高速公路成了停车场、车祸等事故不断，一片繁荣背后，反思声也不绝于耳。

15 年间，中国人经历过旅游时的人潮涌动，经历过“五一”黄金周取消时的“淡淡忧伤”，也经历过“上 3 天休 3 天、上 6 天休 1 天、上 2 天休 7 天、上 5 天休 1 天”的国庆中秋双节混乱模式。

2003 年，《经济日报》发表文章，提出“黄金周的制度安排带有明显的计划色彩，不利于旅游业的长远发展”。文章称，黄金周仅仅是将需求集中释放而已，其本身并不能创造需求，内需不足的根源在于人们的收入水平不高，尤其是当前城市低收入者和农民收入水平不高所致。文章也提出了“绝大部分景点人满为患，衣食住行就比平时贵好多，服务上的普遍打折，景区的保护存在问题”等棘手难题。

2013 年，国务院办公厅印发了《国民旅游休闲纲要（2013—2020 年）》，其中提出，到 2020 年，职工带薪年休假制度基本得到落实。2014 年 9 月，国务院旅游工作部际联席会议成立，全国假日旅游部际协调会议遭撤销。这也意味着已履职 14 年的全国假日办将与民众挥手告别，其职能由联席会议办公室取代。清华大学社会科学学院责任教授、清华大学假日改革课题组负责人蔡继明接受有关媒体采访时表示，这些信号传递了一个清晰的信息：我们国家的节假日制度正在朝着全面落实带薪休假的方向发展。而随着带薪假期的落实，黄金周也将走下历史舞台。

训练要求

以小组为单位进行讨论，讨论内容包括：

1. “黄金周”被挤成“黄金粥”的原因有哪些？
2. 你认为“黄金周”是否应该被取消？为什么？

项目思考与练习

【案例分析】

香格里拉的营销之道

香格里拉是国际著名的大型酒店连锁集团，它的经营策略很好地体现了酒店关系营销的内容。

香格里拉饭店与度假村是从 1971 年新加坡豪华香格里拉饭店的开业开始起步，很快便以其标准化的管理及个性化的服务赢得国际社会的认同，在亚洲的主要城市得以迅速发展。其总部设在中国香港，是亚洲最大的豪华酒店集团，并被许多权威机构评为世界最好的酒店集团之一。它所拥有的豪华酒店和度假村已成为最受人们欢迎的休闲度假目的地。香格里拉始终如一地把顾客满意当成企业经营思想的核心，并围绕它把其经营哲学浓缩于一句话“由体贴入微的员工提供的亚洲式接待”。

香格里拉有 8 项指导原则：

（1）我们将在所有关系中表现真诚与体贴；

（2）我们将在每次与顾客的接触中尽可能为其提供更多的服务；

（3）我们将保持服务的一致性；

（4）我们确保我们的服务过程能使顾客感到友好，员工感到轻松；

（5）我们希望每一位高层管理人员都尽可能地多与顾客接触；

（6）我们确保决策点就在与顾客接触的现场；

（7）我们将为我们的员工创造一个能使他们的个人、事业目标均得以实现的环境；

（8）客人的满意是我们事业的动力。

与航空公司联合促销是香格里拉酒店互惠合作的手段之一。香格里拉酒店与众多的航空公司推出“频繁飞行旅行者计划”。入住香格里拉酒店时，客人只要出示“频繁飞行旅行者计划”的会员证和支付门市价，就可得到众多公司给予的免费公里数或累计点数，如每晚住宿便可得到德国汉莎航空公司、美国西北航空公司、瑞士航空公司等提供的 500 英里的优惠。另外，香格里拉还单独给予顾客一些额外的机会来领取奖金和优惠。

香格里拉顾客服务与住房承诺方面，则体现了酒店在承诺、信任原则上的坚持。香格里拉酒店的回头客很多。酒店鼓励员工与客人交朋友，员工可以自由地同客人进行私人交流。在对待顾客投诉时，员工绝不说不，全体员工达成共识，即“我们不必分清谁对谁错，只需分清什么是对什么是错。”让客人在心理上感觉他“赢”了，而我们在事实上做对了，这是最圆满的结局。每个员工时刻提醒自己多为客人着想，不仅在服务的具体功能上，而且在服务的心理效果上满足顾客。香格里拉酒店重视来自世界不同地区、不同国家客人的生活习惯和文化传统的差异，有针对性地提供不同的服务。酒店为客人设立个人档案长期保存，作为为客人提供个性化服务的依据。

请思考：

（1）分析香格里拉饭店的营销观念。

（2）香格里拉饭店在顾客满意方面采取了哪些措施，你有何启示？

【综合实训】

1. 实训项目　现代营销观念的树立

2. 实训背景

中新网 2014 年 5 月 23 日报道：毕业季临近，毕业生们正遭遇着“拿文凭易、找工作难”的现实尴尬……面对严峻的就业形势，不少网友在微博上吐槽高校的“毁人”专业，医学、新闻、语言类专业被吐槽最多。一边是大学生进入就业岗位后抱怨“学非所用”的尴尬，另一边则是一些高校不顾自身定位和市场需求盲目设置专业、开设课程。大学如何对接社会，培养“适销对路”的大学生，是当代中国高等教育改革的重要议题。

3. 实训目的与要求

（1）学生学会从企业的经营管理决策实际出发确定分析的问题与内容。

（2）教师要求学生分组进行实地访问和调查，并结合文献研究了解影响毕业生就业的因素。

（3）教师训练学生分析市场的能力。

（4）学生撰写分析报告，提出改进措施及建议。

4. 实训步骤

（1）根据教学班级人数确定学习小组（5～8组为宜），每组6～8人。

（2）学生讨论选出组长，并分工进行文献研究和联系企业进行实地调查收集资料。

（3）以小组为单位进行研讨，完成小组的分析报告，并制作PPT进行汇报。

（4）同学互评和教师点评，然后综合评定各小组及成员的本次实训成绩。

5. 实训考核

（1）实训准备工作（10分）。

（2）各组对本次实训的组织、分配、管理等过程的表现情况（20分）。

（3）各组提交实训报告的质量和报告PPT的演示效果（50分）。

（4）学习小组的团队合作精神面貌（10分）。

（5）同学互评，教师点评（10分）。

项目二　市场营销环境分析

项目目标

知识目标

（1）认知宏观与微观环境包括的内容。

（2）认知环境的分析方法。

（3）树立市场营销环境意识。

技能目标

（1）学会用市场营销环境分析的具体方法对某一具体市场进行环境分析。

（2）能灵活运用市场竞争的知识，具备发掘市场机会的能力。

（3）学会运用 SWOT 分析技能来分析企业的优、劣势，识别市场机会威胁。

本章导入

红罐王老吉品牌定位过程

2002 年以前，红色罐装王老吉（以下简称“红罐王老吉”）在广东、浙江南部地区销量稳定，销售业绩连续几年维持在 1 亿多元。但是要把企业做大，走向全国，就必须克服一连串的问题，其中最核心的问题是企业不得不面临一个现实难题——红罐王老吉当“凉茶”卖，还是当“饮料”卖？

为解决这一难题，继而打开整个中国市场，2002 年 12 月，加多宝找到成美营销顾问公司（以下简称“成美”）解决红罐王老吉的定位问题。

通过对普通消费者和长期在一线开展业务的经销商展开调查，成美项目组发现红罐王老吉存在定位不清晰的问题：红罐王老吉是功能饮料“凉茶”，还是高档的吉祥“饮料”？

随着更深入的调研、分析，成美项目组发现，消费者选择红罐王老吉存在两种情况：一种是身体不舒服时；另一种是可以预见身体会不舒服时，这种身体不舒服包括感冒、湿热、“上火”等，但相对来说，“上火”的情况更为集中。

广州、深圳、温州的红罐王老吉现有市场的消费者代表在回答为什么选择红罐王老吉说：“预防上火”。

于是，成美项目组认为将红罐王老吉定位为“预防上火的饮料”是利于扩大销量的，具体有以下主要原因。

（1）相对于凉茶的地域限制，如北方人在听到凉茶时会产生凉掉的茶水或隔夜茶的歧义等，而“上火”的概念是全国通行。并且如前所述，“上火”的概念在几千年来在中医的教育下深入人心，预防上火能帮助没有凉茶基础的市场了解从而接受红罐王老吉。

（2）“上火”原因众多，不受季节影响，消费群体基数巨大，不同年龄、地区、性别的消费者都存在“预防上火”的需求，且无须教育。

（3）在有凉茶基础的市场，预防上火的饮料有药量减少的暗示，可以经常饮用。由于口味变甜，中药气味和颜色的变化，都让消费者感受到从“药”转化为“保健”，可以在一定程度上化解凉茶不适宜经常饮用的禁锢。

（4）王老吉的品牌优势能够很好地体现出来。王老吉是凉茶始祖，而凉茶最主要的功效是下火。

（5）红罐王老吉将自己定位在“预防”，能更好地和羊城药业的凉茶颗粒这个药品区隔开来，避免混乱的竞争。

（6）由于有保健功能，因此能有效化解红罐王老吉的高价格障碍，也能令消费者更易于接受其淡淡的中草药味道。

（7）加多宝公司当时非常弱小。项目组认为推广这样一个“中国”特征明显的功能化饮料，不容易引起当时饮料业巨头如可口可乐、百事可乐等迅速跟进，加上王老吉的品牌在凉茶、上火方面的优势也能给红罐王老吉一个有力保障。

一个定位要成立是需要产品力支撑的。加多宝是位于东莞的一家港资公司，经王老吉药业特许，由香港王氏后人提供配方，该公司在内地独家生产、经营王老吉牌罐装凉茶。因此从产品力上，红罐王老吉可以支撑“预防上火的饮料”这个品牌定位，是可信服的。

一个定位要成立，需要在法律法规的允许下进行。红罐王老吉是一个普通饮料，能否宣传“预防上火”这个功能是需要进行研究验证的。通过研究，成美发现“上火”既不是药品的功能主治或适应症，也不在保健食品的27项可申报功能范围内，“上火”更像是一种民间通俗的说法；其次对上火是预防而非治疗，并不违反国家相关法律法规。最后，一个定位要成立，还需要看竞争对手是否已经占据，显然“预防上火的饮料”当时属于国内饮料业从未被宣传过的，综合上面各角度的定位验证，成美项目组确立了红罐王老吉“预防上火的饮料”的定位战略。确立了红罐王老吉的品牌定位，就明确了营销推广的方向。

随着一系列大张旗鼓，诉求直观、明确的“怕上火，喝王老吉”的广告运动，直击消费者需求，及时迅速地拉动了销售。同时，随着品牌推广的进行，消费者的认知不断加强，逐渐为品牌建立起独特而长期的定位——真正建立起品牌。

红罐王老吉成功的品牌定位和传播，给这个有175年历史的、带有浓厚岭南特色的产品带来了巨大的效益：2003年，红罐王老吉的销售额比去年同期增长了近4倍，由2002年的1亿多元猛增至6亿元，并以迅雷不及掩耳之势冲出广东。2004年，尽管企业不断扩大产能，但仍供不应求，订单如雪片般纷至沓来，全年销量突破10亿元，以后几年持续高速增长。2010年其销量突破180亿元大关。

请思考：你认为王老吉取得销售成功的原因是什么？

任务一　认知市场营销环境

任何企业的市场营销活动都不是孤立进行的，而是在一定的外界环境下进行的。环境因素的变化，既能给企业营销带来机会，也会造成威胁。因此，企业必须重视对市场营销环境的分析和研究，依据企业自身条件和市场营销环境的变化制订市场营销战略目标，不仅要利用市场机会，也要防范可能存在的威胁。只有这样，企业才能更好地生存和发展下去。

一、市场营销环境的含义

任何企业都是在不断变化的整体经营环境中运行的，所展开的市场营销活动都是在与其他组织、目标顾客和社会公众相互协作、服务、竞争和监督中完成的。只有全面、准确地认识市场营销环境，把握各种环境因素的变化，才能因势利导地来提高企业营销活动的有效性。

市场营销环境泛指一切影响和制约企业市场营销决策和实施的内部条件和外部环境的总和。它指企业在其中开展营销活动并受之影响和冲击的各种行动者与社会力量的组合，如供应商、顾客、文化与法律环境等。市场营销环境一般可以分为两大类：微观市场环境和宏观市场环境。

微观市场环境是指与企业紧密相联、直接影响企业营销能力和效率的各种力量和因素的总和，主要包括企业自身、供应商、营销中介、消费者、竞争者及社会公众。由于这些环境因素对企业的营销活动有着直接的影响，所以微观市场环境又称直接营销环境。宏观市场营销环境是企业无法直接控制的因素。它是通过影响微观环境来影响企业营销能力和效率的一系列巨大的社会力量，包括人口、经济、政治法律、科学技术、社会文化及自然生态等因素。由于这些环境因素对企业的营销活动起着间接的影响，所以宏观市场环境又称间接营销环境，如国家的政治法律因素。

微观市场营销环境和宏观市场营销环境之间不是并列关系，而是主从关系。微观市场营销环境受制于宏观市场营销环境，微观市场营销环境中的所有因素均受到宏观市场营销环境中的各种力量和因素的影响。企业与营销环境的关系如图 2-1 所示。

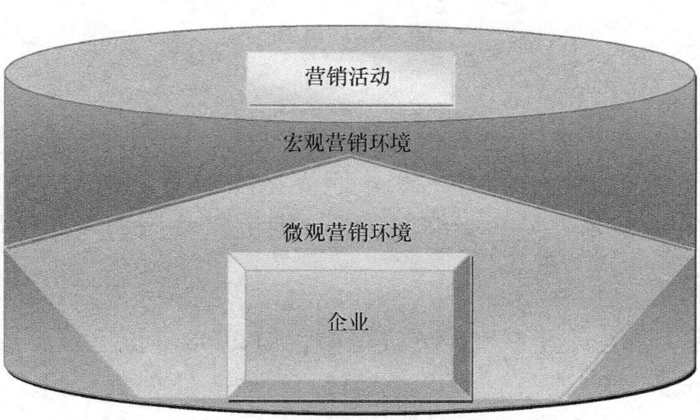

图 2-1　企业与市场营销环境的关系

研究营销环境的目的是通过对环境变化的观察来把握其趋势以发现企业发展的新机会和避免这些变化所带来的威胁。营销者的职责在于正确识别市场环境所带来的可能机会和威胁，从而调整企业的营销策略以适应环境变化。

二、市场营销环境的特点

1. 客观性

企业总是在特定的社会、市场环境中生存、发展的，特别是宏观环境。这种环境并不以营销者的意志为转移，具有强制性与不可控制性的特点，如人口因素、政治环境因素、社会文化因素等。面对这些不可控的环境因素，不论企业是否愿意，也必须面对并适应各种环境因素的制约。但企业可以主动适应并利用营销环境的变化，调整市场营销策略。

2. 差异性

不同的国家或地域之间，宏观环境存在着广泛的差异，如人口、经济、政治、文化存在很大差异性，企业营销活动必然面对这种环境的差异性，制定不同的营销策略。而不同的企业，微观环境也是千差万别的，同样一种环境因素，对不同企业的影响是不同的，如海湾危机，造成国际石油市场的极大波动，对石化行业的企业影响十分大，而对那些与石油关系不大的企业影响则较小。企业为适应不同环境的变化，应根据行业、企业自身的特点，采取有针对性的营销策略。

3. 相关性

构成营销环境的各种因素是相互影响和相互制约的。这种相关性表现在两个方面：一是某一环境因素的变化会带动其他因素的互动变化。如在第十届全国人民代表大会上，国家提出了解决“农业、农村、农民”的“三农”问题，相继制定了加强农业建设的一系列方针政策。这些政策的实施势必影响农业产业结构的调整，拉动了农业投资，并为农业的发展提供了新的机遇，也为以农产品为原料的生产企业提供了契机。二是企业营销活动会受到多种环境因素的共同制约。而非仅仅受单一环境因素的影响。如企业的产品开发，就要受制于国家环保政策、技术标准、消费者需求特点、竞争者产品、替代品等多种因素的制约，如果不考虑这些外在的力量，生产出来的产品能否进入市场是很难把握的。

4. 多变性

市场营销环境是一个多变的动态环境。这个动态环境会受到许多环境因素的影响，每一环境因素都会因社会经济的变化而变化。一般来说，科技、经济、政治与法律因素对企业市场营销环境的影响比较大，尤其科技因素的变化最快、　　最强。

5. 动态性

营销环境总是处在一个不断变化的过程中，如 2008 年国家重点扶持房地产行业，而 2010—2014 年以来，国家又出台一系列政策对房地产业进行一定限制。

案例链接与思考

可口可乐的中国化

可口可乐公司已有将近130年的历史，是全球最大的饮料生产及销售商，拥有全世界最畅销的5种饮料中的4种：可口可乐、健怡可口可乐、雪碧和芬达。公司旗下的产品超过100种。有数据显示，目前全世界近200个国家的消费者每日享用超过10亿杯可口可乐公司的产品，可口可乐的品牌已深入人心。

可口可乐的品牌成功秘诀何在？重要原因之一就是其国际化经营中的本土化战略。如今的可口可乐已经成为一种全球性的文化标志，但是可口可乐公司仍然保持着清醒的头脑，没有固执己见地一味传播、销售美国观念，而是在不同的地区、文化背景、宗教团体和种族中实施分而治之的策略。比如可口可乐公司“Can’t beat the feeling”的广告口号，在日本改为“我感受可乐”（I feel cola），在意大利改为“独一无二的感受”（Unique sensation），在智利又改成了“生活的感觉”（The feeling of life）。

剖析可口可乐公司在中国的迅速发展，也印证了经营能为跨国公司的发展“插上翅膀”的作用。

可以说，可口可乐公司的本土化包括多个方面，从工厂、原料、人员到产品、包装、营销，99%都是中国的：无论是玻璃瓶还是易拉罐，从浓缩液到二氧化碳、糖，甚至含量极低的柠檬酸，都打下了中国造的烙印；在老对手百事可乐大行国际化路线时，可口可乐却将自己的产品打扮得越来越“国粹”。从1999年开始，可口可乐利用中国传统节日“春节”大做文章，从喜气洋洋的“大阿福”、12生肖卡通罐，到奥运金罐和茶系列饮料的面世，该公司努力地拉近与中国人的距离。同时，其广告设计采取红底白字，书写流畅的白色字母在红色的衬托下有一种悠然的跳动之感，既充分体现了液体的特性，又流露出中国传统红色的喜庆气氛。

此外，可口可乐让本土明星做广告宣传，如聘请我国台湾当红明星林心如等。不但贯彻了本土化的思想，而且还从明星的年轻活力中抓住了主要消费群——年轻人。可口可乐通过为北京申奥制作“申奥金罐”以及签约“中国队”、押宝“冲击世界杯”等与中国人融在一起，通过捐款捐书、兴建希望小学、资助大学特困生、创立大学生奖学金、援手教育项目等活动争取社会好评……总体而言，可口可乐在中国展开了一系列的公关活动，从体育、教育、文娱、环保，到树立自己良好积极纳税人形象。

在国内诸多企业轰轰烈烈地开展“洋务运动”时，众多国际品牌却在中国市场放下身价，使用各种方法拉近自己与中国消费者之间的距离，塑造自己富有亲和力的品牌形象。

资料来源：http://course.shufe.edu.cn/course/marketing/allanli/coca.htm

请思考：

1. 可口可乐中国化的战略包括哪些方面？
2. 针对中国饮料业的市场环境，你能否为可口可乐公司提出其他具有操作性的本土化策略？

三、环境威胁与市场营销机会环境

市场营销环境通过给企业提供机会或构成威胁而影响营销活动。企业的生存和发展与周围环境的变化息息相关。分析周围环境的变化，利用机会，避开威胁是企业完成任务的基础。

1. 营销机会

营销机会就是企业实现经营目标的机遇。通过分析和评价，确认市场对某种产品有需求时，在企业有营销能力的时候，要积极创造和利用这一市场机会。分析营销机会时重在考虑其潜在的营利性和企业优势所在。

2. 环境威胁

环境威胁是分析营销环境中对企业营销不利的趋势，通过识别所面临的威胁，按其严重性和出现的可能性分类，从而采取相应的措施，以避开威胁或尽力把威胁造成的损失降至最低。

企业面对威胁时有两种态度。

（1）被动态度。被动态度认为环境是客观存在、难以控制的，企业只能被动、消极地适应。因此，企业一般根据环境变化来制定营销策略。持这种态度的营销活动者忽视了人和组织在营销环境变化中的主观能动性，容易保守经营，缺乏开拓创新精神，难以创造良好的营销业绩，容易被激烈竞争的市场所淘汰。

（2）主动态度。主动态度认为在企业与环境的对立统一中，企业既依赖于客观环境，同时又能够主动地认识、适应和改造环境。企业通过借助科学的方法和现代营销研究手段，根据环境变化趋势制定营销策略，利用各种宣传手段来创造需求、引导需求，以创造有利的环境，促使某些环境因素有利于企业营销目标。

总之，在现实生活中，市场营销环境总是在不断变化中的，环境变化能给企业带来威胁，也能给企业带来机会；机会和威胁往往是并存的，营销者就是要采取积极、主动的态度，通过市场营销环境调研和分析，抓住机会，克服威胁。

技能训练 2-1

训练背景

一家烟草公司通过市场营销研究及分析，了解到以下几种影响其业务经营的情况：

（1）有些国家政府颁布了法令，规定所有的香烟广告、包装上必须印上关于吸烟有害健康的标志；

（2）有些国家的某些地方政府禁止在公共场所吸烟；

（3）许多发达国家吸烟人数在下降；

（4）教育部发校园“禁烟令”，要求高校建筑物内不准吸烟，中小学、中职学校、幼儿园，任何人、任何地点、任何时间一律不准吸烟；

（5）本公司的研究实验室即将发明新的制造无害香烟叶的方法；

（6）发展中国家的吸烟人数迅速增加。据估计，我国目前的吸烟人数占总人口的近 1/3。年轻吸烟者所占比例最高。

训练要求

以小组为单位进行讨论，讨论内容包括：

1. 以上情况中哪些造成市场环境威胁，哪些带来了市场机会？
2. 环境威胁发生后，该公司应该如何在变化的环境中寻找新的机会，以适应市场环境？

任务二　分析市场营销环境

市场营销环境因素有很多，我们一般从宏观营销环境和微观营销环境分别去分析。具体的分析思路如图 2-2 所示。

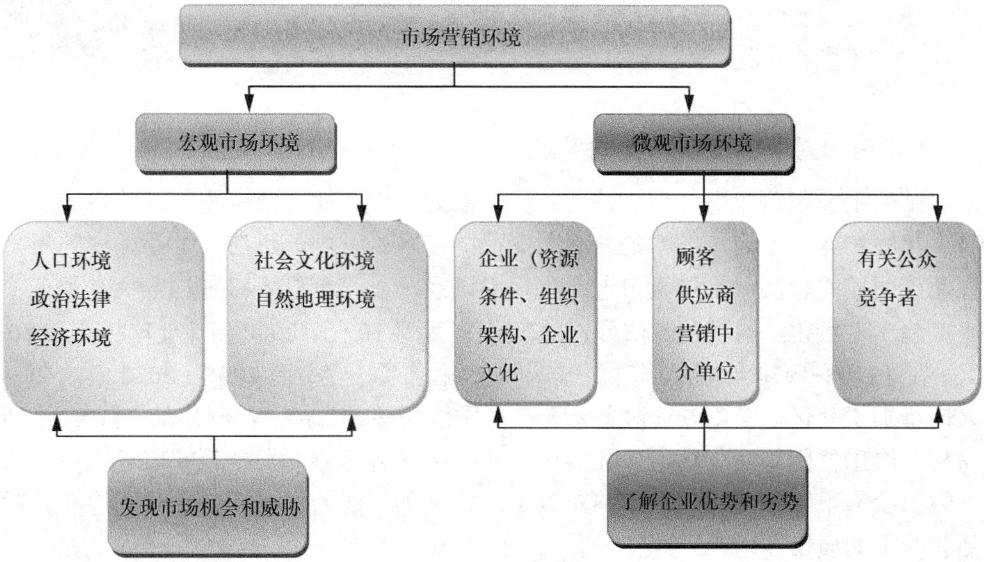

图 2-2　市场营销环境分析思路

一、宏观营销环境

（一）人口环境对企业营销活动的影响

市场是由有购买欲望和支付能力的人构成的，因此，人口环境的状况，如人口规模、分布、构成、流动性是影响企业营销策略的最基本因素。人口环境由人口规模、人口构成、地理分布、人口密度等基本状况构成。

1. 人口数量与增长速度对企业营销的影响

目前，世界总人口已超过 71 亿，并且世界人口将以每年 8 000 万 ~ 9 000 万的速度增长，估计到 2015 年将达到 79 亿。世界人口的增长，意味着市场的扩大、需求的增长。而世界人口中 80%属于发展中国家，东亚地区更被誉为“最有潜力的市场”。一方面是因为该地区近年来经济发展迅速，另一方面是因为它的人口数量庞大且增长速度快，所以市场需求也日益增长。

人口数量是影响基本生活资料需求、基本教育需求的一个决定性因素，众多的人口及数量进一步增长，会给企业带来市场机会。如果收入水平不变，其消费需求也会迅速增加，对食物、衣着、日用品的需要量也越多，那么市场的潜力也就越大。所以，企业营销一定要关注所在国家及地区的人口数量及变化。

技能训练 2-2

训练背景

探讨人口的快速增长给企业营销活动带来的市场影响。

训练要求

以小组为单位进行讨论，讨论内容包括：

1. 人口的增长对企业营销活动有哪些影响？
2. 企业有哪些应对策略？

2. 人口结构对企业营销的影响

人口结构主要包含年龄结构、性别结构、家庭结构、社会结构和民族结构。

（1）年龄结构。不同年龄的消费者对商品的需求不一样。目前，世界人口的年龄结构正出现两个明显的趋势。一是人口老龄化现象已经凸显，世界人口平均寿命在延长，许多国家人口趋于老龄化。据联合国估计，2020 年将达到 10 亿，2050 年，全球将有近 20 亿的老年人。在 1950—1970 年的 20 年内，老年人口增加了 1 亿，而 2000—2020 年的 20 年内，老年人口增加了 4 亿。企业应针对老年人市场需求的诸如食品、保健用品、营养品、服装、健身器材、娱乐休闲用品和场所、社会服务机构和设施等方面发掘新的市场机会。二是世界范围内出生率下降，但婴幼儿的绝对数量仍在增加。随着人民生活水平的提高，对婴幼儿产品和服务的质量要求在不断上升。

（2）性别结构。人口的性别不同，其市场需求也有明显的差异，购买习惯和行为方式也有所不同。反映到市场上就出现了男性用品市场和女性用品市场。一般来说，女性偏向于购买家庭生活用品、服装、化妆用品和孩子的用品等，而大件物品、耐用品则习惯于由男性决策购买。

资料贴吧

男女购物的行为差别

1. 男性消费行为分析

（1）购买行为有明确的目的性和理智型。

与女性相比，男性常常是在感觉到缺什么的时候再去购买商品，所以他们购买的目的性很强。另外，男性比女性更善于控制自己的情绪，更具有理智性。

（2）购买动机形成的迅速性和被动型。

男性在认识到了某种需求之后，会很快地转化为购买动机，并进行购买行为。同时男性的购买动机也很被动，其形成的原因往往是因为外界影响造成的，如自己物品缺乏，或者是朋友的委托。

（3）购买过程的独立性和缺乏耐心。

对于熟悉的商品，男性在购买时很少货比三家，在购买过程中不愿意讨价还价，对商品挑选不仔细。这体现了男性在购买过程中的独立性和缺乏耐心。

2. 女性消费行为分析

（1）购买行为的主动性与购买目标的模糊性。

与男性购买动机的被动性相比，女性的购买行为具有较大的主动性。一般来说，女性大多消费行为是在逛商场的时候产生的，即使事先并不打算购物，但在逛街时看到合适的商品或者打折商品，就会顺便买一些回来，她们常常为自己的“丰收”而产生一定的成就感，相对于男性对购买目标的目的性，女性就显得比较模糊。

（2）购买行为受环境因素的影响较大。

由于女性有较强的自我意识和敏感性，她们在选购商品时就很容易受到外界环境的影响。比如商场环境、购买氛围以及营业员的推销等。在这些环境因素的影响之下，女性消费者容易出现从众行为。从这方面讲，女性比男性更容易出现冲动购买。

（3）注重商品的具体利益。

女性消费者更重视所买的商品能给她带来什么享受，商品的具体利益越显而易见越好。大多数女性掌管着家庭的收支，所谓“不当家不知柴米贵”，所以她们更注重商品本身的实用价值。大多数女性在购买商品的过程中会货比三家，谨慎仔细地比较利害得失，追求商品的物美价廉。

资料来源：http://www.chinadmd.com/file/uuu6ete6otwxzuuroaxazr63_1.html

技能训练 2-3

训练背景

剃须刀的使用者是男性，那么购买者一定是男性吗？据市场调查的数据发现：购买剃须刀的顾客竟然是女性比男性还要多。

训练要求

分小组讨论：如果你是企业营销人员，针对这种情况应该实施哪些营销活动？

（3）家庭结构。家庭是购买、消费的基本单位。家庭结构和数量直接影响到某些以家庭为购买和消费单位的产品。越是经济发达的地区，家庭规模越小，欧美国家的家庭规模基本上户均 3 人，亚非拉等发展中国家户均 5 人。我国目前家庭结构变化的特点是：除了典型的传统家庭结构，单身成年人住户、两人同居住户及集体住户等非家庭住户正在不断增加。这必然带动与之相关的商品或服务需求的产生，而另一方面，家庭数量的剧增必然会引起对炊具、家具、家用电器和住房等需求的迅速增长。

（4）社会结构。我国的人口绝大部分在农村，农村人口约占总人口的 80%。农村是一个难以估量的市场，有着巨大的发展潜力。这一社会结构的客观因素决定了企业在国内市场中，应当以农民为主要营销对象，市场开拓的重点也应放在农村。尤其是一些中小企业，更应注意开发价廉物美的商品以满足农民的需要。

3. 人口的地理分布及区间流动对企业营销的影响

地理分布指人口在不同地区的密集程度，受到自然地理条件以及经济发展程度等多方面因素的影响，人口分布并不是均匀的。从我国来看，人口主要集中在东南沿海一带，约占总人口的 94%，而西北地区人口仅占 6%左右，而且人口密度由东南向西北递减。人口的这种地理分布表现在市场上，就是人口的集中程度不同，则市场大小不同；消费习惯不同，则市场需求特性不同。

在我国，人口的流动主要表现在：农村人口向城市或工矿地区流动，内地人口向沿海经济开放地区流动。另外，经商、观光旅游、学习等活动使人口流动加速。对于人口流入较多的地方而言，一方面由于劳动力增多，就业问题突出，从而加剧行业竞争；另一方面，人口增多也使当地基本需求量增加，消费结构也发生一定的变化，继而给当地企业带来更多的市场份额和营销机会。

（二）经济环境对企业营销活动的影响

经济环境是影响市场营销环境的最活跃因素。经济繁荣时，需求旺盛，企业投资增加，雇用增多，商品供应充足；经济萧条时，需求低迷，企业投资压缩，失业增多，产量削减。

经济环境泛指企业生存、发展所依托的经济发展水平、经济形势、收入和购买力水平、消费支出结构等经济因素，其中收入因素、消费结构和储蓄信贷情况是经济环境分析的主要内容。

1. 消费者收入水平的变化

消费者的购买力来自消费者的收入，但消费者并不是把全部收入都用来购买商品或劳务，购买力只是收入的一部分。市场消费需求指人们有支付能力的需求。仅仅有消费欲望，却没有消费能力，并不能创造市场。只有既有消费欲望，又有购买力，才能产生购买行为。

在研究消费收入时，要注意以下几点。

（1）国民生产总值。它是衡量一个国家经济实力与购买力的重要指标。从国民生产总值的增长幅度，可以判断出一个国家经济发展的状况和速度。国民生产总值增长越快，对产品的需求和购买力越大。一般来说，工业品的营销与这个指标有关，而消费品的营销则与此关系不大。国民生产总值增长越快，对工业品的需求和购买力就越大，反之则越小。

（2）人均国民收入。这是指用国民收入总量除以总人口的比值。这个指标大体反映了一个国家人民生活水平的高低，也在一定程度上决定商品需求的构成。一般来说，人均收入增长越大，对消费品的需求和购买力就越大，反之则越小。

（3）个人可支配收入。这是在个人收入中扣除税款和非税性负担后所得余额，它是个人收入中可以用于消费支出或储蓄的部分，它构成实际的购买力。

（4）个人可任意支配收入。这是在个人可支配收入中减去用于维持个人与家庭生存不可缺少的费用（如房租、水电、食物、燃料、衣着等项开支）后剩余的部分。这部分收入是消费需求变化中最活跃的因素，也是企业开展营销活动时所要考虑的主要对象。因为这部分收入主要用于满足人们基本生活需要之外的开支，一般用于购买高档奢侈品、大件耐用消费品、旅游、储蓄等，它是影响非生活必需品和劳务销售的主要因素。

（5）家庭收入。家庭收入的高低会影响很多产品的市场需求。一般来讲，家庭收入高，对消费品需求大，购买力也大；反之，需求小，购买力也小。

2. 消费者支出模式和消费结构的变化

随着消费者收入的变化，消费者支出模式会发生相应变化，继而使一个国家或地区的消费结构也发生变化。西方经济学家常用恩格尔系数来反映这种变化。

资料贴吧

恩格尔系数

一个家庭收入越少，用于购买食品的支出在总支出中所占的比重就越大；随着家庭收入增加，用于购买食品的支出在总支出中所占的比重会下降，而用于服装、交通、通信、娱乐、卫生保健、教育、享受等方面的支出所占的比重会上升，这就是著名的恩格尔定律。其中，用于购买食品的支出在总支出中所占的比重，叫作恩格尔系数。恩格尔系数在一定程度上反映了一个国家的富裕程度。联合国定义的恩格尔系数与富裕程度关系的标准如下：恩格尔系数达 59 %以上为绝对贫困，50%～59%为温饱，40%～50%为小康水平，20%～40%为富裕，20%以下为非常富裕。

企业要重视这些变化，特别应掌握拟进入的目标市场中消费者支出模式和消费结构的情况，输送相应的产品和劳务，以满足消费者变化的需求。同时，这种消费支出模式不仅与消费者收入有关，而且还受到以下因素的影响：①家庭生命周期所处的阶段影响；②家庭所在地点与消费品生产、供应状况；③城市化水平；④商品化水平；⑤劳务社会化水平等。

比如，据调查，没有孩子的年轻人家庭，往往把更多的收入用于购买冰箱、电视机、家具、陈设品等耐用消费品上；有孩子的家庭，则在孩子的娱乐、教育等方面支出较多，而用于购买家庭消费品的支出减少；当孩子长大独立生活后，家庭收支预算又会发生变化，用于保健、旅游、储蓄部分就会增加。

又如，住在农村与住在城市的消费者相比，前者用于交通方面支出较少，用于住宅方面的支出较多，而后者用于衣食、交通、娱乐方面的支出较多。

3. 消费者储蓄和信贷情况的变化。

储蓄指城乡居民将可任意支配的收入的一部分储存选用。储蓄的形式有银行存款、债券、现金。在收入相当的情况下，储蓄越多，现实消费量就越少，但潜在消费量越多；反之，储蓄越少，现实消费量就越多，但潜在消费量越少。企业营销人员要了解消费者的储蓄情况，尤其是要了解消费者储蓄目的的差异。储蓄目的不同，往往影响到潜在需求量、消费模式、消费内容、消费发展方向的不同。依据消费者储蓄情况和目的的不同，企业营销人员可制定不同的营销策略，为消费者提供有效的产品和劳务。

消费者信贷对购买力的影响也很大。它实际上就是消费者提前支取未来的收入，提前消费。消费者的方式一般有短期赊销、购买住宅分期付款、购买昂贵的消费品分期付款、信用卡信贷这几类。首先，发展消费信贷有利于提高消费倾向，扩大内需，创造更多的就业机会、更多的收入以及需求。其次，发展消费信贷可以调节积累与消费、供给与需求的矛盾。当市场供大于求时，可以发放消费信贷，刺激需求；当市场供不应求时，必须收缩信贷，适当抑制、减少需求。最后，发展消费信贷可以优化社会信用结构，使债权和债务有机地结合起来，从而提高信用内在约束机制和全社会的信用水平。

（三）政治、法律环境对企业营销活动的影响

政治、法律环境因素是指那些对企业经济行为产生强制或制约作用的国家或地区的政

治制度、体制、方针政策、法律法规等所组成的环境。这些因素常常制约、影响企业的经营行为，尤其是影响企业长期的投资行为。

1．政治环境

政治环境是指企业市场营销外部的政治形势，一般分为国内政治环境和国际政治环境。国内如果政局稳定、社会安定，则有利于人民安居乐业、企业生产发展，会给企业营造良好的营销环境，从而企业就可以在公平的竞争环境下开展营销活动和独立做出经营决策；反之，如果政治独裁、局势动乱，则企业的发展就会受到极大影响。

对国际政治环境的分析，应了解“政治权力”和“政治冲突”对企业营销活动的影响。政治权力影响市场营销，往往表现为由政府机构通过采取某种措施约束外来企业，如进口限制、外汇控制、劳工限制、绿色壁垒等。政治冲突会导致国际上的重大事件和突发性事件，它对企业市场营销工作的影响有时带来机会，有时带来威胁。

2．政府的方针政策

不同国家在不同时期会根据政治经济形势及其变化的需要而制定和颁布一些经济发展的政策和方针，如人口政策、行业政策、能源政策、就业政策、金融与货币政策、房地产政策等。这些方针政策会影响企业的营销活动。因此，企业必须了解所在地国家、政府的政策走向，从而制定相应的营销对策。

3．法律环境

法律环境是指国家或地方政府所颁布的各项法规、法令和条例等。我国目前主要的经济法律有《中华人民共和国合同法》《中华人民共和国反不正当竞争法》《中华人民共和国专利法》《中华人民共和国消费者权益保护法》《中华人民共和国大气污染防治法》《中华人民共和国保险法》等。企业熟悉并研究法律、法令和条例，既能保证自身依法开展管理和经营活动，也可运用法律手段维护企业的正当利益。

资料贴吧

2013年2月26日，国务院办公厅出台了关于继续做好房地产市场调控工作的文件，指出当前房地产市场调控仍处在关键时期，房价上涨预期增强，不同地区房地产市场出现分化。为继续做好今年房地产市场调控工作，促进房地产市场平稳健康发展，今年将采取以下几点措施：①完善稳定房价工作责任制；②坚决抑制投机投资性购房；③增加普通商品住房及用地供应；④加快保障性安居工程规划建设；⑤加强市场监管和预期管理；⑥加快建立和完善引导房地产市场健康发展的长效机制。

资料来源：国务院办公厅关于继续做好房地产市场调控工作的通知，国办发〔2013〕17号。

（四）社会文化环境对企业营销活动的影响

社会文化主要指一个国家、地区的宗教信仰、价值观念、生活方式、风俗习惯、伦理道德、教育水平、语言文字等的总和。人们在不同的社会文化背景下成长和生活，各有其不同的生活观念和信仰，且在不知不觉中形成了一种行为规范，它影响着人们的欲望与行为。

1. 教育水平

教育程度的高低使消费者对商品的选择有一定的差异性，例如，文化教育水平高的国家或地区的消费者对商品的附加值也会较高，而教育水平较低的地区的消费者则更看重商品的实用性。所以，对文化教育水平高低不同的地区所采用的营销调研和营销传播方式也有所不同。

2. 语言文字

不同国家、不同民族往往都有自己独特的语言文字，即使同一国家，也可能有多种不同的语言文字，即使语言文字相同，表达和交流的方式也可能不同。不同国家、地区语言文字因翻译出现的沟通问题会影响营销活动。

资料贴吧

品牌翻译中的问题

福特汽车公司的“Fiera”牌的汽车在美国非常畅销，而在西班牙却不受欢迎，因为在西班牙语中，“Fiera”是“丑妇”的意思。

中国人特别是孩子们对小白兔印象良好，因而“小白兔”牌牙膏很受孩子们的欢迎，但是在美国，兔子是“花花公子”的标记，所以被许多正统人士所不齿。

中国以“白象”为品牌的产品很多，出口到西方国家却无人问津，因为“白象”一词在英语中有“废物”的含义。企业在开展市场营销时，应尽量了解目标市场的文化背景，掌握其语言文字的特征，这样才能使营销活动顺利进行。

3. 宗教信仰

世界上许多国家和民族都有自己的宗教信仰。宗教是影响人们消费行为的重要因素之一，不同的宗教信仰会导致不同的文化倾向、思想观念、生活方式和禁忌，从而影响人们的消费习惯和消费需求。企业营销者应了解和尊重宗教信仰，不可触犯宗教禁忌，应适应不同宗教信仰的人们的特殊需求。

4. 价值观念

价值观念是人们对社会生活中各种事物的态度和看法。在不同的文化背景下，人们的价值观念往往有很大的差异，不同的价值观念影响着人们的消费需求和消费行为。市场营销应根据消费者不同的价值观念来设计产品，提供服务。

5. 消费习俗

不同国家或一个国家的不同地区民族在居住、饮食、服饰、礼仪、婚丧、节日、人情往来等物质文化生活方面会表现出各自独特的心理特征和行为方式。这种差别导致了不同的需求和购买习惯，因此，营销管理者应研究并采取不同的营销策略。

社会文化环境是企业所面临的一种较为复杂的环境，文化对企业营销的影响是多层次、多方面、渗透性的，它通过潜移默化的方式影响着人们的消费心理和消费行为方式。企业营销要充分了解和尊重当地的社会文化，在创新的时候不要与当地的文化和价值观念相抵触；在传播方面也要注意融入当地的文化信息，贴近当地消费者的心理需求。

（五）科学技术环境对企业营销活动的影响

科学技术是第一生产力，科技的发展对经济的发展有重大的推动作用。科学技术环境不仅直接影响企业的生产和经营，同时还与其他环境因素相互依赖、相互作用，给企业营销活动带来有利与不利的影响。企业可以利用新技术更新原产品，满足消费者的需求；而另一方面，新技术的出现，也可能使某些企业原有产品面临淘汰的威胁。

（六）自然资源环境对企业营销活动的影响

这里的自然资源是指受营销者或营销活动影响的自然资源，任何企业生产经营活动都与自然环境息息相关。自然环境也是影响企业销售、影响消费者的消费方式和消费习惯的重要因素。自然环境包括地理环境、气候条件、资源条件和环境卫生等因素。目前，世界自然资源环境有几个发展趋势：不可再生能源短缺问题日益严重，环境保护问题日益重视，全球变暖问题日益严峻。人类只有一个地球，自然环境的破坏往往是不可弥补的。企业营销战略中实行生态营销、绿色营销等都是企业稳定、长效发展的必然要求。

自然资源的分布对市场营销的影响是一个重要的问题。自然资源可分为三类：一是有限的不可再生资源，如石油、矿产等；二是有限的可再生资源，如森林等；三是其他自然资源，如水、空气等。当前在我们国家和世界范围内普遍面临着自然资源日益短缺、能源成本不断提高、环境污染日趋严重、国家政府对自然资源管理和环境保护不断加强的。

技能训练 2-4

训练背景

近年来，社会日益重视保护自然环境，提倡“节约就是环保”，而且“节约就有效益”。要求企业在开发产品时能真正站在消费者的角度去考虑问题，多考虑环保需要，并且尽量减少一次性使用后就丢弃的产品，尽量使产品已有的功能得到最好发挥。

训练要求

以小组为单位进行讨论，讨论内容包括：

1. 生产一次性快餐盒的企业如何开拓市场？
2. 新一代环保餐盒如何做到既可重复使用以达到环保目的，又可方便人们的携带。

二、微观营销环境

企业的微观营销环境是指与企业紧密相联、直接影响企业营销能力的各种力量，包括竞争者、供应商、营销中介、顾客、公众及企业。企业是通过与这些利益相关者进行相互协作、竞争、服务与监督来开展市场营销活动的。

（一）竞争者

竞争者是指与本企业争夺市场份额和服务资源的对手，包括现有的企业、从事同类产品的企业、潜在的进入者、替代产品的生产企业等。

行业内现有企业之间的竞争主要表现在价格战、广告战、开发或引进新产品以及增加对消费者的服务等。当企业处于一个有利可图或前景看好的行业中时，必然会引来其他行业中有雄厚资金实力的企业的进入，并对该行业中现有企业构成威胁。替代品是指那些与本企业产品具有相同或类似功能的产品。替代品投入市场后，在同等质量的情况下，替代品的价格越具有吸引力，对企业构成的威胁也就越大。

从产品的替代性来分析，企业面临 4 个层次的竞争对手：品牌竞争者（满足同一需求的不同品牌间的竞争）、产品形式竞争者（满足同一需求的同类产品的不同形式的竞争）、平行竞争者（满足同一需求的不同类产品的竞争）、愿望竞争者（满足不同需求的不同类产品的竞争）等，作为企业营销人员，要善于识别各种竞争者，并采取不同的竞争策略。

技能训练 2-5

训练背景

案例 1：御食苑是北京的一家小吃制造商，长期以来一直和红螺相持，并在实力上略逊于对手。如果发动正面的价格等攻击战，胜算并不大。御食苑经过调研，正确分析形势。鉴于御食苑属于特产、地处北京，无法走出区域等实际情况，御食苑提出了“皇家休闲小吃”的全新概念。这样既吻合地处北京的身份，又保证了走出区域的势能。正是在新概念的支撑下，辅助系统的传播和市场策略，御食苑才能跳出竞争，迅速形成全国势能，实力上远远超过了红螺等既有竞争对手。

案例 2：河北金农是一家有机蔬菜企业，意欲进入北京，但强手如林，且行业本身市场认知尚未完全成熟。根据只有少数人会消费价格高昂的有机蔬菜的现实，河北金农不与竞争对手争夺大众市场，集中力量开发“儿童菜”，提炼“高原菜”概念，生动化地突出有机特点，满足当前社会注重儿童的实际消费心理。配合合理的渠道配置和小众的传播人群，“高举高打”集中于一个细分市场，从而把铁板一块的市场打开一个缺口。

训练要求

以小组为单位进行讨论，讨论内容包括：

分析以上这两个案例分别代表了哪两种竞争方式，并分析它们的竞争特点。

（二）供应商

供应商是指向企业及其竞争者提供从事活动和业务所必需的各种资源（包括原材料、零配件、设备、能源、劳务及其他用品等）、生产产品和服务的企业及其分支机构、个体工商户。供应商对企业营销活动的影响主要表现在以下几方面。

（1）供货的可靠性、稳定性，与企业配套的供应商必须及时、稳定地进行供应，否则就会造成生产环节的脱节，影响产品的市场供应。

（2）供货的价格变动，原料价格的涨跌直接影响产品成本的提高与降低，导致企业利润空间的伸缩，对企业的综合竞争力和市场占有率有着直接的影响。

（3）供货的质量水平，原材料与零配件的质量好坏直接影响企业产品的质量，供应商售后服务质量水平的高低直接影响企业的营销服务能力。

（三）营销中介

营销中介是协助企业通过推广、销售产品给最终购买者的各种中介机构，包括中间商、物流机构（运输企业、仓储企业等）、营销服务机构（广告公司、咨询公司等）和金融机构（银行、信托公司、保险公司等）。

企业要实现营销目标，离不开营销中介的共同协作。例如，企业批量生产与消费零散分布的矛盾需依靠中介机构分销网络的帮助与合作；企业资金周期性周转中遇到的资金困难需依靠财务中介机构的帮助与合作；企业快速扩张时自身资源（人、财、物、信息等）的有限性，也需中介机构的帮助与合作。

资料贴吧

爱心漂流瓶

微信官方对于“漂流瓶”的设置，让许多商家看到了“漂流瓶”的商机，微信商家开端通过扔瓶子做活动推广。使得协作商家推广的活动在某一时间段内抛出的“漂流瓶”数量大增，普通用户“捞”到的频率也会提高。招商银行便是其中一个。

日前，招商银行发起了一个微信“爱心漂流瓶的活动”：微信用户用“漂流瓶”功能捡到招商银行漂流瓶，回复之后招商银行便会通过“小积分，微慈悲”途径为孤独症孩童供给协助。在此活动时间，有媒体计算，用户每捡 10 次漂流瓶，至少有 1 次会捡到招行的爱心漂流瓶。

资料来源：http://www.glzy8.com/ceo/34443_2.html

（四）顾客

顾客原指购买商品的人，现通常指用户、消费者，即企业的目标市场。顾客可分为外部顾客和内部顾客。外部顾客包括最终消费者、使用者、受益者或采购方；内部顾客包括员工、经营者和股东。顾客是企业服务的对象，是企业一切活动的出发点和落脚点，赢得了顾客，就意味着赢得了市场。

技能训练 2-6

训练背景

一次，一个客户在一款地砖前面驻足很久，我走过去对他说：“您的眼光真好，这款地砖是我们公司的主打产品，也是上个月的销售冠军。”

客户问：“多少钱一块呢？”

我说：“折后价格，150 元一块。”

“有点贵，还能便宜吗？”他追问。

我说：“您家在哪个小区呢？”

“在第六田园。”他说话爽快。

“第六田园应该是市里很不错的楼盘了，听说小区的绿化非常漂亮，而且，室内格局都很不错，交通也很方便。买这么好的地方，我看您不会在乎多花点钱买我们这款质量更好的产品！不过，我们正在第六田园和水晶城做促销，这次还真能给您一个团购价。”

客户脸上挂上了兴奋，他说：“可我现在还没拿到钥匙呢！没有具体的面积，怎么办？”

我马上回答：“您要是现在就提货还优惠不成呢，我们按规定要达到 20 户以上才能享受优惠，今天加上您这一单才 16 户，还差 4 户呢。不过，您可以先交订金，我给您标上团购，等您面积出来之后再提货。”

就这样，客户顺利交了订金。两周之后订单正式成交。

训练要求

以小组为单位进行讨论，讨论内容包括：

1. 这个案例中成功销售的重点是什么？
2. 试做具体分析，案例中销售人员的哪些表现影响了顾客的选择？

（五）公众

公众是指对企业实现目标的能力具有实际或潜在利害关系和影响力的一切团体和个人。企业所面临的公众包括以下几类。

（1）金融公众，指影响企业融资能力的团体，如银行、投资公司、证券公司等。

（2）媒介公众，指报纸、杂志、广播、电视等大众传播媒介。

（3）政府公众，指对企业市场营销活动有影响作用的有关政府机构。

（4）社团公众，指各种保护消费者权益组织、环境保护组织及其他群众团体。

资料贴吧

老总喝涂料

北京有一家涂料公司，打算以无毒环保作为宣传点，推广自己生产的涂料产品。为了吸引公众的注意力，公司策划了一次“小猫小狗喝涂料”的活动。活动当天来了许多记者和公众，公司老总亲自主持。活动正要开始，准备让猫、狗喝涂料的时候，绿色和平组织的许多成员来到现场，大谈该活动是多么的不道德、不仁义，纷纷谴责该企业的做法，并采取一切措施阻止该活动的进行，现场乱作一团。公司老总一看所有的花费及付出马上要打水漂了，情急之下自己咕咚咕咚把涂料喝了下去，这又引发了媒体的一场大争论，同情有之，批评有之，但企业歪打正着，达到了扩大影响的目的。

（5）地方公众，指企业所在地或邻近区域的居民或当地组织。企业在营销活动中，要避免与周围公众利益发生冲突，应指派专人负责处理这方面的问题；同时还应积极关注、支持当地公益事业。

（6）内部公众，指企业内部从上到下的组织成员，包括股东、管理人员、职工。

（7）一般公众，指上述各种公众之外的社会公众，他们是对企业产品并不购买，但深刻影响着消费者对企业及产品看法的组织或个人。

（六）企业

企业是由各个职能部门组成经营管理机构并以盈利为目的经济组织。企业因素包括企业资源条件、企业文化、组织架构和企业能力等因素，它们是企业能够加以控制的。

1. 企业资源条件

企业资源的拥有和利用情况决定了其活动的效率和规模。企业资源包括人、财、物、技术、信息、组织等。

① 人力资源。包括与任务相比人员数量的余缺情况、人员素质情况、人员的配备、合理安排使用状况和企业员工管理制度等。

② 物力资源。包括各种有形资产。物力资源分析就是要研究企业生产经营活动需要的物质条件的拥有情况以及利用程度。

③ 财务资源。财务资源即生产经营所需的各类资金，是衡量企业竞争地位和吸引投资者的最佳指标。财务资源分析包括对企业资金的拥有及构成情况、盈利情况、偿债情况、筹措渠道和利用情况的分析。

④ 技术资源。主要分析企业的技术现状，包括设备和各种工艺装备的水平，技术力

量与生产经营的适应性、潜力，技术改造和引进的实施条件，技术人员和技术工人的水平及其能级结构等。

⑤ 信息资源。包括的内容很多，如各种情报资料、统计数据、规章制度、计划指令等。主要分析现有信息渠道是否合理、畅通，各种相关信息是否掌握充分等。

⑥ 组织资源。主要分析组织结构和管理效率情况。组织结构分析包括机构设置和权责划分的合理性、集分权是否适度、运转的有效性、领导班子的继承性及结构是否优化。管理效率分析包括是否统一指挥、统一领导，管理职能履行情况等。

2. 企业文化

企业文化是企业在运行过程中形成的，它随着管理过程的发展及企业内外环境的变化而变化，是物质文化和精神文化相结合的产物，并为全体成员普遍接受和共同奉行的价值观、信念、行为准则及具有相应特色的行为方式、物质表现的总称。企业文化包括以下三个层次。

① 物质层是企业文化结构的表层，通过物质形态的产品形象、厂容厂貌、企业标志、员工服饰、企业环境等表现出来，通常称为企业形象。

② 制度层是指具有本企业文化特色的各种规章制度、道德规范和行为准则的总称，通过领导体制、规章制度、员工行为方式等反映出来。

③ 精神层是企业文化的深层次，是存在于企业成员思想中的意识形态，包括企业经营哲学、理想信念、价值观念和管理思维方式等，通常称为企业精神。

3. 企业能力

企业能力是指企业有效地利用资源的能力。企业能力如按重要程度可分为一般能力和核心能力；按内容可分为组织能力、社会能力、产品及营销能力、生产及技术能力、市场开拓能力和管理能力等。

企业核心能力是指企业独有的，能为顾客带来特殊效用、使企业在某一市场上长期具有竞争优势的内在能力。企业要形成和保持竞争优势，只拥有一般的资源和能力还不行，必须形成超出竞争对手的特殊能力。它是企业在发展过程中逐渐积累起来的知识、技能及与其他资源相结合而形成的一套体系。核心能力可以是技术，如英特尔公司的芯片制造技术；也可以是管理和业务流程，如联邦快递公司能保证及时运送的后勤管理、丰田公司的精益生产能力等；还可以是技术、经营、管理等能力的结合，如海尔的技术开发能力、质量保证能力和营销能力所构成的核心能力。

技能训练 2-7

训练背景

电冰箱能够打入日本市场是少之又少的。一来日本人爱用国货，二来日本家电用品的生产实力其实是非常强的，但是海尔集团看到了一个机会：海尔集团生产出来一种电冰箱，女孩子们可以把专用的化妆品放在冰箱里面，这样，她们只要一打开冰箱的门，就可以直接化妆。

过去，日本的女孩子，或者是家庭主妇，或者是职业妇女，通常是在卧室里面化妆，化完妆之后才从卧室里出来。可是，如果碰到炎热天气，当她们走到客厅的时候，妆就化掉一半了。但是，海尔集团设计的这款冰箱，让女孩子们将化妆这件事情从她们的卧室移到了厨房，一方面方便了她们化妆、打扮、享受，另一方面又可以让化妆品保持品质，因为冰箱有冷藏的功能。

过去，日本女性的化妆品都是放在化妆盒里面的，很难真正保持化妆品的品质。就这样，海尔集团将冰箱打入了日本的市场，获得了日本女性的喜爱，而且获得了很高的市场占有率，在日本具有很强的竞争力。

训练要求

以小组为单位进行讨论，讨论内容包括：

1. 试分析海尔集团是凭借什么能力打入日本市场的？
2. 这个案例对企业的启示有哪些？

任务三　评析及应对营销环境

通过对企业营销微观环境和宏观环境的分析与研究，使我们对企业营销环境有了初步认识。我们认识到环境的发展变化可能给企业带来机会，也可能形成威胁。但是，并不是所有的市场机会都会为企业的营销活动带来利益，也不是所有的环境威胁都会对企业造成危害。企业可以利用 SWOT 分析法（企业内部环境对照法）、机会-威胁分析法来加以评价与分析。

一、SWOT 分析法

SWOT 分析是基于内外部竞争环境和竞争条件下的态势分析。它是将与研究对象密切相关的各种主要内部优势、劣势和外部的机会和威胁等，通过调查列举出来，并依照矩阵形式排列，然后用系统分析的思想，把各种因素相互匹配起来加以分析，从中得出一系列相应的结论，而结论通常带有一定的决策性。

运用这种方法，可以对研究对象所处的情景进行全面、系统、准确的研究，从而根据研究结果制定相应的发展战略、计划以及对策等。

SWOT 分析方法从某种意义上来说隶属于企业内部分析方法。SWOT 是由 Strengths（优势）、Weakness（劣势）、Opportunities（机会）、Threats（威胁）四个英文单词的第一个字母构成。其中 S（Strengths）、W（Weaknesses）是内部因素，O（Opportunities）、T（Threats）是外部因素。按照企业竞争战略的完整概念，战略应是一个企业“能够做的”（即组织的强项和弱项）和“可能做的”（即环境的机会和威胁）之间的有机组合。

SWOT 分析的主要思想是：抓住机会，强化优势，避免威胁，克服劣势。进行 SWOT 分析时，主要有以下几个步骤。

1. 分析环境因素，找出企业面临的机会与威胁

运用各种调查研究方法，分析企业所处的各种环境因素，即外部环境因素和内部环境因素。

首先分析出企业所处的外部环境中存在的机会因素和威胁因素，它们分别是影响企业发展的有利因素和不利因素，属于客观因素。这些因素包括整体需求、市场饱和程度、政府的政策、经济条件，社会文化、技术的发展以及行业中的竞争力量等。

其次，分析出企业内部环境中的优势因素和劣势因素，它们分别是企业在发展中自身

存在的积极因素和消极因素，属于主动因素。一般包括管理的、组织的、财务的、人力资源的等不同范畴。

2. 构造 SWOT 矩阵

优势、劣势与机会、威胁相组合，形成 SO、WO、ST、WT 策略，填入到表格中，如表 2-1 所示。

表 2-1　SWOT 矩阵

内部优势	内部劣势
1. ______ 2. ______ 3. ______ …	1. ______ 2. ______ 3. ______ …
外部机会	**外部威胁**
1. ______ 2. ______ 3. ______ …	1. ______ 2. ______ 3. ______ …

3. 制订行动计划

在完成环境因素分析和 SWOT 矩阵的构造后，将考虑到的各种环境因素相互匹配组合，得出一系列企业未来发展的可供选择对策。如图 2-3 所示。

		内部环境	
		优势S： S_1、S_2、S_3…	劣势W： W_1、W_2、W_3…
外部环境	机会O： O_1、O_2、O_3…	SO组合方案	WO组合方案
	威胁T： T_1、T_2、T_3…	ST组合方案	WT组合方案

图 2-3　SWOT 矩阵分析图

（1）WT 策略（劣势+威胁）。WT 又称为防御战略，对企业来说，这是最糟糕的环境。企业一旦处于这样的位置，要尽量减少内部劣势，避开威胁并逐渐消除劣势。如果处理不当，就可能直接威胁到企业的生死存亡。

（2）WO 策略（劣势+机会）。WO 又称为扭转战略。外部环境中存在机会，但是企业在这方面处于劣势，这就要求企业利用外部机会，转变内部劣势，将劣势转化为优势以开拓机会。对企业来说，一方面要控制面临的威胁，以阻止或减小它带来的不良后果；另一方面，当环境提供的机会与企业内部资源优势不协调，难以发挥企业优势时，企业应通过资源的开发或重组，将劣势向优势转化，从而赢得外部机会。

（3）ST 策略（优势+威胁）利用内部优势，规避外部威胁。当环境状况对公司优势构成威胁，优势难以充分发挥时，企业一方面可以通过重新构建企业资源来获得竞争优势，将威胁转化为机会，另一方面可以选用自己的优势，抓住市场中的其他机会。

（4）SO 策略（优势+机会）。SO 又称为增长战略。这是一种最理想的组合，组织的内部资源和外部环境的机会达到最佳匹配。在这种情形下，企业应强化、扩大已有的竞争优势，获得新的竞争机会。机会往往是稍纵即逝的，因此企业必须敏锐地捕捉机会，把握时机，以寻求更好的发展。

3. 确定策略

SWOT 分析法不是仅仅列出 4 项清单，而是通过评价公司的强势、弱势、机会、威胁，对 SO、WO、ST、WT 进行甄别和选择，并最终得出结论，即在公司现有的内外部环境下，如何更好地运用自己的资源，以及如何建立公司的未来资源。

二、机会-威胁分析法

面对威胁程度不同和市场机会不同的营销环境，企业需要通过环境分析来评估环境机会与环境威胁，从而采取相应的营销策略。

用机会-威胁矩阵分析方法来评价企业所在的环境，可能出现如下 4 种不同的结果（见图 2-4）。

区域 1：高机会和高威胁的环境——冒险环境。建议：加强调查研究，进行全面分析，降低风险，争取利益。

区域 2：低机会和高威胁的环境——困难环境。建议：若情况凶险、大势已去，应另谋发展。

区域 3：低机会和低威胁的环境——成熟环境。建议：一方面维持正常运转，取得平均利润，另一方面储备力量，为进行理想环境或冒险环境做准备。

区域 4：高机会和低威胁的环境——理想环境。建议：抓住机遇，大力发展。

1. 机会分析法

有效地抓住和利用市场机会，将市场机会变为企业机会。机会分析主要考虑潜在的吸引力和成功的可能性（见图 2-5）。

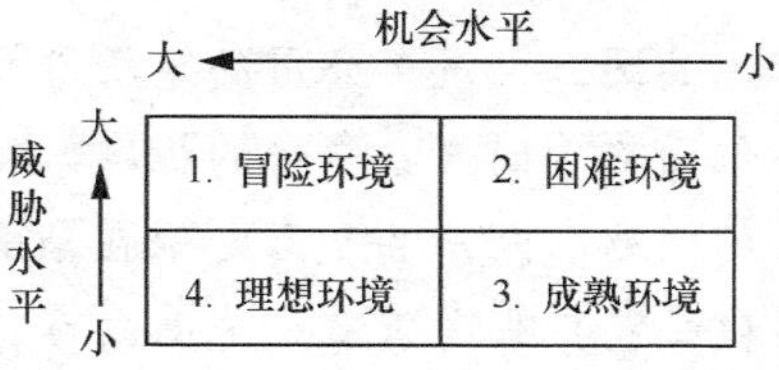

图 2-4　机会-威胁矩阵

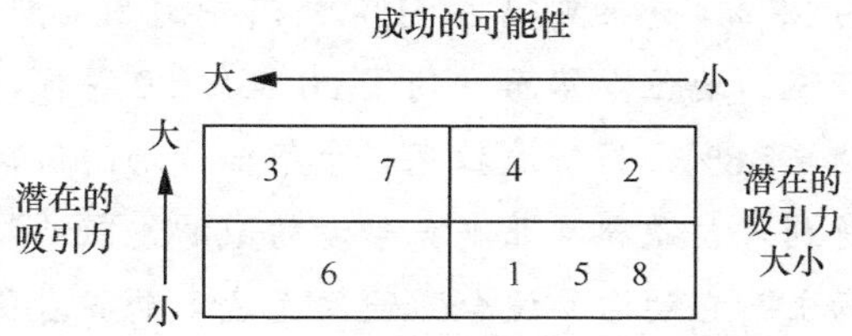

图 2-5　机会分析矩阵图

在图 2-5 中，处于 3、7 位置的机会，潜在的吸引力和成功的可能性都大，有极大可能为企业带来高利润，企业应把握机会，快速发展；而处于 1、5、8 的机会，潜在的利润小，成功的概率低，企业应改善自身的条件，关注机会的发展变化，谨慎地开展营销活动。

2. 威胁分析法

面对环境威胁的分析，一般要注重两个方面：一是分析威胁的潜在严重性，即影响程度；二是分析威胁出现的可能性，即出现的概率。

图 2-6 为威胁分析矩阵图，图中，处于 3、5 位置的威胁出现的概率和影响程度都大，要及时制定相应对策；处于 7 位置的威胁出现的概率和影响程度小，企业不必过于担心，关注其发展变化即可；处于 1、6 位置的威胁出现的概率虽小，但影响程度较大，必须密切注意它的发展变化；处于 2、4、8 位置的威胁影响程度较小，但出现的概率大，也应充分重视。

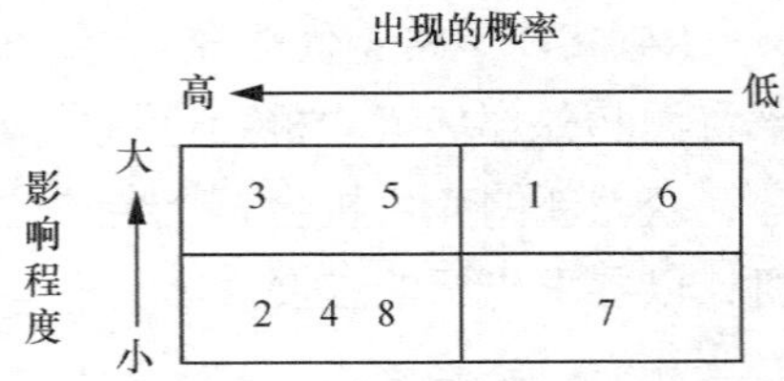

图 2-6　威胁分析矩阵图

技能训练 2-8

训练背景

假设某空调生产企业分析其业务经营环境时，发现如下动向：①国家为保护大气环境已经颁布相关法令，完全禁止使用氟利昂制冷技术；②全球气候变暖，夏季持续高温天数越来越多；③消费者收入水平普遍提高，对空调的需求越来越多；④这家企业的研究实验室很快开发出无氟制冷技术；⑤竞争者开发出节能空调；⑥由于能源紧张，电费将大幅度提高。

训练要求

以小组为单位进行讨论，讨论内容包括：

1. 试分析上述该企业所面临的环境。
2. 为企业提出可行的对策。

项目思考与练习

【案例分析】

长期以来，美国汽车市场被三大汽车公司所垄断（通用汽车公司占 42%、福特汽车公司占 28%、克莱斯勒占 11%）。其中通用的凯迪拉克则是“世界标准”，具有引领世界豪华车潮流的地位。然而，到了 20 世纪 80 年代，时过境迁，美国三大汽车公司的市场份额下降至 67.8%，而凯迪拉克在豪华车市场的份额和声誉不仅面临着国内竞争者的挑战，而且还受到来自欧洲及亚洲竞争者的威胁。凯迪拉克车面临的问题有：产品是否定位在合适的市场上？它的形象适合凯迪拉克汽车购买者所追求的品位吗？广告是否有效地面向目标市场并传递了适合的形象？

一、市场环境

在 20 世纪 50 年代和 60 年代，能源充足且价格低廉，美国厂家以制造大体积、大功率的汽车取得了巨大的成功。在 70 年代，由于石油危机导致能源价格上涨，使得国外厂商生产的小型省油的汽车获得了优势。由于节油型汽车的大量涌入，美国国内汽车厂商的市场份额逐渐下滑。

在整个能源短缺时代及至 20 世纪 80 年代中期，日元对美元的利率有利于日本，因此它能以比美国和欧洲同类产品更低的成本进行出口，而且日本制造商在生产小型、低能耗和高质量的汽车方面也的确取得了巨大的成功。然而美国政府在通用、福特和克莱斯勒三大汽车公司的压力下，对日本进口车的数量实行了“自动限额”法案。由于配额限制和80年代中后期的日元坚挺的影响，日本厂商无法再大量出口小型汽车并取得可观的利润了。这些因素使得日本人开始调整他们的产品组合战略，转向出口利润较大、档次较高的汽车。

在日本厂商首先瞄准了小型节油车的时候，欧洲汽车制造商除大众以外，均已瞄准了一个与其不同的细分市场。梅塞德斯-奔驰、宝马、奥迪、沃尔沃等都在不同程度上瞄准了高档车市场。

二、竞争市场

豪华车市场可以分成两个部分，即传统型豪华车市场和功能型豪华车市场。美国主要生产传统型车，而欧洲则主要生产功能型车。传统型车的典型代表有凯迪拉克和林肯，其次还有奥兹莫比尔、别克、水星和克莱斯勒。欧洲功能型豪华车的典型有：德国的梅塞德斯-奔驰、宝马和奥迪，英国的劳斯莱斯和美洲虎，另外还有瑞典的沙泊和沃尔沃等。

1. 国内竞争

在凯迪拉克策划它的市场战略时，福特公司的林肯也不甘落后。在 1979 年，林肯系列中唐卡车型，尺寸缩小到与凯迪拉克相同的大小。1982 年，林肯又推出了“大陆”，以取代销售不佳的“维塞娜”。这两种车都是凯迪拉克系列中的塞维车的竞争车型，并且都试图吸取塞维的各种优点。其中，大陆型车的推出标志着福特公司已经成为功能型豪华车市场上真正的挑战者。

2. 国外竞争对手——欧洲

在凯迪拉克度过 20 世纪 60 年代至 70 年代时，欧洲的豪华车也出现在市场上，英国的劳斯莱斯一直以其高昂的价格和精致的手工工艺代表了豪华车的最高水准，因而它并非凯迪拉克的竞争者。德国的梅塞德斯-奔驰是另外一种类型的豪华车。

在 20 世纪 70 年代和 80 年代的交替之际，其他一些欧洲厂商也开始向功能型豪华车市场进军。德国的宝马公司由主要出口双门旅行车转向与奔驰公司类似的车型。宝马的战略与奔驰不同，它更加迎合运动导向的功能型豪华车购买者。

随着功能型豪华车市场的不断增长，许多人都认为奔驰将成为豪华车市场上的最终胜利者。不过，它又受到了宝马的挑战，1987 年，奔驰和宝马在美国的销售总和为 178 000 辆，超过凯迪拉克销量的一半。

在豪华车市场上居第三位的是德国厂商奥迪，奥迪主要凭借其车身光洁的 5000 系列（48 057 辆）在 1985 年达到了 74 000 多辆的最高销售纪录。1986 年，公司又推出了全新的 4000 系列替代车型。

3. 国外竞争对手——日本

20 世纪 80 年代末，日元的坚挺使得日本人失去了低成本的优势。日本人不再能像前些年那样制造出价格低廉，能与韩国和美国厂家相竞争的车型。由于难以获得期望的利润，因此日本人开发了许多结构紧凑、尺寸适中的车型。这类车包括本田的雅阁、丰田的凯米和克莱西达，以及尼桑的马克西马。

本田公司的爱曲拉把重点放在分销服务上，结果分销服务和产品质量一起在 1988 年消费者满意指数排名中位居前列。爱曲拉，以及一些随后推出的车型，如丰田的凌志和尼桑的无限，试图迎合那些以前买了廉价进口车，但现在想买档次提高同时又保留了原有进口车优点的车型的消费者。梅塞德斯-奔驰公司在美国的市场主管汉斯•乔丹说：“爱曲拉是

2.5 万美元到 3 万美元的各类车的真正敌手。”

针对美国汽车市场，丰田和尼桑分别推出了凌志和无限。凌志是丰田在 1990 年推出的。根据《汽车杂志》介绍，凌志 LS400 型是“车身庞大、车内宽敞、风格古朴”的四门轿车，看起来糅合了宝马和奔驰的设计风格。它采用流线型的设计，4 升的汽缸容积、4 个凸轮、约 184 千瓦的 V-8 型发动机推动车体以高速行驶。这就足以让奔驰、宝马和美洲虎的设计者努力工作 10 多年了。

请思考：

（1）分析凯迪拉克的市场营销宏观环境及要素。

（2）分析凯迪拉克的市场营销微观环境及要素。

【综合实训】

1. 实训项目　快餐店的市场环境分析

2. 实训背景

如果你是一家快餐店的店长助理，最近生意比较清淡，店长指派你帮其做一个市场环境分析。

3. 实训目的与要求

（1）学生学会从企业的经营管理决策实际出发确定环境分析的内容。

（2）教师要求学生分组进行实地访问和调查，并结合文献研究了解影响快餐店生意的因素。

（3）教师训练学生分析市场环境的能力。

（4）学生撰写分析报告，提出改进措施及建议。

4. 实训步骤

（1）根据教学班级人数确定学习小组（5～8 组为宜），每组 6～8 人。

（2）学生讨论选出组长，并分工进行文献研究和联系企业进行实地调查收集资料。

（3）以小组为单位进行研讨，完成小组的分析报告，并制作 PPT 进行汇报。

（4）同学互评和教师点评，然后综合评定各小组及成员的本次实训成绩。

5. 实训考核

（1）实训准备工作（10 分）。

（2）各组对本次实训的组织、分配、管理等过程的表现情况（20 分）。

（3）各组提交实训报告的质量和报告 PPT 的演示效果（50 分）。

（4）学习小组的团队合作精神面貌（10 分）。

（5）同学互评，教师点评（10 分）。

项目三　消费者购买行为分析

项目目标

知识目标

（1）了解消费者市场和组织市场的特点。

（2）理解消费者购买行为模式。

（3）认知影响消费者行为的基本因素。

（4）认知营销者在购买者决策过程不同阶段的工作内容。

技能目标

（1）学会分析消费者市场的特点。

（2）能独立分析影响消费者行为的基本因素。

（3）能分析营销者在购买者决策过程不同阶段的对策。

本章导入

Land's 零售店的购买

Kari Jardine 对她的丈夫 Andy 说："我得去 Walgreen's 药店给 Argie 买些药，你想和我一起去吗？" Andy 回答说："当然想。我想顺便买些杂志在明天乘飞机前往纽约的路上看。"

一路上，夫妻俩谈到最近的大雪天气以及圣诞节和新年的快乐假日。可是两个人都认为幸亏圣诞节很快过去了，现在可以过上正常的生活，而不像节日期间总得去拥挤的商场选择圣诞礼物。

药店购物中心门前的停车场上，扫雪机铲除着一堆堆的积雪。进店后，Kari 想起还得先去取药方，所以 Andy 只好到门前杂志摊转转。从钱包里抽出 10 美元，买了《高尔夫球》《体育画刊》，还买了两管薄荷糖准备在回家的路上吃。

当他们走出 Walgreen's 药店时，Andy 建议说："先别回家，到附近的商店转转。我曾经在 Land's 商店的零售商品目录上见过一种酸果颜色的方形披肩的开衫，我挺喜欢的，也许在这个店有卖的，我想看看。""那正好，我顺便可以看春天穿的大衣，我上午不上班。"

店里果然有 Andy 感兴趣的开衫。他试了试挺喜欢的。他记得这种衣服卖 56 美元，商品目录上的价格是 39 美元，而这个零售店只卖 38 美元，他决定买下来。这时他又看见另一种水鸭颜色的羊毛开衫，价格由 70 美元降到 56 美元。但他又有点拿不定主意，因为这件贵了点，并且和圣诞节别人送他的一件绿色套头衫差不多。但最后还是决定买下来，因为他可以把那件别人送的退回给 Marshall Field's 商场。

Kari 看中了一件沙土色的半大派克大衣，正试着，Andy 向她走来，手臂上挂着毛衣。“你感觉怎么样？”Kari 问他。他问：“多少钱？”Kari 回答：“看看，现在卖 56 美元，原来卖 70 美元，你看见什么喜欢的衣服了吗？”两人一致认为毛衣和大衣都挺值的。他们到收银台准备付款，售货员问：“你们找到今天需要买的东西了吗？”Kari 回答说：“是的，我们正在考虑付钱呢。”售货员说：“好的，让我们计算一下，毛衣今天打 7 折，所以这件便宜 11.55 美元，那件便宜 16.80 美元，看见这个标志了吗？这标志说明可以打 4 折，你可节省 35.40 美元。”他指着大衣标签上面的一只小黑船上的舵轮说。

Andy 夫妇对视了一下，禁不住笑了。Andy 忍不住大声说：“哇！你的意思是我们节约了差不多 50 ~ 60 美元？”售货员说：“是的，下周或下两周我们会进更多的春装。别忘了过来看看，打折卖的。”说着把他们的签证卡和衣服以及收据还给他们。

开车回家的路上，Andy 两口子算了算省下来的钱。按一般价格应付 196 美元，结果却花了 94.24 美元，其中还包括 5%的销售税。他们觉得到 Land's 转转挺值的。Andy 决定不把那件绿色毛衣退回，因为新买的两件也没花多少钱，他嚼着薄荷糖，感觉挺舒服。

请思考：

在 Land's 零售店购物这一幕中，可以找到什么样的消费者行为？

资料来源：（美）保罗·彼得著. 徐瑾，吕作良译. 消费者行为与营销战略[M]. 大连：东北财经大学出版社，2010.

任务一　了解消费者市场特点

消费者市场，是指所有为了个人或家庭消费而购买商品和服务的消费者所构成的市场，是生产者市场及整个经济活动为之服务的最终市场。任何企业都应关注自己产品的最终市场。而这一切是建立在对消费者市场特点的准确把握基础上的，它是市场体系的基础，是起决定作用的市场。与组织市场相比较，消费者市场主要有下列特点。

（1）购买人数多，供应范围广。消费者市场是最终使用者市场。人们要生存就要消费，所以消费者市场通常以全部人口为服务对象。

（2）交易数量小，交易次数多。消费者是为个人或家庭最终消费而购买，通常一次购买数量较小，属于小型购买，企业经常以零售为主。

（3）消费差异大，消费变化大。不同类型的消费者消费需求各不相同。不同年龄、性别、职业收入、民族和宗教信仰的消费者，其消费习惯互有差异，因此消费需求也各不相同。

（4）需求弹性大，购买流动快。由于消费者市场需求是直接需求，来源于人们的各种生活需要，在当前我国人民收入水平还不高的情况下，购买商品时价格显得较为重要。消费者对多数商品，特别是选购品的价格十分敏感，需求弹性大。另一方面，消费品的替代性大，也使需求弹性增大。

（5）非专家购买，可诱导性强。

技能训练 3-1

议一议：大学生消费有何特点？

任务二　把握消费者的动机和行为

对消费者购买行为规律的研究首先涉及消费者购买行为的动机来源。一般认为，动机是“引起个体活动，维持已引起的活动，并促使活动朝向某一目标进行的内在作用”。

购买动机是使消费者做出购买某种商品决策的内在驱动力，是引起购买行为的前提，也就是引起行为的缘由。有什么样的动机就有什么样的行为。

一、消费者动机

消费者的购买动机是复杂多样的。从大的方面来看，有生理性购买动机、心理性购买动机与社会性购买动机。生理性购买动机是由先天的、生理的因素所引起的，为满足、维持、保持、延续和发展生命等需要而产生的各种购买动机；心理性购买动机主要是由后天的社会性或精神需要所引起的为满足维持社会生活，进行社会生产和社会交际，在社会实践中实现自身价值等需要而产生的各种购买动机，分为基本的和高级的购买动机。但是可以说，在人的购买行为中，往往既有生理性的购买动机又有心理性购买动机，两者相互交织在一起，并不好区分。而且，如果光是这两种购买动机就显得非常粗略了，不便于制定出有指导性的营销方案。这就需要更具体地加以研究。具体说来，消费者的购买动机主要有以下几种。

1. 求实动机

这是以注重商品或劳务的实际使用价值为主要目的的购买动机。消费者在购买商品或劳务时，特别重视商品的实际效用、功能质量，讲求经济实惠、经久耐用，而对商品的外观造型、色彩、商标、包装装潢等不大重视。在购买时大多比较认真仔细地挑选，也不太受广告宣传的影响。一般而言，消费者在购买基本生活资料、日用品的时候，求实动机比较突出，而在购买享受资料和较高档次的、价值大的消费品时，求实动机不太突出。此外也要看消费者的消费支出能力和消费价值观念。

2. 求新动机

这是以注重商品的新颖、奇特和时尚为主要目的的购买动机。消费者在购买商品时，特别重视商品的外观、造型、式样色彩和包装装潢等，追求新奇、时髦和与众不同，而对陈旧落后时代的东西不屑一顾。在购买时受广告宣传、社会环境和潮流导向影响很大。具有这种购买动机的消费者一般来说观念更新较快，容易接受新思想、新观念，生活也较为富裕，追求新的生产方式。

3. 求美动机

这是以注重商品的欣赏价值和艺术价值为主要目的的购买动机。消费者购买商品时特别重视商品对人体的美化作用、对环境的装饰作用、对其身体的表现作用和对人的精神生活的陶冶作用，追求商品的美感带来的心理享受。购买时受商品的造型、色彩、款式和艺术欣赏价值的影响较大。强调感受，而对商品本身的实用性要求不高。这样的消费者往往文化素质较高，生活品位也较高。但从现在的情况看，也有这样两个趋势：其一是随着人们生活水平的提高，收入增加和用于非食物方面的开支比重增大，求美动机越来越强烈了；其二是随着时间的推移，人们的休闲时间增加，越来越多的人注重求美的动机了。

4. 求廉动机

这是以注重商品价格低廉，希望付出较少的货币而获得较多的物质利益为主要特征的购买动机。价格敏感是这类消费者的最大特点。在购买时不大看重商品的外观造型等，而是受处理价、优惠价、大特价、清仓价、“跳楼价”等的影响较大。一般而言，这类消费者收入较低或者经济负担较重。有时也受对商品的认识和价值观的影响。近年来还有一种趋势，就是在目标市场营销中，较低档次的消费者对于较高档次的消费品而言，往往是求廉购买。比如在广州不少的时装专卖店，本来是面向高收入者的，他们讲究时装的质地、款式、时髦与否、服务、购物环境等，普通大众一般不会光顾，但在换季大减价清仓处理时，普通的消费者此时去抢购，就是求廉动机激发的。

5. 求名动机

这是一种以追求名牌商品或仰慕某种传统的名望为主要特征的购买动机。消费者对商品的商标、商店的牌号等特别重视，喜欢购买名牌产品。在购买时受商品的知名度和广告宣传等影响较大。一般而言，年轻人、收入水平较高的人常常具有这种购买动机。

6. 好胜动机

这是一种以争强好胜或为了与他人攀比并胜过他人为目的的购买动机。消费者购买商品主要不是为了实用而是为了表现比别人强。在购买时主要受广告宣传、他人购买行为的影响。对于高档、新潮的商品特别感兴趣。

7. 显耀动机

这是一种以显示地位、身份和财富实力为主要目的的购买动机。消费者在购买商品或从事消费活动时，不太重视消费支出的实际效用而格外重视由此表现出来的社会象征意义，通过购买或消费行为体现出有身份、权威或名流的形象。具有显耀动机的人与具有好胜动机的人相比，通常所处的社会阶层高，而又经常与下一阶层的人在一起，为了与众不同，常常购买具有社会象征意义的商品。

8. 求同动机

这是一种以求得大众认可的购买动机。消费者在购买商品时主要以大众化为主，跟上潮流即可，人有我有，不求创新，也不要落后，有时也称为从众动机。在购买时受购买环境和别人的经验、介绍推荐影响较大。

9. 便利动机

这是一种以方便购买、便于使用维护为主的购买动机。在购买价值不高的日用品时，消费者常常具有这种购买动机。对于这类日用消费品，消费者经常购买，经常使用，购买时也不太认真挑选，讲求便利是其主要特征，他们对服务也有一定的要求。

10. 偏爱动机

这是一种以某种商品、某个商标和某个企业为主的购买动机。消费者由于经常地使用某类商品的某一种，渐渐产生了感情，对这种商品、这个商标的商品或这个企业的商品产生了偏爱，经常指名购买。因此有时也称为惠顾动机。再广泛一点说，有人喜欢购买日本货，有人喜欢购买国产货等都是属于偏爱动机。企业注重服务，善于树立产品形象和企业形象往往有助于培养、建立消费者的偏爱动机。

技能训练 3-2

1. **试一试**：为每一种动机都列举出相应例子。
2. **找一找**：不同年龄阶段的消费者其购买动机有何不同？

二、消费者行为的内涵

1. 消费者行为

消费者行为是指消费者为获取、使用、处置消费物品或服务所采取的各种行动，包括先于且决定这些行动的决策过程。

消费者行为是与产品或服务的交换密切联系在一起的。在现代市场经济条件下，企业研究消费者行为的目的是与消费者建立长期的交换关系。所以，了解消费者的购买动机和购买决策以及购后行为是十分必要的。过去，企业将更多的注意力放在消费者购买产品之前和购买过程之中，不是十分重视消费者的购后行为，随着对消费者行为研究的深化，人们越来越深刻地意识到，消费者行为是一个整体，是一个过程，获取或者购买只是这一过程的一个阶段。只有充分研究消费者购买的全过程，对消费者行为的理解才会趋于完整。

2. 消费者购买行为模式

企业的营销活动对一个具体的消费者来讲，是否能够产生作用，能够产生多大作用，对哪些人最为有效，可以从心理学的"刺激—反应"模式去加以认识。这是研究购买者行为最基本的方法。因为任何购买者的购买决策都是在一定的内在因素的促动和外在因素的激励之下而采取的。要使企业的营销活动获得成功，关键要看这些活动是怎样对消费者产生影响的，不同的消费者又各自会对其做出怎样的反应，而形成不同反应的原因又到底是什么。我们可从"刺激—反应"模式出发去建立消费者的购买行为模式（见图 3-1）。

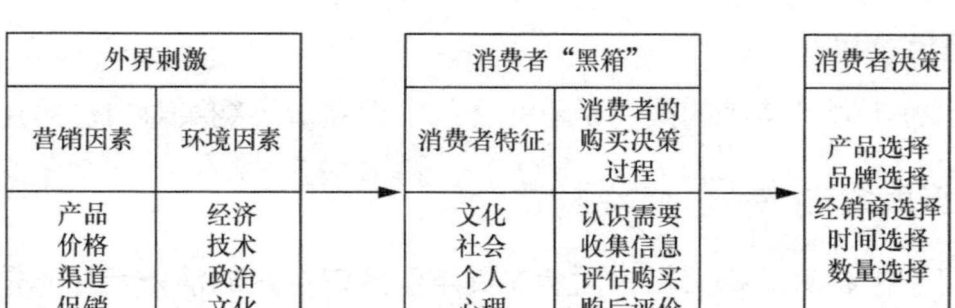

图 3-1 消费者的购买行为模式

从这一模式中我们可以看到，具有一定潜在需要的消费者首先是受到企业的营销活动刺激和各种外部环境因素的影响而产生购买取向的；而不同特征的消费者对于外界的各种刺激和影响又会基于其特定的内在因素和决策方式做出不同的反应，从而形成不同的购买取向和购买行为。这就是消费者购买行为的一般规律。

在这一购买行为模式中，“外界刺激”是可以看得到的，购买者最后的决策和选择也是可以看得到的，但是购买者如何根据外部的刺激进行判断和决策的过程是看不见的。这就是心理学中的所谓“黑箱”效应。购买者行为分析就是要对这一“黑箱”进行分析，设法了解消费者的购买决策过程以及影响这一决策过程的各种因素的影响规律。所以对消费者购买行为的研究主要包括两个部分：一是对影响购买者行为的各种因素的分析，二是对消费者购买决策过程的研究。

技能训练 3-3

议一议：你的购房决策主要受到哪些因素的刺激？

任务三　分析消费者行为的影响因素

一、经济因素

影响消费者购买行为的主要经济因素有以下几种。

1. 消费者的收入

一般来说，收入高，购买的数量和品种就增加，反之则减少。但也不是绝对的，有的商品在收入增加后，购买反而会减少。

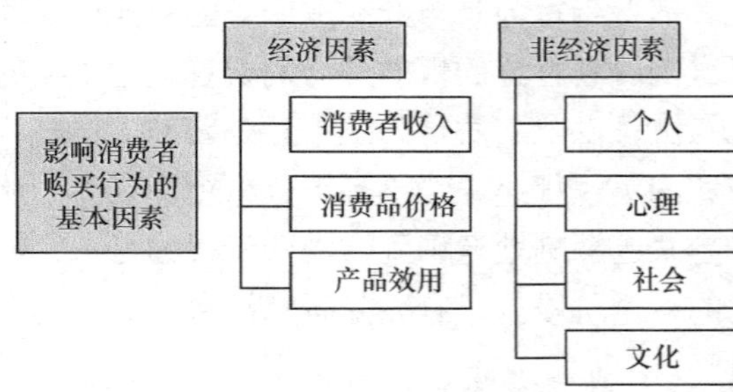

图 3-2　影响消费者购买行为的基本因素

2. 消费品的价格

消费品的价格主要是指消费品本身的价格、消费品预期的价格、相关产品的价格。

价格的高低是影响消费者购买行为最关键、最直接的因素。一般来说，质量相同而品牌有别的商品，价格低的比价格高的更吸引消费者；收入低的消费者比收入高的消费者更关心价格的高低。

3. 消费品的效用

同一种商品对不同消费者的效用是不一样的。消费者会购买对自己效用最大的商品。

二、非经济因素

经济因素对于消费者的购买行为固然有着重要的影响，但消费者并非是纯粹的“经济人”，一些非经济因素对消费者的购买行为同样有着重要的影响。而且其影响方式更为复杂。

研究发现，影响消费者购买行为的非经济因素主要有内外两个方面。从外部来看，主要有消费者所处的文化环境、消费者所在的社会阶层、消费者所接触的各种社会团体，以及消费者在这些社会团体中的角色和地位等。自身因素则是指消费者的个人因素和心理因素。个人因素包括消费者的性别、年龄、职业、教育、个性、经历与生活方式等，心理因素包括购买动机、对外界刺激的反应方式、学习方式以及态度与信念等（见图 3-3）。这些因素从不同的角度影响着消费者的购买行为模式。

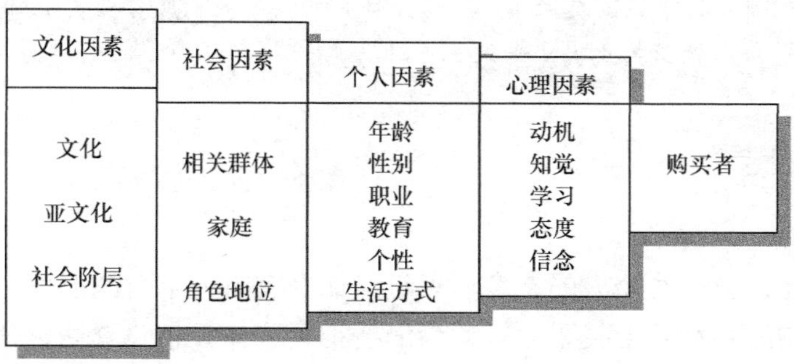

图 3-3　消费者购买行为的非经济因素

（一）文化因素

1. 文化

广义的文化与文明同义，它将社会的经济、政治、科技、法律包含在内；狭义的文化也非仅指人们的文字运用能力和对基本知识的掌握，而是包括语言、文学、艺术、信仰、态度、风俗习惯、教育方式以及社会组织等各方面。

2. 亚文化

亚文化是指存在于一个较大社会群体中的一些较小社会群体所具有的特色文化。所谓的特色表现为语言、信念、价值观、风俗习惯等的不同。亚文化群主要有四大类：民族亚文化群、地域亚文化群、宗教亚文化群、种族亚文化群。

我们研究文化及亚文化群体的不同特征，其目的是在企业产品的研究开发、生产、销售、包装、广告、服务等方面，充分考虑各个文化群体的差异性，生产出相应的产品，采取相应的营销策略。

3. 社会阶层

消费者均处于一定的社会阶层。同一阶层的消费者在行为、态度和价值观念等方面具有同质性，不同阶层的消费者在这些方面存在较大的差异。①支出模式上的差异。不同社会阶层的消费者所选择和使用的产品是存在差异的。有的产品如股票、到国外度假等更多地被上层消费者购买，而另外一些产品如廉价服装与葡萄酒等则更多地被下层消费者购买。下层消费者的支出行为从某种意义上带有“补偿”性质。②信息接收和处理上的差异。信息搜集的类型和数量也随社会阶层的不同而存在差异。处于最底层的消费者通常在购买决策过程中可能更多地依赖亲戚、朋友提供的信息。中层消费者比较多地从媒体上获得各种信息，而且会更主动地从事外部信息搜集。随着社会阶层的上升，消费者获得信息的渠道会日益增多。③购物方式上的差异。人们的购物行为会因社会阶层而异。一般而言，人们会形成哪些商店适合哪些阶层消费者惠顾的看法，并倾向于到与自己社会地位相一致的商店购物。

资料贴吧

我国现阶段的社会阶层

社会学家陆学艺教授等按照组织资源、经济资源、文化资源这三个区分标准，认为当前中国社会已经分化为“十大社会阶层”：国家与社会管理者阶层、经理人员阶层、私营企业主阶层、专业技术人员阶层、办事人员阶层、个体工商户阶层、商业服务业员工阶层、产业工人阶层、农业劳动者阶层、城乡无业失业半失业者阶层。

（二）社会因素

1. 相关群体

所谓相关群体，就是对个人的态度、意见和偏好有重大影响的群体。对消费者的生活方式和偏好有影响的各种社会关系，就称为消费相关群体。相关群体可分为三类：一是对个人影响最大的群体，如家庭、亲朋好友、邻居和同事等；二是影响较次一级的群体，如个人所参加的各种社会团体；三是个人并不直接参加，但影响也很显著的群体，如社会名流、影视明星、体育明星等，这些被称为崇拜性群体。这种崇拜性群体的一举一动常会成为人们模仿的样板，因此一些厂商花高价请明星们穿用他们的产品，可收到显著的示范效应。但是，相关群体对消费者的影响，因购买的商品不同而有所不同，对价值小和使用时不易被他人觉察的商品（如洗衣粉、卫生用品、食品等）影响较小，而对价值大和使用时易为他人觉察的汽车、服装鞋帽、手表等商品影响较大。

2. 家庭

家庭是社会最基本的组织细胞，也是最典型的消费单位。家庭对购买行为的影响主要取决于家庭的规模、家庭的性质（家庭生命周期）以及家庭的购买决策方式等几个方面。

家庭有其发展的生命周期，处于发展周期不同阶段的家庭，由于家庭性质的差异，其消费与购买行为也有很大的不同。

一般来说，家庭的生命周期主要划分为五个主要阶段（见图 3-4）。

图 3-4　家庭生命周期

一是单身阶段。处于单身阶段的消费者一般比较年轻，几乎没有经济负担，消费观念紧跟潮流，注重娱乐产品和生活必需品的消费。

二是新婚阶段。经济状况较好，具有较大的需求量和较强的购买力。由于新婚夫妇组建了新的家庭，因而其耐用消费品的购买量高于处于家庭生命周期其他阶段的消费者。

三是满巢阶段。按照传统观念，有孩子的家庭才是完整的家庭，故称“满巢”。满巢期又细分为下述三个阶段。

（1）指最小的孩子在 6 岁以下的家庭。处于这一阶段的消费者往往需要购买住房和大量的生活必需品。孩子的消费将成为家庭消费的重点。此阶段家庭会在哺育婴儿的相关消费上有比较大的投入。

（2）指最小的孩子在6岁以上的家庭。处于这一阶段的消费者一般经济状况较好但消费慎重。他们已经形成比较稳定的购买习惯，极少受广告的影响，倾向于购买大规格包装的产品。

（3）有18岁以上尚未独立生活的子女的家庭。此时子女已经长大成人，但仍同父母住在一起。此阶段家庭消费的主要特点是家庭的消费中心发生了分化。父母不再将全部消费放在子女身上，而是开始注重自身的消费；子女随着年龄的增大，在消费方面的自主权开始增加；有些子女参加了工作，有了一定的经济来源，消费的独立性会显得更为明显。

四是空巢阶段。空巢期又细分为下述两个阶段。

（1）指子女已经成年并且独立生活，但是家长还在工作的家庭。处于这一阶段的消费者经济状况最好，可能购买娱乐品和奢侈品，对新产品一般不太感兴趣，也很少受到广告的影响。

（2）指子女独立生活，家长退休的家庭。处于这一阶段的消费者收入大幅度减少，消费更趋谨慎，倾向于购买有益健康的产品。

五是鳏寡阶段。鳏寡期又细分为下述两个阶段。

（1）就业期：尚有收入，但是经济状况不好，消费量减少，集中于生活必需品的消费。

（2）退休期：收入很少，消费量很小，主要用于医疗产品等消费。

不同阶段的家庭有不同的需求特点，营销者只有明确自己的目标市场处于家庭生命周期的何种阶段，并据以发展适销的产品和拟订适当的营销计划，才能取得成功。

（三）个人因素

除了文化和社会的差异之外，消费者的个人因素在其购买决策中也发挥着重要的作用。我们可以看到，在相同的社会和文化背景下，消费者的购买行为也存在着相当大的差异。生活在同一个家庭中的姐妹，有的喜欢在家看书，有的喜欢外出旅游；在同一单位工作的同事，有的花钱大方，有的十分节俭。这说明除了文化与社会的因素之外，消费者的个人因素对于其购买行为起着更为明显的作用。个人因素中包含年龄与性别、职业与教育、收入水平以及个性与生活方式等。下面从几个因素分别说明。

1. 年龄与性别

年龄与性别是消费者最为基本的个人因素，具有较大的共性特征。了解不同年龄层次和不同性别消费者的购买特征，才能对不同的商品和顾客制定准确的营销方案。

2. 职业与教育

职业与教育实际上是社会阶层因素在个人身上的集中反映。从事一定的职业以及受过不同程度教育的人会产生明显的消费行为差异，这主要是由于角色观念在起作用。

3. 个性与生活方式

不同的消费者，由于个性及生活方式不同，他们的消费倾向和购买习惯也不一定一样。就人的个性来说，分为外向与内向、细腻与粗犷、稳重与急躁、乐观与悲观、领导型与追随型、独立型与依赖型等。生活方式是指一个人在生活方面表现出来的活动、兴趣、看法的模式。具有不同的个性和不同生活方式的人对产品有不同的要求。企业在设计、生产、销售产品时，一定要充分考虑消费者个性及生活方式方面的差异性，以使产品更具有竞争力。

（四）心理因素

如前所述，消费者的购买行为模式在很大程度上就是建立在其对外界刺激的心理反应基础之上的。但可以发现，人们之间的心理状况是截然不同的。这是因为除了天生就有的无条件反射之外，人的绝大多数心理特征都是在其生活经历中逐步形成的。而由于人们生活经历的千差万别，因此人们的心理状况也就千变万化，各不相同了。这是使得消费者购买行为变得十分复杂的重要原因。影响购买行为的心理因素主要包括动机、认知、学习、态度和信念等各个方面。

1. 动机

动机是购买行为的原动力。如前所述，需要是产生动机的基本原因，但需要并不等于动机，动机有其固有的表现形态。

资料贴吧

马斯洛的需求层次论

美国著名心理学家马斯洛在 1954 年的《动机与个性》中提出了的动机形成理论，称为“需求层次论（Hierarchy of Needs）”。认为个体成长发展的内在力量是动机。而动机是由多种不同性质的需要所组成的，各种需要之间，有先后顺序与高低层次之分；每一层次的需要与满足，将决定个体人格发展的境界或程度。马斯洛认为，人类的需要是分层次的，由低到高，它们是：①生理需求；②安全需求；③社交需求；④尊重需求；⑤自我实现。

2. 知觉

知觉是人们的一种基本心理现象，是人们对外界刺激产生反应的首要过程。人们不会去注意其没有认知的事物，不可能去购买没有认知的商品。只有觉察和注意到某一商品存在，并与自身需要相联系，购买决策才有可能产生。

3. 学习

消费者的大多数行为都是通过学习得来的，通过学习，消费者获得了商品知识和购买经验，并服务于未来的购买行为。

资料贴吧

学习的类型

（1）模仿式学习。即通过获取信息、观摩效仿的方法进行学习，其结果是消费者摒弃旧的消费方式，适应新的需求水平。

（2）反应式学习。即通过外界信息或事物的不断刺激，会形成一种相应的反应，并通过感观和体验为消费者所接受和学习，促使其进行购买。

（3）认知式学习。即通过对前人经验的总结与学习，辅之以复杂的思维过程所学到的分析与解决问题的能力，用自己的学识和辨别能力，应对不断面临的购买决策问题。

4. 态度和信念

消费者通过购买行为和熟悉过程，形成了一定的信念和态度，这又反过来影响消费者新的购买行为。这里的信念是指一个人对某一事物的信任程度，而态度是指一个人对某一事物的认识、评价、感情、行为意向等。消费者一旦树立起对产品的信念，是很难改变的，具有相对的稳定性。因此，企业要了解目标市场消费者对本企业产品的信念和态度，并利用各种手段促使消费者的信念和态度向有利于本企业的方向发生转化。

消费者态度是指消费者在购买或使用商品的过程中对商品或服务及其有关事物形成的反应倾向，即对商品的好恶、肯定与否定的情感倾向。消费者若持肯定态度，则会推动其完成购买行为；若持否定态度，则会阻碍甚至中断其购买行为。根据消费者在购买商品时所反应态度的不同程度，它可分为三种类型：完全相信型、部分相信型、不相信型。

消费者对商品持不信任态度，一般很难导致购买行为，只有通过各种方式消除消费者的怀疑、不信任，才会引起消费者的购买欲望，导致购买行为。影响消费者态度转变的主要因素有价值观念、经验、个性等态度形成特征，以及信息、广告宣传、消费者之间的相互影响、群体压力等外界因素的影响。因此，企业和市场营销人员必须做到：①利用各种形式如广告宣传、产品展销、操作表演等向消费者传递产品信息；②提高产品质量，改进产品性能，树立商品信誉和企业形象；③加强产品的售前、售中和售后服务，促进消费者态度的转化。

任务四　体会购买者的决策过程

一、购买决策中的角色分类

购买决策在许多情况下并不是由一个人单独做出的，而是有其他成员的参与，是一种群体决策的过程。这不仅表现在一些共同使用的产品（如电冰箱、电视机、住房等），也表现在一些个人单独使用的产品（如服装、手表、化妆品等）的购买决策过程中。因为这些个人在选择和决定购买某种个人消费品时，常常会同他人商量或者听取他人的意见。因此，了解哪些人参与购买决策，他们各自在购买决策过程中扮演怎样的角色，对于企业的营销活动非常重要。

一般来说，参与购买决策的成员大体可形成五种主要角色（见图 3-5）。

① 发起者：即购买行为的建议人，首先提出要购买某种产品。

② 影响者：对发起者的建议表示支持或者反对的人，这些人不能对购买行为的本身进行最终决策，但是他们的意见会对购买决策者产生影响。

③ 决策者：对是否购买、怎样购买有权进行最终决策的人。

④ 购买者：执行具体购买任务的人。其会对产品的价格、质量、购买地点进行比较选择，并同卖主进行谈判和成交。

⑤ 使用者：产品的实际使用人。其决定了对产品的满意程度，会影响买后的行为和再次购买的决策。

图 3-5　消费购买过程的参与者

二、消费者购买行为分类

亨利·阿萨尔（Henry Assael）根据消费者购买的介入程度（即购买一件商品所花费的时间、精力的大小）和商品品牌的差异，将购买行为分成 4 种类型（见图 3-6）。

购买行为类型		购买者的介入程度	
		高	低
品牌差异	大	复杂型购买行为	寻求多样化购买行为
	小	化解不协调购买行为	习惯性购买行为

图 3-6　购买行为四种类型

1. 复杂型购买行为

特点：品牌之间有明显的差异，消费者要花更多的时间和精力去完成购买行为。这样的商品一般价格较高，购买风险大，如空调、汽车。

营销措施：通过各种途径向消费者介绍产品的功能、特点，与其他品牌相比较的优势。

2. 化解不协调购买行为

特点：品牌之间差别不大，但消费者要花较多的时间和精力去购买，购买后往往会后悔。这样的商品一般价格高，购买风险大，如羊毛衫等。

营销措施：合理定价，注意提供有关产品评价的信息，加强售后的沟通与服务。

3. 习惯性购买行为

特点：品牌差异不大，消费者不花多少时间和精力去购买。这样的商品一般价格较低，购买风险小，是消费者经常要购买的商品，如日常用品。

营销措施：价格优惠，有的可多做广告，如饮料、牙膏。另外，也可使介入程度转高，引起消费者对自已品牌的注意，如食盐，可以加碘，牙膏可以增加一些特色。

4. 寻求多样化购买行为

特点：品牌有明显差别，消费者不花多少时间和精力去购买，但经常变换品牌，这种变换不是对某种品牌不满意，而是为了变换口味，如点心、饮料等。

营销措施：占据有利的货架位置，经常做提醒广告；有时还可以采取多品牌策略。

三、消费者购买决策过程

消费者的购买决策是一个动态发展的过程，西方营销学者将消费者购买决策过程分为五个阶段，即认识需要、收集信息、评估比较、正式购买、购后行为，如图 3-7 所示。

图 3-7　购买行为的决策过程

这是一种典型的购买决策过程，这种购买决策过程适用于分析复杂的购买行为，因为复杂的购买行为是最完整、最有代表性的购买类型。以下分别就这 5 个阶段进行分析。

1. 认识需要

认识需要是购买者行为的起点。对商品的需要可能由内在的生理活动引起，也可能是受外界的某种刺激引起。作为营销者，要弄清是哪些因素刺激了消费者产生购买愿望，要不失时机地采取适当措施，唤起和强化消费者的需要。

2. 搜集信息

如果唤起的需要很强烈，且满足需要的商品易于到手，消费者就会希望马上满足自己的需要。但在多数情况下，消费者的需要并非马上就能获得满足，他必须积极寻找或搜集信息，以便尽快完成从知晓到确信的心理程序，做出购买决策。

信息的来源可分四种：①个人来源，即从家庭、朋友、同事、邻居、熟人那里得到信息；②商业来源，即从广告、推销员、经销商、展览等处得到信息；③公共来源，即从报刊、电视等大众媒体的宣传报道，消费者组织的有关评论中得到信息；④经验来源，即通过自己参观、试验和实际使用商品得来的经验。

3. 评估比较

消费者进行评估比较的目的是识别哪一种品牌、类型的商品最适合自己的需要。这是根据收集的信息资料，对商品属性做出的价值判断。

在消费者的评估选择过程中，营销者应该注意：一是产品性能是购买者所考虑的首要问题；二是不同消费者对产品的各种性能给予的重视程度不同，或评估标准不同；三是多数消费者的评选过程是将实际产品同自己理想中的产品相比较的过程。由此，营销者要注意了解并努力提高本企业产品的知名度，使其列入消费者比较评价的范围之内，才有可能被选为购买目标。同时，还要调查研究消费者比较评价某类商品时所考虑的主要方面，并突出进行这方面的宣传，对消费者购买选择产生最大影响。

4. 正式购买

经过评估比较阶段，消费者可能会形成某种购买意图。然而，在购买意图与购买决策之间，有两种因素会影响其做出购买决策。

（1）他人的态度。其他人如果在消费者准备进行购买时提出反对意见或提出了更有吸引力的建议，会有可能使消费者推迟购买或放弃购买。

（2）意外的变故。在消费者准备进行购买时所出现的一些意外变故也可能使消费者改变或放弃购买决策。如消费者家中有意外急需；消费者突然失去工作或稳定的收入来源等都是一些有可能改变消费者购买决策的突变因素。

影响消费者进行最终购买决策的根本问题是消费者对购买风险的预期，如果消费者认为购买之后会给其带来某些不利的影响，而且难以挽回，消费者改变或推迟购买的可能性就比较大。所以营销者必须设法降低消费者的预期购买风险，这样就可能促使消费者做出最终的购买决策。

5. 购后行为

消费者购买了商品并不意味着购买行为过程的结束，因为其对于所购买的商品是否满意，以及会采取怎样的行为，对于企业目前和以后的经营活动都会带来很大的影响，所以重视消费者购后的感觉和行为并采取相应的营销策略同售前一样是很重要的。图 3-8 展示了消费者购买后的感觉及行为特征。

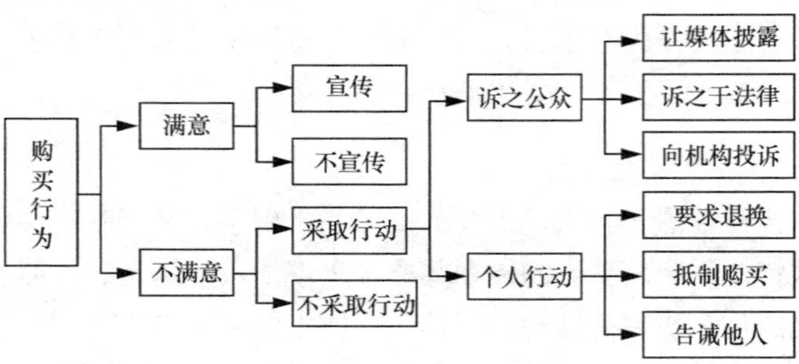

图 3-8 购后感觉和行为

购后感受主要有满意、基本满意和不满意这三种情况。决定满意或不满意的是期望与实际效果之间的差距。也就是说，如果购后在实际消费中符合预期的效果，则感到基本满意；超过预期，则很满意；未达到预期，则不满意或很不满意。实际同预期的效果差距越大，不满意的程度就越大。因此，营销者对其产品的广告宣传必须实事求是，符合实际，售后也要保持与消费者的沟通，以使购买者感到满意。西方许多企业信奉的名言是“最好的广告是满意的顾客”。因此，营销者要注意及时收集信息，加强售后服务，采取相应措施，进一步改善消费者购后感受和提高产品的适销程度。

项目思考与练习

【案例分析】

瑞得克公司：消费者决策和市场份额分析

瑞得克有限公司是一家制造和销售具有独特耐用性与抗裂性，且使用寿命长的钢制品的专业公司。公司在开发特殊钢制品方面积累了丰富经验。

1. 产品与消费者需要

瑞得克集中开发应用于采矿、建筑和森林采伐领域的产品。在这些领域，由于磨损剧烈，购买者在做购买决策时，首要的考虑因素是断裂和使用寿命问题。为此，公司对产品做了很多改进，使之适合各种恶劣的使用条件。在很多“岩层”采矿与建筑活动中，适宜于土表作业的钢制工具可能在不到一个星期的时间内就会损坏。此外，断裂问题在采矿业内是十分严重的，因为断裂的钢材会与矿石混合，并在加工时给加工设备以致命的损伤。

瑞得克对消费者需求进行了调查。表 3-1 显示了各种购买标准的权重以及消费者对瑞德克竞争地位的感知。在前三个最重要的购买标准中，瑞得克领先于竞争者。虽然瑞得克的产品价格更高，但顾客仍愿意买这些产品，原因是这些产品在前三项标准上的优良性能。在重要性较低的三项购买标准上，瑞得克落后于竞争者。

表 3-1　购买标准、重要性权重及瑞得克的竞争地位

购买标准	重要性权重	竞争地位
产品磨损寿命	25%	非常好
断裂	20%	非常好
售后支持	15%	非常好
产品价格	14%	差
可获性	10%	很差
送货	10%	差
产品设计	6%	差

2. 对非用户的调查

表 3-1 显示的消费者需要及感知是通过对瑞得克现有顾客的调查得出的。由于非顾客群体比顾客群体大 9 倍，所以瑞得克对非顾客群体进行了调查。调查发现，该类顾客在需要和对瑞得克产品的评价上与瑞得克用户存在一些差别。

一部分非顾客调查结果显示在表 3-2 上。在对瑞得克竞争地位的评价上，非使用者与使用者的认识比较一致。然而，两类用户的需要存在很大差别。非使用者将产品可获性、价格与设计视为非常重要的产品评价因素，相反，使用寿命、断裂和售后服务则不那么重要。

表 3-2　非顾客群的需要和对瑞得克的感知

购买标准	重要性权重	竞争地位
可获性	30%	非常差
产品设计	25%	差
价格	20%	差
送货	15%	差
使用寿命	5%	非常好
售后支持	3%	非常好
断裂	2%	非常好

3. 顾客决策过程

顾客群体与非顾客群体需要的不同促使公司意识到，公司对其顾客和非顾客的决策过程缺乏足够了解。虽然表 3-1 和表 3-2 显示了两个群体在购买标准上的差异，但这些结果并没有深刻说明这些购买标准在购买决策中是如何运用的。基于此，公司采用随机抽样抽取用户和非用户样本，做了一次关于购买决策的调查。

调查获知在做购买决策时，顾客首先问磨损寿命和断裂是否是一个问题。80%的使用情况下，这不是问题。因此在采矿、建筑和森林业运用这些产品时，80%的情况下，瑞得克提供的关键利益并不重要。如果一种产品确保了磨损寿命和断裂不成为主要问题，可获性就成为一个关键点。瑞得克产品在需要时，40%的顾客无法获得该产品。如果他们能够得到瑞得克产品，决策者接下来要考虑的是产品的成本价值比（成本包括售价、磨损寿命延长的节约和断裂造成的潜在损失；价值则包括售后支持所派生的利益）。在磨损寿命和断裂是一个问题时，80%的情况下瑞得克能做成生意，然而这只发生在大约 10%的使用者身上。在用具的磨损寿命或断裂并不重要时，决策过程侧重于生产设计，而瑞得克在这方面表现得不尽如人意。

由于在这方面表现较差，75%的使用者不考虑使用该公司的产品。当瑞得克产品被认为适合使用时，它只在 50%的时候能够买到。而且，较高的价格被认为远高于因磨损寿命的延长、防裂或售后支持而带来的节约，瑞得克在这部分顾客中只获得了 10%的份额。

请思考：

（1）只考察顾客或非顾客购买标准有什么局限？

（2）理解顾客购买决策过程对企业有什么好处？

（3）瑞得克应在什么地方重点努力？这些努力会带来什么结果？

（4）试解释瑞得克产品的高价格在磨损寿命、断裂和售后支持很重要时如何被产品在这些属性上的卓越表现所抵消，并解释当磨损寿命、断裂不重要时为何产品的经济价值会大大降低。

资料来源：http://mba.netbig.com/teach/cases/975/20000616/32818.htm

【项目综合实训】

1. 实训项目：学会分析不同顾客的特征与购买行为

2. 实训背景

苏珊·杜雷特是某个城市的一家麦当劳餐馆的经理。这里常常有一些“老年人”光顾。她注意到一些老年人不仅是餐馆的定期顾客，而且他们常常到这里来吃早饭，并且会一直待到下午 3 点钟。这些老年人一开始是被餐厅每月一次对 55 岁及以上老人以优惠价格供应早餐所吸引进来的。早餐价格是 1.99 美元，再加免费的咖啡。每月的第四个星期一会有 100～150 名老年人挤在苏珊的麦当劳里，希望享受这种优惠。但是，现在许多人天天都到这里来，将快餐店变成了聚会的场所。他们可以坐几个小时，拿着一杯咖啡与朋友们闲谈。几乎每天都会有大约 100 个人在这里待 1～4 小时。

苏珊的员工会非常友好地招待他们，用他们的名字来称呼他们。实际上，当她的员工和这些老人建立起良好的关系后，她的店成了一个非常快乐的地方。一些雇员在有些顾客生病住院后还会到医院看他们。

渐渐地，苏珊开始意识到应该为她的“非快餐食品”顾客做些什么。她认识到，从目前看，在那些老年人愿意来的时间段里，尚不存在顾客拥挤的情况。但是，如果顾客数量持续增长，拥挤将会成为首要问题。并且，苏珊还在担心她的餐馆有可能会被认为是“老年人”餐馆，这样有可能会失掉许多年轻的顾客。如果顾客觉得这里太拥挤，会认为他们得不到快速服务。

苏珊还在担心她所为之奋斗的目标的形象。麦当劳是一家快餐店，顾客对其的印象是快餐服务，需要迅速离开。接受顾客长时间的停留及相互的交往会不会彻底地改变餐馆的整体形象？最终，苏珊的麦当劳餐馆有可能会成为欧洲风格的饭店，即顾客从来不用着急去干什么，他们会非常舒服地将一杯咖啡喝上一个甚至两个小时！苏珊知道这些老年顾客的消费水平与平均消费水平相差不多。但是，这些老年人使用各种设施的时间确实相对要长一些。不过，大部分的老年顾客都会在 11 点半以前即中午的拥挤时段到来前离开。

苏珊还考虑其他可能性。如果为这些老年人服务是正确的，那么，她还能为他们提供些什么呢？比如，能不能在上午不太忙的时段里为他们提供纸牌游戏，纸牌游戏在老年人中非常流行，除了食品和饮料以外，这也许可以成为一个新的收入点。她说她会对每个人进行收费，玩两小时为 5 美元。这项收费的三分之二将作为本店购买的赠券用出去。

3. 实训目的与要求

（1）学生学会从企业的经营管理决策实际出发确定分析的问题与内容。

（2）教师要求学生分组进行实地访问和调查，并结合文献研究分析老年顾客的购买行为。

（3）教师训练学生分析不同群体顾客的能力。

（4）学生撰写分析报告，提出改进措施及建议。

4. 实训步骤

（1）根据教学班级人数确定学习小组（5 ~ 8 组为宜），每组 6 ~ 8 人；

（2）学生讨论选出组长，并分工进行文献研究和联系企业进行实地调查收集资料；

（3）以小组为单位进行研讨，完成小组的分析报告，并制作 PPT 进行汇报；

（4）同学互评和教师点评，然后综合评定各小组及成员的本次实训成绩。

5. 实训考核

（1）实训准备工作（10 分）。

（2）各组对本次实训的组织、分配、管理等过程的表现情况（20 分）。

（3）各组提交实训报告的质量和报告 PPT 的演示效果（50 分）。

（4）学习小组的团队合作精神面貌（10 分）。

（5）同学互评，教师点评（10 分）。

项目四　确定目标市场

项目目标

知识目标

（1）认识市场细分的标准。

（2）理解目标市场选择的步骤。

（3）理解市场定位的策略。

技能目标

（1）学会对市场进行细分的方法。

（2）学会目标市场的选择模式。

（3）学会市场定位的方法。

本章导入

盛大网络如何独舞

1999 年 11 月，陈天桥和 4 个爱好网络游戏的朋友，以 50 万元资金创立了上海盛大网络发展有限公司，以社区游戏为主业。当时盛大公司只有 50 个员工，设有动画、产品、平面媒体和游戏四个事业部。

四年后，盛大凭借 1.7 亿用户而成为当时全球最大的网络游戏企业。陈天桥因此成为我国当时最年轻的富豪，位列 2003 年的首富榜第 10 位。

初期，盛大以社区游戏为主，建立了一个虚拟社区——归谷（Home Valley），并由此获得中华网 300 万美元的风险投资。2000 年年底，互联网的冬天就到了。互联网公司一个个地倒闭，盛大也进入困难时期。2001 年，韩国游戏协会进入中国，首先找到中国的动画协会，动画协会推荐该协会到盛大访问，说盛大喜欢做网络与动画结合的内容。韩国 Actoz 公司的老板揣着一款网络游戏“传奇”，找到了陈天桥。陈天桥由此交上了好运。因为“传奇”，盛大从社区游戏转向“大型多人在线角色扮演游戏”的经营。2001 年，盛大以 30 万美元的价格购下“传奇”在中国的独家代理权，开始网络游戏的运营业务。

“传奇”使盛大日进斗金。因为“传奇”，盛大代理产品的累计注册用户超过 1.7 亿人次，同时在线人数超过 100 万人，拥有分布在全国 24 个省 50 多个中心城市的 800 余组、超过 9 000 台的服务器，所需使用的 Internet 骨干带宽超过 17GB，各类销售终端已超过 40 万家，市场份额超过 50%，是全球最大的网络游戏企业，被称为“中国网络游戏之王”（CNN）。

盛大经营的主要是以年轻人为主要消费群体的大型多人在线角色扮演游戏（MMORPG），

而在这个市场的竞争最为激烈，掘金的难度日益增加。如何丰富游戏的种类，扩大消费群体，已成了盛大的当务之急。由于电子竞技在近几年日益火爆，各项赛事层出不穷，这自然让盛大心动不已。此外，休闲类游戏（如麻将、桥牌等）不但有着广阔的市场前景，在我国也有着深厚的群众基础，盛大进入这个市场就可以争取到大批的成年人，甚至老年人消费群。盛大整合其技术优势以及运营平台，在竞争惨烈的网游市场可以进一步重奠霸主地位。

2004 年 5 月 13 日，盛大网络在美国纳斯达克股票市场成功挂牌。除了利益和战略上的巨大收获，盛大成功上市对国内整个网络游戏产业的影响也是空前的。不但证明中国的网游产业已得到国际同行的认可，同时也加快了我国网游产业自主开发游戏、进军国际市场的进程。

除了提升网络游戏在社会和政府心目中的形象，改变游戏在非主流消费群体心目中的形象，也是将来盛大要行进的方向。盛大很早就宣称，它的目标群体的年龄是 7～70 岁，这在以前恐怕只会被当作笑谈，但盛大的一系列动作使这个梦想不再遥不可及。上市之后的盛大接连宣布与英特尔、阿尔卡特合作等，目标直指家庭用户这一部分，而盛大在四川推出的“泡泡堂用户休闲平台”，已经成功地改变了非主流玩家对网络游戏的成见，这正是“家庭数字娱乐概念”的初步体现。在不久的将来，盛大也会推出类似于机顶盒这样的设备，让网络与电视结合到一起，从而使游戏玩家从网吧回到家，由一个点扩大到整个家庭，让中国庞大的电视迷群体在家里也可以通过电视玩盛大游戏。除了在软硬件方面的出击，盛大最能拓展“家庭数字娱乐概念”的方式应该是依靠一种文化上的冲击。通过多举办类似于盛大嘉年华巡游的活动，能够最充分地让用户感受到网络游戏文化的魅力，并且让整个家庭直接参与进来，这样，盛大能很快地以一个崭新的形象再次站立在游戏业界的前沿。盛大在国内的网络游戏市场上“激情地飞舞着”。

请思考：

1. 盛大网络在游戏行业是如何进行有效定位的？
2. 你认为盛大网络成功的原因有哪些？

任务一　进行市场细分

一、市场细分的含义

市场细分就是企业通过市场调查、分析，根据消费者需求的差异性，把整体市场划分为若干具有某种相似特征的顾客群（称为亚市场或子市场），以便选择确定自己的目标市场的工作过程。简而言之，就是分辨具有不同欲望和需求的顾客群，把他们分别归类的过程。比如，按性别、年龄、收入等因素可把皮鞋市场细分为男皮鞋、女皮鞋，儿童皮鞋、成年人皮鞋以及高档皮鞋、普通皮鞋等若干子市场。市场细分是美国市场营销学家温德尔·史密斯（Wendell Smith）在 1956 年提出来的。这是他在总结了企业营销活动实践的基础上提出来的新概念。他主张凡是市场上的产品或劳务的购买者超过两人以上者，这个市场就有被细分为许多个亚市场的可能。该观点顺应了“二战”后美国众多产品由卖方市场转变为买方市场这一新的市场形势。该观点提出来后，立即受到工商企业家和理论界的重视，已成为市场营销理论的重要组成部分。

在西方发达国家，市场细分策略思想的形成大致经历了大量营销阶段、产品多样化营销阶段和目标市场营销阶段三个阶段。

二、市场细分的原则

企业可根据单一因素或多个因素对市场进行细分。选用的细分标准越多，相应的子市场也就越多，每一子市场的容量相应就越小，反之亦然。如何寻找合适的细分标准对市场进行有效细分，在营销实践中并非易事。一般而言，成功、有效的市场细分应遵循以下基本原则。

1. 差异性

细分市场上消费者对商品需求上的差异性能够加以反映说明，能清楚界定。企业对消费者的需求进行细分时，必须获得可靠的依据，才能进行市场细分。如对牙膏市场进行细分时，采用不同的功效如美白、防蛀、消炎、清新口气等进行细分就非常明显。

2. 可衡量性

可衡量性是指细分出来的市场不仅范围比较清晰，而且能大致判断出该市场的大小。企业要保证细分市场的可衡量性，首先要保证细分标准必须清楚明确，不能模棱两可。其次，要保证所确定的细分标准本身是可衡量的，企业可以从消费者那里得到确切的信息，并且还应能衡量这些标准各自的重要程度，以便进行定量分析。此外，还必须注意各项细分标准间的相关性及重叠性。

3. 可进入性

可进入性是指企业能容易进入细分市场。一方面，被选定细分市场的消费者能有效地了解企业的产品，并对产品产生购买行为，能通过各种销售渠道购买到产品；另一方面，企业通过营销努力，诸如广告及人员推销等，可达到已选定的细分市场。否则，就不值得去细分这些市场。

4. 可赢利性

可赢利性主要指市场细分要有适当的规模和发展潜力，同时还有一定的购买力。若该细分市场的规模小，市场容量有限，细分工作烦琐，成本花费很大，获利低，那就不值得去细分；反之，细分范围也不能过大，否则会使细分的市场不具体、不准确，不利于企业选择目标市场。此外，对于企业来说，细分市场还必须有足够的消费者：如果细分市场的消费者少，购买力有限，无经济效益，同样也不值得去细分。

5. 稳定性

有效的市场细分所划分的子市场还必须具有相对稳定性。如果市场变化太快，变动幅度又很大，企业还未及实施其营销方案，目标市场已面目全非，这样的细分也是没有用的。

三、市场细分的标准

一种产品的整体市场之所以可以细分，是由于消费者或用户的需求存在差异性。市场细分依据消费品市场和生产者市场的不同，有不同的细分标准。

（一）消费者市场细分的依据

引起消费者需求差异的变量很多。在实际中，企业一般是组合运用有关变量来细分市场，而不是单一采用某一变量。概括起来，细分消费者市场的变量主要有四类，即地理变量、人口变量、心理变量、行为变量。以这些变量为依据来细分市场就产生出地理细分、人口细分、心理细分和行为细分四种市场细分的基本形式。

1. 按地理变量细分市场

按照消费者所处的地理位置、自然环境来细分市场，比如，根据国家、地区、城市规模、气候、人口密度、地形地貌等方面的差异将整体市场分为不同的小市场。地理变数之所以作为市场细分的依据，是因为处在不同地理环境下的消费者对于同一类产品往往有不同的需求与偏好，他们对企业采取的营销策略与措施会有不同的反应。

地理变量易于识别，是细分市场应予考虑的重要因素，但处于同一地理位置的消费者需求仍会有很大差异。比如，在我国的一些大城市，如北京、上海、广州等地有众多流动人口，这些流动人口本身就构成一个很大的市场。很显然，这一市场有许多不同于常住人口市场的需求特点。所以，简单地以某一地理特征区分市场，不一定能真实地反映消费者的需求共性与差异，企业在选择目标市场时，还需结合其他细分变量予以综合考虑。

2. 按人口变量细分市场

按人口统计变量，如年龄、性别、家庭规模、家庭生命周期、收入、职业、教育程度、宗教 、种族、国籍等为基础细分市场。消费者需求、偏好与人口统计变量有着很密切的关系，比如，只有收入水平很高的消费者才可能成为高档服装、名贵化妆品、高级珠宝等的经常买主。人口统计变量比较容易衡量，有关数据相对容易获取，由此构成了企业经常以它作为市场细分依据的重要原因。

（1）性别。由于生理上的差别，男性与女性在产品需求与偏好上有很大不同，如在服饰、发型、生活必需品等方面均有差别。像美国的一些汽车制造商，过去一直是迎合男性要求设计汽车，随着越来越多的女性参加工作和拥有自己的汽车，这些汽车制造商正研究市场机会，设计具有吸引女性消费者特点的汽车。

（2）年龄。不同年龄的消费者有不同的需求特点，如年轻人对服饰的需求，与老年人的需求差异较大。年轻人需要鲜艳、时髦的服装，老年人需要端庄素雅的服饰。

（3）收入。高收入消费者与低收入消费者在产品选择、休闲时间的安排、社会交际与交往等方面都会有所不同。比如，同是外出旅游，在交通工具以及食宿地点的选择上，高收入者与低收入者会有很大的不同。正因为收入是引起需求差别的一个直接而重要的因素，因此在诸如服装、化妆品、旅游服务等领域根据收入细分市场相当普遍。

（4）职业与教育。指按消费者职业的不同、所受教育的不同以及由此引起的需求差别细分市场。比如，农民购买自行车偏好载重自行车，而学生、教师则是喜欢轻型的、样式美观的自行车；又如，由于消费者所受教育水平的差异所引起的审美观具有很大的差异，因此不同消费者对居室装修用品的品种、颜色等会有不同的偏好。

（5）家庭生命周期。一个家庭，按年龄、婚姻和子女状况，可划分为单身阶段、新婚阶段、满巢阶段、空巢阶段、鳏寡阶段。在不同阶段，家庭购买力、家庭人员对商品的兴趣与偏好会有较大差别。

除了上述方面，经常用于市场细分的人口变数还有家庭规模、国籍、种族、宗教等。实际上，大多数公司通常是采用两个或两个以上人口统计变量来细分市场。

3. 按心理变量细分市场

根据购买者所处的社会阶层、生活方式、个性特点等心理因素细分市场就叫心理细分。

（1）社会阶层。社会阶层是指在某一社会中具有相对同质性和持久性的群体。处于同一阶层的成员具有类似的价值观、兴趣爱好和行为方式，不同阶层的成员则在上述方面存在较大的差异。很显然，识别不同社会阶层的消费者所具有的不同特点，将对很多产品的市场细分提供重要的依据。

（2）生活方式。通俗地讲，生活方式是指一个人怎样生活。人们追求的生活方式各不相同，如有的追求新潮、时髦，有的追求恬静、简朴；有的追求刺激、冒险，有的追求稳定、安逸。西方的一些服装生产企业，为“简朴的妇女”“时髦的妇女”和“有男子气的妇女”分别设计不同服装；烟草公司针对“挑战型吸烟者”“随和型吸烟者”及“谨慎型吸烟者”推出不同品牌的香烟，均是依据生活方式细分市场。

（3）个性。个性是指一个人比较稳定的心理倾向与心理特征，它会导致一个人对其所处环境做出相对一致和持续不断的反应。通常，个性会通过自信、自主、支配、顺从、保守、适应等性格特征表现出来。因此，个性可以按这些性格特征进行分类，从而为企业细分市场提供依据。在西方国家，对诸如化妆品、香烟、啤酒、保险之类的产品，有些企业以个性特征为基础进行市场细分并取得了成功。

4. 按行为变量细分市场

根据购买者对产品的了解程度、态度、使用情况及反应等将他们划分成不同的群体，称为“行为细分”。许多人认为，行为变数能更直接地反映消费者的需求差异，因而成为市场细分的最佳起点。按行为变量细分市场主要包括以下几方面。

（1）购买时机。根据消费者提出需要、购买和使用产品的不同时机，将他们划分成不同的群体。例如，城市公共汽车运输公司可根据上班高峰时期和非高峰时期乘客的需求特点划分不同的细分市场并制定不同的营销策略；生产果珍之类清凉解暑饮料的企业，可以根据消费者在一年四季对果珍饮料口味的不同，将果珍市场消费者划分为不同的子市场。

（2）追求利益。消费者购买某种产品总是为了解决某类问题，满足某种需要。然而，产品提供的利益往往并不是单一的，而是多方面的。消费者对这些利益的追求时有侧重，如购买手表，有的追求经济实惠、价格低廉，有的追求耐用可靠和使用维修的方便，还有的则偏向于显示出社会地位和富有。

（3）使用者状况。根据顾客是否使用和使用程度细分市场。通常可分为经常购买者、首次购买者、潜在购买者、非购买者。大公司往往注重将潜在使用者变为实际使用者，较小的公司则注重于保持现有使用者，并设法吸引使用竞争产品的顾客转而使用本公司产品。

（4）使用数量。根据消费者使用某一产品的数量大小细分市场。通常可分为大量使用者、中度使用者和轻度使用者。大量使用者人数可能并不很多，但他们的消费量在全部消费量中占很大的比重。美国的一家公司发现，美国啤酒的80%是被50%的顾客消费掉的，另外一半的顾客的消耗量只占消耗总量的12%。因此，啤酒公司宁愿放弃轻度饮用啤酒者，而把重度饮用啤酒者作为目标市场。公司还进一步了解到大量喝啤酒的人多是工人，年龄在25～50岁之间，喜欢观看体育节目，每天看电视的时间不少于3～5小时。很显然，根据这些信息，企业可以大大改进其在定价、广告传播等方面的策略。

（5）品牌忠诚程度。企业还可根据消费者对产品的忠诚程度细分市场。有些消费者经常变换品牌，另外一些消费者则在较长时期内专注于某一或少数几个品牌。通过了解消费者品牌忠诚情况和品牌忠诚者与品牌转换者的各种行为与心理特征，不仅可为企业细分市场提供基础，同时也有助于企业了解为什么有些消费者忠诚本企业产品，而另外一些消费者则忠诚于竞争企业的产品，从而为企业选择目标市场提供启示。

（6）购买的准备阶段。消费者对各种产品的了解程度往往因人而异。有的消费者可能对某一产品确有需要，但并不知道该产品的存在；还有的消费者虽已知道产品的存在，但对产品的价值、稳定性等还存在疑虑；另外一些消费者则可能正在考虑购买。针对处于不同购买阶段的消费群体，企业应进行市场细分并采用不同的营销策略。

（7）态度。企业还可根据市场上顾客对产品的热心程度来细分市场。不同消费者对同一产品的态度可能有很大差异，如有的很喜欢持肯定态度，有的持否定态度，还有的则处于既不肯定也不否定的无所谓态度。企业应针对持不同态度的消费群体进行市场细分并在广告、促销等方面有所不同。

（二）生产者市场细分的依据

许多用来细分消费者市场的标准，同样可用于细分生产者市场。如根据地理位置、追求的利益和使用率等变量加以细分。不过，由于生产者与消费者在购买动机与行为上存在差别，所以，除了运用前述消费者市场细分标准外，还可用一些新的标准来细分生产者市场。

1. 用户规模

在生产者市场中，有的用户购买量很大，而另外一些用户购买量很小。以钢材市场为例，像建筑公司、造船公司、汽车制造公司对钢材需求量很大，动辄数万吨地购买，而一些小的机械加工企业，一年的购买量也不过几吨或几十吨。企业应当根据用户规模大小来细分市场，并根据用户或客户的规模不同，企业的营销组合方案也应有所不同。比如，对于大客户，宜直接联系，直接供应，在价格、信用等方面给予更多优惠；而对众多的小客户，则宜使产品进入商业渠道，由批发商或零售商去组织供应。

2. 产品的最终用途

产品的最终用途不同也是生产者市场细分标准之一。工业品用户购买产品，一般都是供再加工之用，对所购产品通常都有特定的要求。比如，同是钢材用户，有的需要圆钢，有的需要带钢，有的需要普通钢材，有的需要硅钢、钨钢或其他特种钢。企业此时可根据用户要求，将要求大体相同的用户集合成群，并据此设计出不同的营销策略组合。

3. 工业者购买状况

根据工业者购买方式来细分市场。工业者购买的主要方式如前所述包括直接重购、修正重购及新任务购买。由于不同的购买方式的采购程度、决策过程等不相同，可将整体市场细分为不同的小市场群。

案例链接与思考

市场细分需求带来颠覆　男士化妆品迎来春天

最近20年来全球男士化妆品销售一直稳步上升，目前约占化妆品市场的10%。而在中国，尽管化妆品销售总额年增长速度在9%以上，但男士护肤品市场还基本是一片空白。即使是在经济最发达的北京、上海、杭州、深圳等城市的男士护理用品，销售额也只占整个化妆品市场的10%。如果推算全国的情况，估计不会超过2%。中国的男士美容市场无论从市场容量还是目前的实际情形看，很像十几年前的女性美容市场，还存在着巨大的潜在发展空间。

造成这种情况的原因，一是国内男士化妆品市场还需要一定时间的培育过程；二是目前市场上还缺乏领袖品牌，大家对每一个产品基本上都没有印象特别深刻的。不过，这些依然阻止不了男士化妆品市场潜力的高涨。

广州赢天下策划机构首席顾问杨华斌曾做过这样一个估算：中国有13亿人口，“熟男”（15—50岁目标消费者）大约3亿，而具有购买条件的大概在3 000万。假设人均消费100元化妆品，那么市场总的容量则为30亿元。依据行业经验以及相关企业的销售数据进行推断，中国现在的男士化妆品年销量应在10亿之内。按照这个理论数字，那么，尚有20亿的市场容量空缺，即还有三分之二的市场空间。这就为中国男士化妆品的开发提供了依据。

不过，这只是理论上的市场空间，实际上，目前最大的问题就是制约男士消费者购买产品的因素。可以想象，一个男人走到百货柜台或者专营店中，为自己挑选化妆品，确实是一件不可思议的事。南京百分女人化妆品机构总经理蔡生表示，在目前的专营店中，男士护肤品只能当作一个品项，实际上很难产生出想象中的利润，但是，你的店里又必须要有一款到两款产品才行。

对于国内产品的开发与销售来说，先行一步，或者会是“先驱”，或者会成“先烈”。但对于男士护肤品来说，现在进入市场，已经不算先行一步了，反而可以取得先发优势，从而引领市场。应该说，谁能首先找到一个适合中国市场的途径，谁就将成为未来男士市场中的领袖品牌。

请思考：

1. 你认为中国男性化妆品市场到底有多大？
2. 你认为化妆品市场的细分方法有哪些？

四、市场细分的方法

无论是消费者市场还是生产者市场，根据市场细分的标准，可以采用单一变量法、双因素细分法、综合因素细分法。

1. 单一变量法

所谓单一变量法，是指根据市场营销调研结果，把影响消费者或用户需求最主要的因素作为细分变量，从而达到市场细分的目的。这种细分法以公司的经营实践、行业经验和对组织客户的了解为基础，在宏观变量或微观变量间，找到一种能有效区分客户并使公司的营销组合产生有效对应的变量而进行的细分。例如：玩具市场需求量的主要影响因素是年龄，可以针对不同年龄段的儿童设计适合不同需要的玩具，这早就为玩具商所重视。除此之外，性别也常作为市场细分变量而被企业所使用，妇女用品商店、女人街等的出现正反映出性别标准为大家所重视。

2. 双因素细分法

双因素细分法是根据影响市场需求的两种因素的组合对整体市场进行细分。如服装市场可以按照性别和年龄两个因素进行细分，企业可以根据自身的生产设备和技术选择合适的细分市场。

3. 综合因素细分法

综合因素细分法即用影响消费需求的两种以上的因素进行综合细分，例如用生活方式、收入水平、年龄三个因素可将妇女服装市场划分为不同的细分市场，如图 4-1 所示。

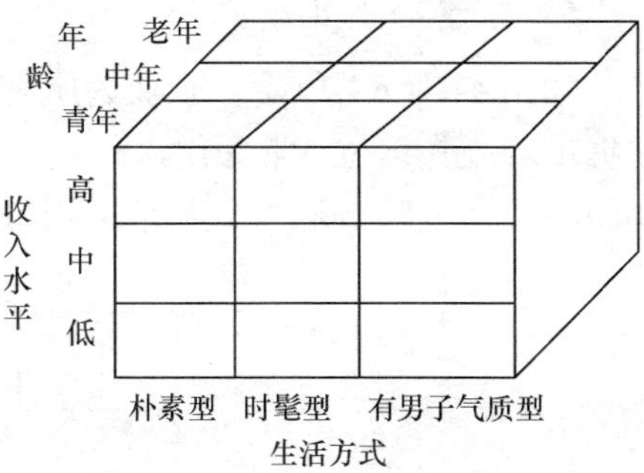

图 4-1 服装市场综合因素细分法

任务二 选择目标市场

任何企业拓展市场，都应该在细分市场的基础上发现可能的目标市场并对其进行选择。目标市场，是指在市场细分的基础上，企业经过分析、比较和选择，决定作为自己服务对象的一个或几个子市场。目标市场是市场营销活动中的一个重要概念。

一、目标市场的选择模式

企业在评估不同的细分市场以后，可以根据自身情况，选择一个或几个细分市场作为目标市场，目标市场的选择归纳起来主要有五种基本模式。

1. 产品-市场集中化模式

如图 4-2（a）所示，企业集中力量只生产或经营某一种产品，供应某一类市场。这种模式的优点是企业可以集中力量了解这个细分市场的特点，实行专业生产和经营，但经营风险较大。一般适宜实力较弱的中小企业使用。

2. 产品专业化模式

如图 4-2（b）所示，企业选择几个细分市场，对其顾客群同时供应某种产品。面对不同的子市场，产品的式样、档次有所不同。如海尔公司专心做冰箱整整 7 年，自从实施多元化战略后，才向冰箱以外的项目发展。这种模式的优点是能分散企业的经营风险，即使其中某个子市场失去了吸引力，企业还能在其他市场获利，但产品有了替代品，就会给企业造成威胁。

3. 市场专业化模式

如图 4-2（c）所示，企业以所有产品供应给某一类顾客群，产品的性能有所区别。如企业专为学校实验室生产经营各种实验室用品。这种模式有利于与顾客建立稳固的关系。

4. 选择性专业化模式

如图 4-2（d）所示，企业有选择地专门服务于几个不同的子市场的顾客群体，提供各种性能的、生命力较强的同类产品，尽力满足不同消费者群体的各种需求。这种模式有利于分散企业经营风险。

5. 市场全面化模式

如图 4-2（e）所示，企业为所有顾客群供应其需要的各种产品。实力强大的企业为了占据市场领先地位，常采用这种模式。如通用公司在全球汽车市场、海尔集团在家电市场、联想集团在电脑市场上，都是采用市场全面化模式。

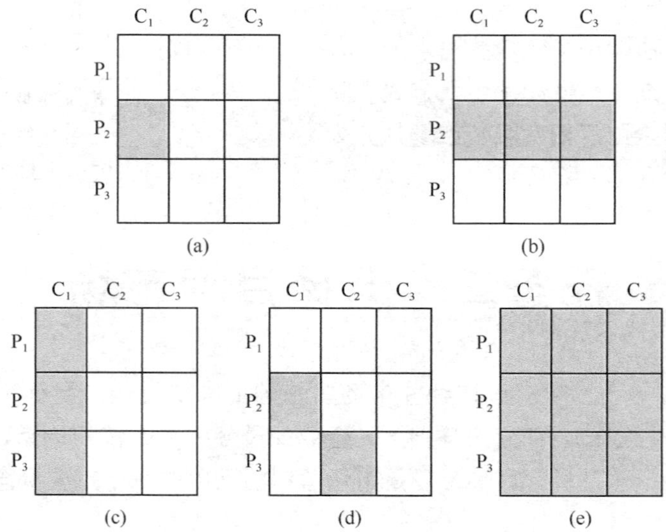

注：P 代表产品，C代表消费者

图 4-2 目标市场选择模式

二、目标市场的评估

企业在具体运用时，必须全面考虑各种因素，权衡得失，慎重选择。这些因素主要有以下几方面。

1. 企业实力

企业实力包括企业的人力、物力、财力和生产、技术、营销能力等。如果企业实力强，就可以采取差异性营销。如果企业实力较弱，宜采取无差异性营销或集中性营销。

2. 市场差异性

市场差异性也就是市场是否“同质”，如果市场上所有消费者对某些产品的需求欲望、兴趣爱好相同，且对营销刺激的反应相同，则可视为“同质市场”，宜采取无差异营销战略；反之，市场需求差别大，消费者挑选性又强，即为“异质市场”，宜采用差异性或集中性营销战略。

3. 产品差异性

产品差异性是指产品在性能、特点等方面的差异性大小。如米、面、盐、食油、白糖等日用生活消费品，虽然由于原材料和加工不同，使得产品质量上存在差别，但这种差别不十分明显，因此可视为“同质”产品，可采取无差异性营销；反之，对于家用电器、服装、照相机等商品，因品质差异较大，消费者选购时十分注意商品的特性、功能、价格等，常常要反复比较、评价，然后选择，对售后服务要求也很高，这类产品应实行差异性营销或集中性营销。

4. 产品生命周期的阶段

产品的生命周期有介绍期、成长期、成熟期、衰退期这几个阶段。对处于不同生命周期阶段的产品，应采用不同的营销策略。处于介绍期和成长期的新产品，营销的重点是启发和巩固消费者的偏好，不宜提供太多的品种，可采取无差异性营销策略；对已进入成熟期的产品，市场竞争加剧，消费者需求日益多样化，无差异性营销策略则完全失效，可改用差异性策略以开拓新市场，满足新需求，延长产品生命周期；对进入衰退期的产品，应采用集中性营销策略，以维持和延长产品的生命周期，避免或减少企业损失。

5. 市场竞争状况

一般来说，如果竞争对手实力强大，并实行无差异性营销策略时，无论企业本身实力大小，应采用差异性营销或集中性营销策略；如果竞争对手采用了差异性营销，而本企业采用无差异性市场营销，则无法有效地投入竞争，很难赢得较大的市场份额。因此必须以集中性营销策略来对付。诚然，这只是一般原则，并没有固定模式可循，营销者在实际工作中应根据竞争双方的力量对比和市场具体情况灵活运用。

三、目标市场的选择策略

在确定目标市场模式后，可根据具体条件考虑四种不同策略使自己的营销力量到达并影响目标市场。

1. 无差异性市场营销

无差异性市场营销是指企业面对整个市场，只提供一种产品，采用一套市场营销方案，试图满足整体市场的某种共同需要，如图 4-3 所示。

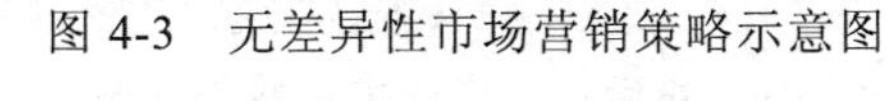

图 4-3 无差异性市场营销策略示意图

在无差异性市场营销策略下，企业将整体市场作为企业的目标市场，认为所有消费者对某种商品有共同的需求，因此不考虑他们实际存在的需求差异，依靠大众化的分销渠道和主题相同的广告，力图在消费者心目中建立起良好的印象。

这种策略的优点是生产经营的品种少、批量大，能节省各项费用，降低成本，有利于以廉价争取更多的消费者。当然，其缺点也很明显：首先，一种产品能迎合所有顾客的需求是少有的；其次，假如许多企业都采取这种策略，就会造成共性市场的激烈竞争，难以获利。以下产品可采用无差异性市场营销策略：①消费者的挑选性不大、需求弹性较小的生活必需品和主要工业原料，如粮食、棉花、油料、煤炭、工业用糖等；②经营的企业不多、竞争性不强的产品，如石油等。

2. 差异性市场营销

差异性市场营销是指企业在市场细分的基础上，选择两个或两个以上的细分市场作为目标市场，针对不同的细分市场推出不同的产品，采用不同的营销组合方案。如图 4-4 所示。

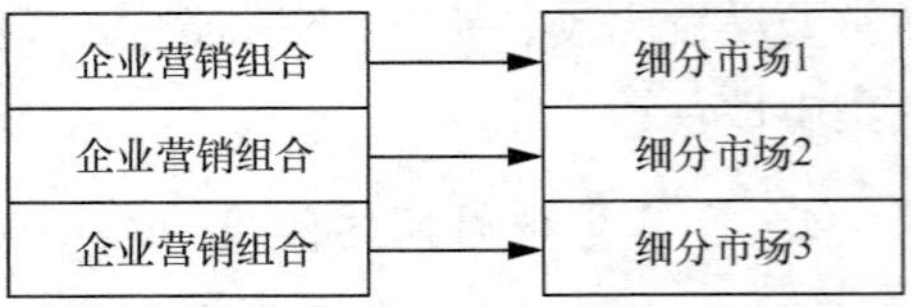

图 4-4　差异性市场营销策略示意图

差异性市场营销的理论依据是：根据消费者需求的差异性，赢得更多的市场营销机会。例如，中国移动目前用“全球通”主打高端的政务和商务人群，“动感地带”针对年轻时尚群体，“神州行”“大众卡”用来“围剿”低端市场。并且，它对各群体又做进一步的细分，如针对“全球通”用户，移动方面通过推出“全球通俱乐部”划分出了贵宾卡、银卡、金卡、钻石卡四种不同的细分群体，并依据其 ARPU（每用户平均收入）值的不同推出了不同的客户服务方案，从而让用户体会到了真正的品牌价值。

这种战略的优点是企业可以更好地满足多个细分市场上消费者的不同需求，扩大商品销售量；同时，通过强有力的市场营销组合来增强竞争力，可以提高市场占有率。但是，差异性营销会增加设计、制造、管理、仓储和促销等方面的成本，造成市场营销总体成本上升。可见，究竟差异到什么程度，要权衡利弊得失再做决策。假如市场分得太细，提供的品种太多，很可能得不偿失。一般来说，以下产品适宜采用差异性市场营销战略。

（1）消费者需求弹性较大的商品，如高档家具、高档家电、名牌服装等。

（2）规格等级复杂的产品。由于产品的规格等级需求存在较大的差异性，采用差异性市场营销可以满足不同消费群体的需求。

3. 集中性市场营销

集中性市场营销即企业选择一个或少数几个子市场作为目标市场，制定一套营销方案，集中力量为它服务，力图在这些目标市场上占有很大份额，如图 4-5 所示。

采用这种目标市场策略的企业，追求的不是在较大市场上占有较小的份额，而是在较小的市场上占有较大的份额。在市场面前，所有企业都想占有市场的大部分甚至全部，这是不现实的。明智的企业家宁可集中全力去争取一个或极少数几个细分市场，也不将有限的人力、物力、财力分散用在广大的市场上。在部分市场上如能拥有较高的占有率，远胜于在所有市场上都获得微不足道的占有额。采用这种战略的好处是可以照顾个别市场的特殊性，使企业经营的产品在个别市场上占有优势地位，提高市场占有率和知名度；生产专业化程度高，能准确了解和满足顾客的不同需要；营销组合方案针对性强，可节约成本和营销费用。因此，对于生产周期短、数量波动大的产品，以及资源有限、资金薄弱、规模较小、活动范围不广但

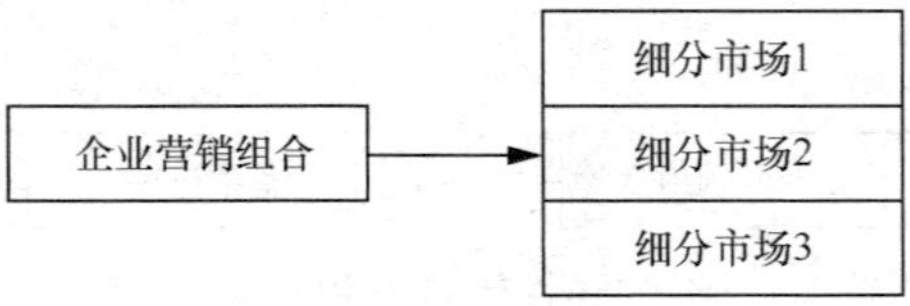

图 4-5　集中性市场营销策略示意图

有很强应变力的中小企业，采用这种策略较好。但是，值得注意的是，如果目标过于集中，把企业的命运押在一个小范围市场上，一旦这个市场突变，如强大的竞争对手进入、消费者偏好突然变化等，就会使企业措手不及，导致亏损。因而实行这种策略要做好应变准备，规避风险。

4. 定制营销

定制营销是指企业在大规模生产的基础上，将每一位顾客都视为一个单独的子市场，通过与顾客进行个体的沟通，明确并把握特定顾客的需求，并为其提供不同方式的满足，以更好地实现企业利益的活动过程。定制营销也被称为“一对一”营销、个性化营销，如图 4-6 所示。

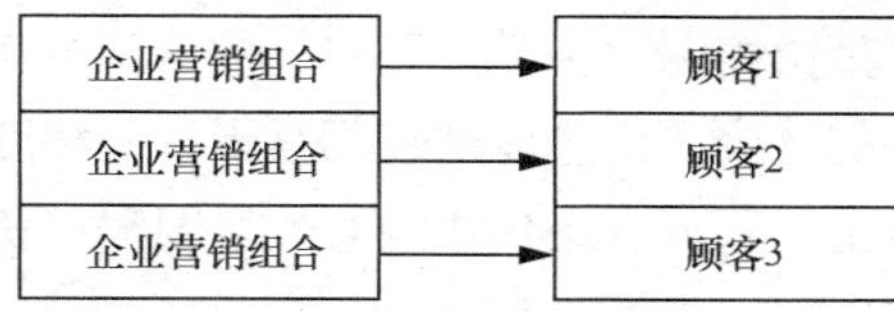

图 4-6　定制营销市场营销策略示意图

定制营销的突出优点是能极大地满足消费者的个性化需求，提高企业竞争力；以需定产，有利于减少库存积压，加快企业的资金周转；有利于产品、技术上的创新，促进企业不断发展。但定制营销有可能导致营销工作的复杂化，增大经营成本和经营风险，定制营销需要建立在定制的利润高于定制的成本的基础之上。另外，生产领域的定制营销还对企业的设计、生产、供应等系统和管理的信息化程度有很高的要求，一般的生产企业可能还很难做到。

资料贴吧

奇瑞——年轻人的“第一辆车”

奇瑞汽车公司成立于 1997 年，全称为上汽集团奇瑞汽车有限公司。奇瑞公司成立以来，在不到两年的时间里顺利实现 3 万辆轿车下线。

汽车产品一般是以价格档次定位，比如“经济型轿车”“中级轿车”“中高级轿车”“豪华轿车”。奇瑞 QQ 是以细分消费群体为明确客户定位的汽车产品。

长期以来，轿车用户每年呈乐观的增长趋势，但轿车市场忽视了一个潜在的消费群体——年轻人。他们收入不高但有知识、有品位，有一定事业基础，心态年轻、追求时尚。在他们看来，轿车市场的中低端轿车，虽价格稍低，但外形、色彩等都较单一；高端轿车虽性能好，但价格不菲。对价格、外观、性能都颇为看重的这群人而言，这些车都不能激起他们的购买欲。

“年轻人的第一辆车”提出了年轻的上班族崭新的生活方式——拥有汽车、拥有一个属于自己的移动空间，享受驾驭乐趣，这不只是有多年工作经历的上班族的专利，年轻的上班族同样也能进入汽车时代。而在此前，年轻的上班族的出行方式基本上是公交或自行车，打出租车只是偶尔的事情。国内的汽车厂商一般都认为，年轻的上班族不会买车，或者说上班族需要多年积累才有实力买车，而且即使在有了一些经济实力之后，上班族在买房与买车之间一般是选择前者，而不是后者。而奇瑞 QQ 打破了传统的社会理念和消费观念，为年轻的上班族提出了汽车消费新理念。

奇瑞公司经过调查得知，金融信贷工具在国内的广泛使用和信贷市场的成熟，增强了年轻上班族的购买力，培育了他们信贷消费的全新理念，而且年轻人注重生活质量，崇尚时尚的生活方式，这使得年轻人提前拥有自己的轿车成为现实可能和主观需要。另外，随着年轻人的成长，他们对社会的贡献越来越大，他们所占据的社会位置越来越重要，社会对他们的经济回报也一定是越来越大，年轻的上班族到那时还会更换更高价位的轿车。这就是奇瑞 QQ“年轻人的第一辆车”产品定位的创意初衷，也表明了奇瑞公司对汽车消费市场的深入分析和对目标消费群体的准确把握。

任务三　明确市场定位

市场定位就是根据竞争者现有产品在市场上所处的位置，针对消费者对该产品某种特征或属性的重视程度，努力塑造出本企业产品与众不同的、给人印象鲜明的个性或形象，并把这种形象生动地传递给消费者，从而使该产品在市场上确定适当的竞争位置。市场定位是由美国营销学家艾尔·里斯和杰克·特劳特提出的。他们认为现代社会是一个传播过多的社会，信息庞杂，相互干扰的程度很高，而传播沟通方法不理想。最好的解决办法就是定位，只有这样才能有效地间隔，使传达的信息不被淹没。

一、市场定位的依据

1. 根据产品属性和顾客所获利益定位

产品本身的属性以及由此获得的利益能使顾客体会到它的市场定位，企业在通过广告促销等措施，在顾客心目中强化使用该产品所获得的利益，通过顾客的使用，在他们的头脑中留下鲜明的印象。例如，日本丰田汽车则侧重于“经济可靠”，瑞典的沃尔沃汽车则讲究“耐用”。在一般情况下，新产品市场定位时应该强调它的产品属性和顾客所获得的利益。

2. 根据商品的使用用途定位

这主要针对一些老产品，由于科技进步，它们逐步被新产品替代，市场逐渐丧失，这时需要对老产品进行重新定位，开发其新的使用用途，也能将老产品推向新的销售高峰。

3. 根据使用者定位

可从根据适当的使用者或某个分市场，创建恰当的形象。罗尔斯·罗伊斯公司就采用这种定位方法，他们把“劳斯莱斯”轿车定位在有身份的上流社会人士的专用车，对购买者是否有购买资格进行审查，只有具备购买资格的人才能获得购买权，他们主要通过汽车的颜色来区分不同身份的购买者，如黑色轿车只提供给英国皇室和贵族使用，曾任美国总统的总司令艾森·豪威尔想购买一辆黑色劳斯莱斯，结果也未能如愿以偿，只买到一辆黄色轿车。通过这种方法，维持了该车产品形象，从而使劳斯劳斯长盛不衰。

4. 根据产品档次定位

产品档次定位时强调把产品分为“三六九等”，不同的档次有不同的价格，针对不同的消费者；对于高档次的消费者就提供高档产品，而对低档次的消费者则提供低档次的产品。这样的定位方式可以满足不同档次需求的消费者，从而可以提高企业的竞争力，增加产品的销售额，通过这种定位方法还可以加深产品在消费者头脑中的印象。

5. 根据竞争定位

根据竞争者的特色和市场位置，结合企业自身发展需要，将本企业定位于与竞争直接有关的不同属性或利益。例如：“七喜”汽水的定位是“非可乐”，强调它是不含咖啡的饮料，与可乐饮料不同。

二、市场定位的步骤

1. 选择竞争优势

企业可以在产品、价格、促销、服务等方面与竞争者进行比较，找出自身的长处和短处，以明确企业的竞争优势；通过分析竞争对手的经营特色，确认本企业可以提供的产品、服务、个性化差异以及消费者对产品各种属性的重视程度，把握本企业的突出优势，以便进行恰当的市场定位。

产品的特色既从产品的实体中体现，如产品的形状、性能、成分、质量等；又能在消费者的感觉上反映出来，如豪华、朴素、时髦、高贵等。因此，企业在进行产品的初次市场定位时，要注意了解消费者对产品的各种属性的重视程度、竞争对手产品的特色和本企业最有能力提供的价值。这样，才有利于企业选定和树立起产品的独特形象。

2. 初步确定定位方案

企业在认真研究竞争优势和竞争对手在目标市场上的位置后，确定企业产品的有利位置，然后运用所有市场营销组合，使产品特色符合所选择的目标市场。

3. 调整定位方案

完成了初步定位后，还要再做进一步的检验。应在定位市场上再次进行调查和产品试销活动，如果发现偏差应马上纠正。

4. 再定位

产品上市后，企业要密切注意市场环境的变化，随时准备对产品重新定位。促使企业考虑再定位的原因有三个：①消费者偏好转移或需求萎缩；②企业资源发生了变化；③竞争者实力发生了变化，定位策略已经调整，对企业已构成威胁。重新定位是企业适应市场环境所做的重大决策，是企业变动产品特色使消费者对企业产品重新认识的过程，更是企业增强应变力的关键一步。

5. 准确传播企业定位观念

企业在做出市场定位决策后，还必须大力开展广告宣传，把企业的定位观念准确无误地传播给消费者。要避免因宣传不当在公众当中造成三种误解：一是定位过低，指企业产品并没有得到市场的认可，消费者对企业的宣传印象模糊或不知道有何特殊优势，企业和产品没有在顾客心目中树立起鲜明的形象；二是定位过高，企业为了使消费者建立起对自己品牌的偏好，使用夸大的宣传以及向消费者立下过度的许诺；三是定位混乱，企业没有建立起有利而且固定的市场定位，品牌特征太多，或者品牌的定位改变过于频繁，给消费者以混乱不清的印象。

三、市场定位的策略

市场定位是设计公司产品和形象的行为，以使公司明确在目标市场中相对于竞争对手自己的位置。公司在进行市场定位时，应慎之又慎，要通过反复比较和调查研究，找出最合理的突破口。避免出现定位混乱、定位过度、定位过宽或定位过窄的情况。而一旦确立了理想的定位，公司必须通过一致的表现与沟通来维持此定位，并应经常加以监测以随时适应目标顾客和竞争者策略的改变。市场定位策略一般包括以下几种。

1. 创新定位

寻找新的尚未被占领但有潜在市场需求的位置，填补市场上的空缺，生产市场上没有的、具备某种特色的产品。如日本的索尼公司的索尼随身听等一批新产品正是填补了市场上迷你电子产品的空缺，并不断地创新，使得索尼公司即使在“二战”时期也能迅速地发展，一跃成为世界级的跨国公司。采用这种定位方式时，公司应明确创新定位所需的产品在技术、经济上是否可行，有无足够的市场容量，能否为公司带来合理而持续的盈利。

2. 迎头定位

迎头定位策略是指企业根据自身的实力，为占据较佳的市场位置，不惜与市场上占支配地位的、实力最强或较强的竞争对手发生正面竞争，而使自已的产品进入与对手相同的市场位置。在世界饮料市场上，作为后起的百事可乐进入市场时，就采用过这种方式。百事可乐提出“你是可乐，我也是可乐”，与可口可乐展开面对面的较量。实行迎头定位，企业必须做到知己知彼，应该了解市场上是否可以容纳两个或两个以上的竞争者，自己是否拥有比竞争者更多的资源和能力，是不是可以比竞争对手做得更好。

优点：竞争过程中往往相当惹人注目，甚至产生所谓轰动效应，企业及其产品可以较快地为消费者或用户所了解，易于达到树立市场形象的目的。

缺点：具有较大的风险性。

3. 避强定位

避强定位策略是指企业力图避免与实力最强的或较强的其他企业直接发生竞争，而将自己的产品定位于另一市场区域内，使自己的产品在某些特征或属性方面与最强或较强的对手有比较显著的区别。例如美国的 Aims 牌牙膏专门对准儿童市场这个“空隙”，因而能在佳洁士和高露洁两大品牌称霸的世界牙膏市场上占有 10%的市场份额。

优点：避强定位策略能使企业较快地在市场上站稳脚跟，并能在消费者或用户中树立形象，风险小。

缺点：避强往往意味着企业必须放弃某个最佳的市场位置，很可能使企业处于最差的市场位置。

4. 重新定位

公司在选定了市场定位目标后，如定位不准确或虽然开始定位得当，但市场情况发生变化时，如遇到竞争者定位与本公司接近，侵占了本公司部分市场，或由于某种原因消费者或用户的偏好发生变化，转移到竞争者方面时，就应考虑重新定位。重新定位是以退为进的策略，目的是为了实施更有效的定位。例如万宝路香烟刚进入市场时，是以女性为目标市场，它推出的口号是：像 5 月的天气一样温和。然而，尽管当时美国吸烟人数年年都在上升，万宝路的销路却始终平平。后来，广告大师李奥贝纳为其做广告策划，他将万宝路重新定位为男子汉香烟，并将它与最具男子汉气概的西部牛仔形象联系起来，树立了万宝路自由、野性与冒险的形象，从众多的香烟品牌中脱颖而出。自 20 世纪 80 年代中期到现在，万宝路一直居世界各品牌香烟销量首位，成为全球香烟市场的领导品牌。

技能训练 4-2

训练背景

很多企业都会根据自己的情况进行有效定位，如：

金利来：“男人的世界”。

哈药护彤：“儿童感冒药”。

百事可乐：“青年一代的可乐”。

统一经典润滑油：“高级轿车润滑油”。

浪莎袜业：“动人、高雅、时尚”。

戴尔电脑：“物超所值，实惠之选”。

雕牌：“只选对的，不买贵的”。

汇源果汁：“100%果汁”。

训练要求

以小组为单位进行讨论，讨论内容包括：

1. 查阅相关资料，找出比较有代表性的企业市场定位方法。
2. 分析这种市场定位是否符合企业的实际情况以及有何可借鉴的经验。

项目思考与练习

【案例分析】

雀巢冰爽茶退出中国

2014 年 5 月，雀巢官方对外证实，其在中国区的即饮茶产品业务已全面停止。一个全球最大食品制造商，在中国这个独特的茶饮料消费市场，出现了“水土不服”的烦恼。虽然进入时机正确、广告费用也不菲，但雀巢冰爽茶由于没能找准产品定位，并且与市面上同类产品同质化严重，所以导致黯然退场。

这是一款陪伴中国消费者将近 13 年的产品。事实上，它的淡出最早并不是在 2014 年 5 月。早在 2013 年上半年，在中国不少大型超市就已经很难寻见雀巢冰爽茶的身影。对这件事情保持最高敏感度的，就是中国的消费者。很长时间以来，走近超市摆放茶饮料的货架，最先映入眼帘的无非是康师傅，统一的红茶、绿茶和果味茶，除此之外，只能偶然瞥见原叶茶等其他品牌的产品。但现在买一瓶很久没有见到的雀巢冰爽茶，跑遍周边家乐福、世纪联华、华润万家等大超市，依然无果而返，冰爽茶去哪了？

回到 10 多年前，冰爽茶趁中国茶饮料市场刚刚进入快速发展期，让消费者见识了全球两大食品饮料界巨头专为中国消费者定制茶饮料的威力。这两大业界巨头分别是雀巢与可口可乐，2001 年，双方各出资 50%成立即饮茶合资公司“全球饮料伙伴公司”（BPW）。

茶文化在中国有几千年的历史，1993 年，中国茶饮料市场起步，当口感偏甜、风格时尚的茶饮料面市的时候，市场便给予了热情的欢迎。2001 年，中国茶饮料市场进入快速发展期。一组行业数据显示，2000 年，中国瓶装饮料产量达 554 万吨，居第一位；碳酸饮料达 420 万吨，居第二位；茶饮料 185 万吨，居第三位。但是，茶饮料是所有饮料类别中增长最快的，被称为“饮料新贵”。

雀巢和可口可乐成立 BPW 的动机主要是为了抓住这个机会，双方合作开发的冰爽茶于 2002 年面市。

当时业内给冰爽茶估计的成功率仅有 1/5。已经进入中国市场多年的雀巢和可口可乐在操纵产品属性方面相当有经验，按照茶饮料的消费群体分析，他们给冰爽茶的市场定位是年轻和时尚，消费者群体定位是 20～29 岁的白领和时尚青年。冰爽茶刚面世时带给人们的第一印象是它结合了西方的基因和自身特点，推出“西式”和“冰爽”两个概念。

随后，冰爽茶还邀请了当时最具活力的年轻一代明星潘玮柏，一切都朝着最初设计的年轻、时尚的方向前进。这些展示都给当时的商贸公司留下了很深的印象，他们都期待冰爽茶真的能让炎热的夏天“一爽到底”，但是结果却并不尽如人意。

2004 年之后，中国茶饮料市场的格局依然是康师傅、统一、娃哈哈、今麦郎、达利园、天喔等，其中前两个品牌占据了市场近一半的份额。

在可口可乐与雀巢想一起撬动中国茶饮料市场之前，他们也曾做过多次尝试。可口可乐从 1998 年起就推出过“天与地”“岚风”“阳光果茶”。

不过，“天与地”来得早、去得快。这是由于可口可乐推出的第一款非碳酸饮料，在其没有找到产品的目标消费人群之际推出了这款概念产品，并且忽视了中国几千年来沉淀的茶文化内涵，导致第一次尝试仅用两年多时间便草草收场。

第二次尝试是“岚风”。这是一款日本蜂蜜茶饮料，于 2001 年推出。这次尝试首先吸取了目标客户群体不明确的错误，将“岚风”的目标消费群体锁定为成功的年轻女性，但因定价偏高，结果又以失败告终。

这两次尝试失败之后，雀巢冰爽茶匆忙登场。

雀巢冰爽茶一推出市场，便跟随康师傅、统一等茶饮料市场上的领头羊走，产品严重同质化。虽然其在最初的营销概念中提出过“西式”的差异化概念，但是产品大同小异，消费者并不买账。

在雀巢冰爽茶之后，雀巢与可口可乐还推出了“茶研工坊”“健康工坊”“原叶”等共 7 种不同的茶饮料品牌，但都因为定价、定位不恰当等逐一失败。

跟康师傅、统一产品相仿，陷入产品同质化困局；跟红茶、绿茶形成差异化，留给其的市场空间又很小，无法形成规模。这个解释可能会令两个业内巨头尴尬，在全球市场中一路驰骋，偏偏驾驭不了中国的茶饮料市场。

可口可乐与雀巢最终以“分手”结束了长达 10 年的共同探索。

2012 年，雀巢与可口可乐各自单飞，即饮茶合资公司“全球饮料伙伴公司”（BPW）也退出中国市场，业务范围缩小到了欧洲和加拿大。双方财产分割的结果是雀巢把雀巢冰爽茶拿回来自己做，而原叶茶则由可口可乐拿去做。

雀巢冰爽茶停产之后，网上还有几家商贸公司销售雀巢冰爽茶饮料粉。

如今，摆在雀巢官方网页上的饮品只有雀巢美禄巧克力麦芽饮品。

请思考：

（1）你认为雀巢冰爽茶退出中国市场的原因有哪些？

（2）企业在进行市场定位时应该注意哪些问题？

【综合实训】

1. 实训项目：职业规划定位

2. 实训背景

根据自己的实际情况，分析生理、个性、学习、特长等方面特征，提出未来的职业方向和可能的工作岗位。

3. 实训目的与要求

（1）学生学会从市场细分的标准来分析自己生理、个性、学习、特长等方面的特征。

（2）教师要求学生通过网络等途径查找资料，了解当前的就业情况。

（3）教师训练学生对自我进行有效定位的能力。

（4）学生撰写分析报告，提出自己今后的学习规划。

4. 实训步骤

（1）学生对自我生理、个性、学习、特长等方面的特征进行分析。

（2）学生通过网络等查找资料，了解当前的就业情况。

（3）学生完成分析报告，并制作 PPT 进行汇报。

（4）同学互评和教师点评，然后综合评定学生的本次实训成绩。

5. 实训考核

（1）实训准备工作（20 分）。

（2）学生报告 PPT 制作水平（20 分）。

（3）学生 PPT 演示表现（40 分）。

（4）各组提交的实训报告的质量（20 分）。

项目五　制定产品策略

项目目标

知识目标

（1）认知产品相关概念。

（2）了解产品生命周期的基本内容。

（3）理解新产品开发的管理过程。

技能目标

（1）学会运用产品组合策略。

（2）学会运用产品生命周期各阶段的营销策略。

（3）学会运用品牌策略。

（4）能运用新产品开发的相关理论为新产品进行有效推广。

本章导入

"野马"——起死回生之作

福特汽车公司于 1964 年 4 月 17 日推出了"野马"。"野马"成为美国汽车工业史上最成功的新车型之一。从 1954 年到 1964 年的这 10 年间，美国汽车工业界发生了重大变化。外国汽车从 1955 年开始大规模进入美国市场，这些节油的进口微型汽车悄悄地改变了美国汽车工业的格局。许多美国著名汽车企业被迫压缩战线，终止了一些型号汽车的生产，或尝试生产类似进口货的微型车。

1960 年，肯尼迪当选美国总统。他的成功被视为年轻一代的胜利。当时，美国人推崇青春与朝气，认为这才是这个时代的特征。肯尼迪上台后面对的是停滞的经济，他决心采取增加可支配收入的减税政策来刺激美国经济的复苏。由于人们对美国经济的信心得到了恢复和增强，1962 年美国汽车市场逐渐复苏起来。1963 年，美国政府又下调了汽车消费税。1964 年的经济状况更加令人乐观，可支配收入比 1962 年上升了 35%，而且信用卡开始流行起来，这大大促进了汽车的销售。另一个有利因素是，美国拥有两辆汽车的家庭正在增加，至 1964 年，这样的双车家庭将达到 70 万户。

此外，受肯尼迪总统带来的青春浪潮的影响，许多中老年人也被年轻人的兴趣及偏好所感染。他们积极地参加到年轻人的活动中去，如打高尔夫球、打网球等。福特汽车公司的市场调查还发现，越来越多的人开始购买洋溢着青春朝气的跑车。

汽车推销员出身的艾柯卡，对顾客的需求有着惊人的敏感力。他立即建议福特汽车公司迅速迎合年轻人市场，开发具有运动型跑车外观的新车型。

为了提高新型车对顾客的吸引力，满足不同档次顾客的需求，艾柯卡特别为它准备了多种可选配置，从而使顾客尽可能地在基本车型上演变出更符合他的偏好的个性化来。仅传动器一项，顾客就可以有 3 种选择：自动挡、四挡、三挡。此外，行李架、方向助力系统、刹车碟、空调、转速表、时钟等也均为选配件。为了迅速抢占市场并吸引年轻人，这种新型车的基本配置型售价仅为 2 368 美元。

福特汽车公司从上千个征名中选出小野马、美洲豹、美洲狮、雄驹、野马、猎豹等 6 个名字。最后，“野马”成为新型车的车名。这是美国空军在第二次世界大战中服役的著名战斗机的名字，艾柯卡认为它“给人带来天高地远的激情，而且是地地道道的美国味儿”。

为了推销“野马”，福特汽车公司在电视和印刷传媒上做了铺天盖地的广告，力争在最短的时间内让“野马”的形象覆盖到美国的每一寸土地。家庭、妇女、年轻人都是“野马”瞄准的目标顾客。

结果，“野马”火了。1964 年 4 月 17 日，福特的经销商们正式将“野马”介绍给顾客们。顾客的热烈反应令经销商们大喜过望，同时又措手不及。有一位经销商不得不紧锁展销室的大门，以防门外拥挤的顾客挤坏室内的设施。“野马”上市不足一周，就有 400 万顾客光顾了经销商的展厅。

福特汽车公司原来预计，“野马”第一年的销量为 7.5 万辆。但现在看来，第一年就可突破 20 万辆。于是，福特公司新建了第二条“野马”生产线，使该车的年产量达到 36 万辆。但这仍未能满足市场需求，第三条“野马”生产线又上马了。“野马”问世的头两年中，福特汽车公司从该车上赚取了 11 亿美元的利润。

请思考：

1. 说说福特汽车公司为什么以“野马”作为新型车的车名？
2. 说说福特汽车公司是如何推广“野马”这个品牌的？

任务一　认知产品整体概念与组合策略

人们通常认为，产品是指具有某种特定物质形状和用途的物品，是看得见、摸得着的东西。这是一种狭义的理解。市场营销学认为，广义的产品是指人们通过购买而获得的能够满足某种需求和欲望的物品的总和，它既包括具有物质形态的产品实体，又包括非物质形态的利益，这就是“产品的整体概念”。

一、产品整体概念的内容

市场营销学认为，产品包括实物（如汽车、书籍）、服务（如美容、理发、音乐会）、场所、地点（如埃及金字塔、中国长城）、组织（如保护消费者协会）、人员（如姚明、李宇春）、思想、创意、观念（环保）。例如，消费者购买空调，他不仅希望购买到一定品牌、一定款式、一定质量、价格合理的空调，他同时也希望企业能免费给予安装维修，并定期给予检测。现代市场营销理论认为，产品整体概念包含核心产品、形式产品、附加产品、期望产品和潜在产品五个层次，如图 5-1 所示。

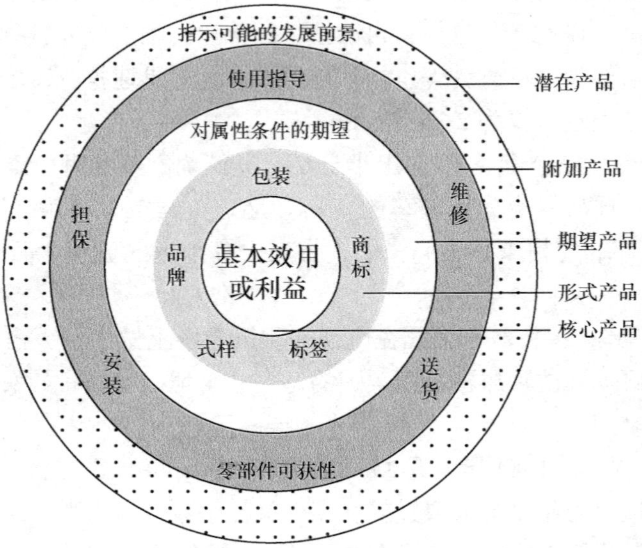

图 5-1　产品整体构成

1. 核心产品

核心产品也称实质产品，指产品能够提供给购买者的基本效用或益处，是购买者所追求的中心内容。如买自行车是为了代步，买化妆品是希望美丽、增加魅力等。因此，企业在开发产品、宣传产品时，要善于发现隐藏在产品背后的真正需要，明确产品能提供的利益，产品才具有吸引力。

2. 形式产品

形式产品也称有形产品，是产品在市场上出现时的具体物质外形，它是产品的形体、外壳，核心产品只有通过有形产品才能体现出来。产品的有形特征主要指质量、款式、特色、包装等。如冰箱，有形产品不仅仅指电冰箱的制冷功能，还包括它的质量、造型、颜色、容量等。

3. 附加产品

附加产品指顾客购买产品所得到的各种附加利益的总和。它包括安装、使用指导、质量保证、维修等售前售后服务。由于产品的消费是一个连续的过程，既需要售前宣传产品，又需要售后持久、稳定地发挥效用，因此，服务是不能少的。可以预见，随着市场竞争的激烈展开和用户要求的不断提高，附加产品会越来越成为竞争获胜的重要手段。

4. 期望产品

期望产品是指购买者购买某种产品通常所希望和默认的一组产品属性和条件。一般情况下，顾客在购买某种产品时，往往会根据以往的消费经验和企业的营销宣传，对所欲购买的产品形成一种期望，如客人，对于旅店的期望是干净的床、香皂、毛巾、热水、电话和相对安静的环境等。

5. 潜在产品

潜在产品是指一个产品最终可能实现的全部附加部分和新增加的功能。许多企业通过对现有产品的附加与扩展，不断提供潜在产品，所给予顾客的就不仅仅是满意，还有在顾客获得这些新功能的时候所感到的喜悦。

二、产品的分类

（一）按产品是否具有实物形态以及是否耐用分类

产品按此分类标准可分为耐用品、非耐用品和服务三类。

（1）耐用品。耐用品是可供长期使用、价值较高的产品，如空调、汽车、住房等。通常，耐用品的价格较高，因此，要特别注重售后服务的质量。企业应向顾客提供更多的附加产品，如送货、安装速度和质量、产品知识培训等，力争吸引更多的顾客。

（2）非耐用品。非耐用品是指消费周期短、容易被消耗的消费品，如食品、日用品等。非耐用品由于使用频率高，与消费者的日常生活联系紧密，因此，应尽可能地通过广告宣传，影响消费者的购买决策，培养和争取长期顾客，以期从长远经营中获利。

（3）服务。服务是无形的、不可分离的、可变的和易消失的，如理发、美容、旅游等，从消费的周期与频率来看，这类消费品应属于非耐用消费品的范畴，因此具有非耐用消费品的上述特点。但同时，服务性消费品又不具有实物形态，它具有非存储的特征，即该消费品一生产出来就必须消费。

（二）按用途分类

产品按用途分类可以分为消费品和产业用品两大类。

1. 消费品

消费品是直接用于最终消费的物品。消费品按消费者购买习惯可将产品分为便利品、选购品、特殊品、非渴求品四类。

（1）便利品。指消费者日常随时需用、不愿花费很多时间和精力去购买的物品，包括日用品、急需品和冲动品这三类。日用品是消费者经常购买的产品，如牙膏、洗衣粉。急需品是当消费者的需求十分紧迫时购买的产品，如在下雨时购买雨伞。冲动品是消费者没有经过计划或寻找而购买的产品。如口香糖之所以被放在结账处旁，是因为顾客可能原来没有想到要购买它们。便利品的营销，最重要的是在时间、地点和销售方式上要为顾客提供最大限度的便利，因此一般以小型分散经营为好。

（2）选购品。指规格复杂、消费者在购买时必须要经过细致的比较和鉴别，才能决定是否购买的产品，包括同质选购品和异质选购品两类。同质选购品是指顾客认为质量类似但品牌和价格不同的物品，如电冰箱、洗衣机、电视机等；异质选购品诸如服装、鞋帽、家具等，消费者对其特色比价格和品牌更重视。

（3）特殊品。指特定品牌或具有特色的、为特定消费者购买的物品，如精致钟表、名牌服饰、高档汽车等。消费者愿意花费较多时间或精力去购买某种特定商品，这些商品一般是不可替代的。

（4）非渴求品。指消费者不知道的，或虽然知道但一般情况下不想购买的物品，如上市不久的新产品、人寿保险、墓地、百科全书等。这类产品的特点决定了它们的营销要在广告和人员推销等方面花费很大的精力。

2. 工业品

产业用品是企业购买后用于生产其他产品的物品，通常称为工业品。我们可以将产业用品分为三类：材料和部件、固定资产、供应品和服务。

（1）材料和部件。包括未经加工的原材料和加工制造的原材料、零配件，这类产业用品是完全进入生产过程的，其价值一次性计入产品成本。

（2）固定资产。包括厂房、机器和各种生产设备等，这类物品是部分地进入产品，其价值是通过折旧逐次计入产品成本的。此外，还包括办公设备（办公桌、文件柜等）。

（3）供应品和服务。供应品包括操作用品（铅笔、打字纸等）和维修用品（油漆、钉子等）。供应品相当于工业领域内的方便品，因为一般来说，重购这些物品十分容易，直接再采购即可。

三、产品组合要素与策略

大部分企业都不只生产一种产品，而是拥有多种产品，如何将这些产品统筹安排好，就是产品组合所要解决的事情。

（一）产品组合及其相关概念

所谓产品组合，是指企业生产经营各种不同类型产品之间质的组合和量的比例。产品组合由全部产品线和产品项目构成。

产品线是指产品在技术上和结构上密切相关，具有相同使用功能，规格不同而满足同类需求的一组产品。如雅芳化妆品公司的产品线有化妆品、珠宝首饰和家常用品三条。产品项目是指产品线内不同品种、规格、质量和价格的特定产品。很多企业都拥有众多的产品项目，如上述的雅芳化妆品公司有 1 300 个以上的产品项目，而通用电气公司则有 25 万个产品项目。

产品组合的宽度指企业拥有的不同产品线的数目；产品组合长度指每条产品线内不同规格的产品项目的数量；产品组合的深度是指产品线上平均具有的产品项目数。产品组合的关联性则是指企业各条产品线在最终用途、生产条件、分配渠道或其他方面的密切相关程度。产品组合的宽度越大，说明企业的产品线越多；反之，则产品线就越少。同样，产品组合的深度越大，企业产品的规格、品种就越多；反之，则产品就越少。产品组合的深度越浅，宽度越窄，则产品组合的关联性越大；反之，则关联性越小。

产品组合的宽度、长度、深度和关联性对企业的营销活动会产生重大影响。一般而言，增加产品组合的宽度，即增加产品线和扩大经营范围，可以使企业获得新的发展机会，更充分地利用企业的各种资源，也可以分散企业的投资风险；增加产品组合的长度和深度，会使各产品线具有更多规格、型号和花色的产品，更好地满足消费者的不同需要与爱好，增强行业竞争力；增加产品组合的关联性，则可发挥企业在其擅长领域的资源优势，避免进入不熟悉行业可能带来的经营风险。因此，产品组合决策就是企业根据市场需求、竞争形势和企业自身能力对产品组合的宽度、长度、深度和关联性方面做出的决策。

表 5-1 中表明宝洁公司产品组合的宽度是 5 条产品线（实际上，该公司还有许多另外的产品线，如护发产品、保健产品、饮料、食品等）。

表 5-1　宝洁公司的产品组合

	产品组合的宽度				
	洗涤剂	牙膏	香皂	方便尿布	纸巾
产品线长度	象牙雪 1930	格里 1952	象牙 1879	帮宝适 1961	查敏 1928
	洁拂 1933	佳洁士 1955	柯柯 1885	露肤 1976	白云 1958
	汰渍 1946	登魁 1980	拉瓦 1893		普夫 1960
	快乐		佳美 1926		旗帜 1982
	奥克多 1952		爵士 1952		
	达士 1954		舒肤佳 1963		
	大胆 1965		海岸 1974		
	吉恩 1966				
	黎明 1972				
	独立 1979				

在表 5-1 中，产品项目总数是 26 个。我们再来看一看该公司产品线的平均长度。该公司产品组合的平均长度就是总长度（26）除以产品线数（5），结果为 5.2。

宝洁公司的产品项目如“佳洁士”牌牙膏有三种规格和两种配方（普通味和薄荷味）。“佳洁士”牌牙膏的深度就是 6。通过计算宝洁公司每一品牌的产品品种数目，然后加总除以宽度，我们就可以计算出公司的产品组合的平均深度。

由于宝洁公司的产品都通过同样的分销渠道出售，因此可以说，该公司的产品线具有较强的关联性；就这些产品对消费者的用途不同而言，该公司的产品线缺乏关联性。

技能训练 5-1

训练背景

海尔公司的产品组合（部分）（见表 5-2）

表 5-2　海尔公司的产品组合

产品大类	产品项目
冰箱	王子、金王子、太空王、王中王、果菜王、金统帅、大统帅、小统帅、太空王子、快乐王子
空调	超人、大超人、金超人、健康超人、太空金元帅、金状元
洗衣机	太空钻、太阳钻、水晶钻、玫瑰钻、银河钻、小神童、小小神童、多变神童、小神功
电热水器	大海象、金海象、海象王、小小海象
电视机	宝德龙、美高美、影丽、小雷达、青蛙王子
手机	喜多星、彩智星、天彩星、地文星、奔风

训练要求

以小组为单位进行讨论，讨论内容包括：

1. 海尔产品组合的宽度、长度、深度分别是多少？
2. 为什么海尔产品组合的宽度、长度、深度和关联性对企业的营销活动会产生重大影响？

（二）产品组合策略

企业根据其目标和市场竞争环境，对产品组合的宽度、长度、深度和密度进行抉择，使之形成最佳的产品组合，我们称之为产品组合策略。常见的产品组合策略有以下几种。

1. 扩展策略

扩展策略包括扩展产品组合的宽度和长度。前者是在原产品组合中增加一条或几条产品线，扩大企业的经营范围；后者是在原有产品线内增加新的产品项目，发展系列产品。

一般当企业预测现有产品线的销售额和盈利率在未来几年要下降时，往往就会考虑这一策略。这一策略可以充分利用企业的人力等各项资源，深挖潜力，分散风险，增强竞争能力。当然，扩展策略也往往会分散经营者的精力，增加管理困难，有时会使边际成本加大，甚至由于新产品的质量、功能等问题，影响到企业原有产品的信誉。

2. 缩减策略

缩减策略是企业从产品组合中剔除那些获利小的产品线或产品项目，集中经营那些获利最多的产品线和产品项目。

缩减策略可使企业集中精力对少数产品改进品质，降低成本，删除得不偿失的产品，提高经济效益。当然，企业失去了部分市场，也会增加企业的风险。

3. 产品延伸策略

每一个企业的产品都有其特定的市场定位，如我国大陆的轿车市场，“别克”“奥迪”“帕萨特”等定位于中偏高档汽车市场，“桑塔纳”定位于中档市场，“夏利”“奥拓”等则定位于低档市场。产品延伸策略是指全部或部分地改变公司原有产品的市场定位。具体做法有向下延伸、向上延伸和双向延伸。

（1）向下延伸策略。向下延伸是企业原来生产高档产品，以后增加低档产品。采取向下延伸策略主要是因为高档产品在市场上受到竞争者的威胁，本企业产品在该市场的销售增长速度趋于缓慢，企业因而向下延伸寻找新的经济增长点。同时，某些企业也出于填补产品线空缺、防止新的竞争者加入的考虑，也实施这一策略。向下延伸策略的优势是显而易见的，既可以节约新品牌的推广费用，又可使新产品搭乘原品牌的声誉便车，很快得到消费者承认。同时，企业又可以充分利用各项资源。但是必须指出，向下延伸策略并不是一剂灵丹妙药，处理不好也可能弄巧成拙，陷入困境。因为推出低档产品会使企业在原高档市场的投入相对减少，使该市场相对萎缩；由于向下延伸，侵犯了低档市场竞争者的利益，可能刺激新竞争对手的种种反击；经销商可能不愿意经营低档次商品，以规避经营风险等。高档产品往下延伸是一把“双刃剑”，既可能低成本拓展业务，也可能落入陷阱。最大的陷阱是损害原品牌的高品质形象。

资料贴吧

派克笔的“向下延伸”

早年，美国“派克”钢笔质优价高，是身份和体面的标志，许多社会上层人物都以带一支派克笔为荣。然而，1982 年新总经理詹姆斯·彼特森上任后，盲目延伸品牌，把派克笔品牌用于每支售价 3 美元的低档笔。结果，派克在消费者心目中的高贵形象被毁坏，竞争对手则趁机侵入高档笔市场，使派克公司几乎濒临破产。派克公司欧洲主管马克利认为，派克公司犯了致命错误，没有以己之长攻人之短。鉴于此，马克利筹集巨资买下派克公司，并立即着手重塑派克形象，从一般大众化市场抽身出来，竭力宣扬其作为高社会地位象征的特点。

资料来源：www.chinesetax.com.cn

（2）向上延伸策略。向上延伸是指企业原来生产低档产品，后来决定增加高档产品。企业采取这一策略的原因是：市场对高档产品需求增加，高档产品销路广、利润高；希望自己生产经营产品的档次更全、占领更多市场；提高产品的市场形象。向上延伸也有可能带来风险：一是可能引起原来生产高档产品的竞争者采取向下延伸策略，从而增加自己的竞争压力；二是市场可能对该企业生产高档产品的能力缺乏信任；三是原来的生产、销售等环节没有这方面足够的技能和经验。

（3）双向延伸策略。双向延伸是指原来生产经营中档产品，现在同时向高档和低档产品延伸，一方面增加高档产品，另一方面增加低档产品，扩大市场阵地。

任务二　运用产品生命周期各阶段的营销策略

一、产品生命周期的概念

产品生命周期，是指产品在完成研制以后，从投入市场开始到被市场淘汰，最终退出市场所经历的时间过程。

正确理解产品的生命周期应该注意以下几个问题。

（1）产品的生命周期不同于产品的使用寿命。产品的使用寿命是指产品从投入使用到损坏或消失所经历的时间，与产品的自然属性和使用强度有关。产品的生命周期和产品的使用寿命不能混为一谈。例如肥皂，其使用寿命很短，但市场生命周期很长；而计算机，其使用寿命很长，但市场生命周期很短。

（2）市场营销中研究的是产品形式的生命周期。产品种类、产品形式、产品品牌的生命周期各不相同，其中产品种类的生命周期是最长的，产品形式的生命周期次之，产品品牌的生命周期最短。如电视机这种产品，生命周期较长，而某些形式（如黑白电视机）、某些品牌的电视机随时都有可能被市场淘汰。

（3）在不同国家、不同地区，同一产品可能处于生命周期的不同阶段。典型的产品生命周期以产品的市场占有率、销售额和利润额的变化为标志分为四个阶段：导入期、成长期、成熟期、衰退期，如图 5-2 所示。

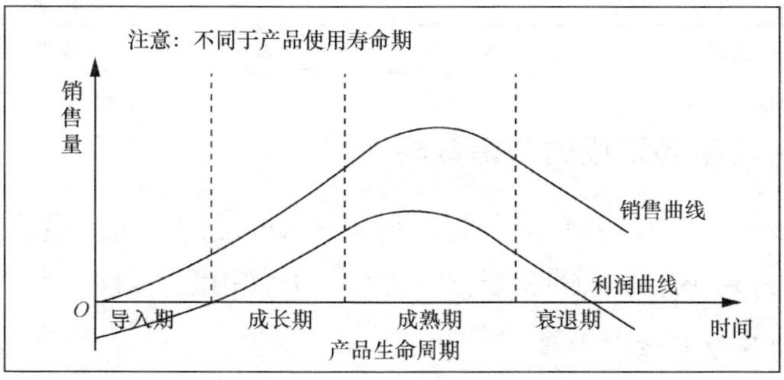

图 5-2　产品生命周期

二、产品生命周期的特征

在产品生命周期的不同阶段中，销售量、利润、购买者、市场竞争等都有不同的特征。

1. 导入期

导入期也称为投入期，这一阶段，产品刚投入市场，消费者还不太了解，产品生产的工艺不成熟，质量不稳定，销售渠道和服务不适应消费者的需求，销量不大；生产批量小，成本较高；广告费用大；利润较低甚至亏损，企业承担的风险最大；没有或只有极少的竞争对手，有利于企业的产品定位和发展市场空间。

2. 成长期

成长期消费者对产品已相当熟悉，有的已经产生偏爱；产品生产工艺成熟且大批量生产；成本大幅度下降，销售量急剧上升，利润增长较快；大批竞争者纷纷介入，竞争开始激烈；建立了比较理想的营销渠道。

3. 成熟期

潜在的购买者已加入了购买的行列，市场需求渐趋饱和，产品销售量达到最高点并处于相对稳定状态；产品的生产技术成熟，生产批量大，成本低，薄利多销，利润达到最高点；很多同类产品进入市场，竞争更加激烈，具有规模和品牌实力的企业市场占有率逐渐提高，一些企业被挤出市场；更新的产品陆续出现，销售增长缓慢，成熟后期，销售增长趋于零，甚至出现负数。

4. 衰退期

消费者的需求已经发生转移，产品销量明显下降，甚至停滞不前；市场上产品供过于求，价格进一步下跌，企业生产量下降，获取的利润也很微薄甚至出现负利润；竞争日益淡化，一些竞争者的同类产品纷纷退出市场。

产品生命周期各阶段的特征可用表 5-3 概括。

表 5-3　产品生命周期各阶段特征表

	导入期	成长期	成熟期		衰退期
			前期	后期	
销售量	低	快速增大	继续增长	有降低趋势	下降
利润	微小或负	大	高峰	逐渐下降	低或负
购买者	爱好新奇者	较多	大众	大众	后随者
竞争	甚微	兴起	增加	甚多	减少

三、产品生命周期各阶段的营销策略

由于产品生命周期各阶段的特点不同，企业在各阶段的经营决策的内容也不一样，企业应针对产品生命周期不同阶段的特征，制定相应的营销策略。

（一）导入期营销策略

这一阶段新产品刚投入市场，由于销售量少而且销售费用高，企业往往无利可图或者获利甚微，企业营销重点主要集中在“促销-价格”策略方面，即把价格与促销两个营销因素结合起来考虑，各设高低两档，则可有 4 种营销策略（见图 5-3）。

		促销 高	促销 低
价格	高	快速撇脂策略	缓慢撇脂策略
价格	低	快速渗透策略	缓慢渗透策略

图 5-3　4 种导入期营销策略

（1）快速撇脂策略。即以“高价格-高促销费用”策略推出新产品。企业采用高价格是为了在每单位销售中尽可能获取更多的毛利，同时，花费巨额促销费用，也向市场说明，虽然该产品定价高，但物有所值。高水平的促销活动，可迅速扩大销售量，加速对市场的渗透，以图在竞争者还没有反应过来时，先声夺人，把本钱捞回来。通过电视购物来促销产品采取的就是这一策略。采用这一策略的市场条件是：产品知名度低；顾客了解该产品后愿意高价支付；产品十分新颖，具有老产品所不具备的特色；企业面临着潜在竞争。

（2）缓慢撇脂策略。即以“高价格-低促销费用”策略推出新产品。高价可以迅速收回成本，撇取最大利润，低促销费用又可减少营销成本。高档进口化妆品大多采取这样的策略。采用这一策略的市场条件是：市场规模有限；消费者大多已知晓这种产品；购买者愿意高价支付；市场竞争威胁不大。

（3）快速渗透策略。即以“低价格-高促销费用”策略推出新产品。花费大量的广告费，以低价格争取更多消费者的认可，获取最大的市场份额。采取这一策略的市场条件是：市场规模大；消费者对该产品知晓甚少；大多数购买者对价格敏感；竞争对手多，且市场竞争激烈；企业的单位制造成本会随着其生产规模的扩大与积累的制造经验而降低。

（4）缓慢渗透策略。即以“低价格-低促销费用”策略推出新产品。低价格将促进市场迅速接受该产品，同时，企业能降低营销成本，并有效地阻止竞争对手介入。采取这一策略的市场条件是：市场容量大；市场上该产品的知名度较高；市场对该产品价格相对敏感；有相当的竞争对手。

（二）成长期的营销策略

成长期的主要标志是销售量迅速增长。这是因为，已有越来越多的消费者喜欢这种产品，大批量生产能力已形成，分销渠道也已疏通，新的竞争者开始进入，但还未形成有力的对手。在这一阶段，企业营销应尽力发展销售能力，紧紧把握取得较大成就的机会，主要策略如下。

（1）改进产品质量和增加产品的特色、款式等。在产品成长期，企业要对产品的质量、性能、式样、包装等方面努力加以改进，以对抗竞争产品。

（2）开辟新的细分市场。通过市场细分寻找新的目标市场，以扩大销售额。

（3）进入新的分销渠道。着力建立新的分销网络，扩大销售网点，并建立好经销制度。

（4）改变广告宣传重点。随着产品市场逐步被打开，该类产品已被市场接受，同类产品的各种品牌也都开始走俏。此时，企业广告的侧重点要从介绍产品转到建立产品形象上来，树立产品名牌，维系老顾客，吸引新顾客，使产品形象深入人心。

（5）适当降价。在扩大生产规模、降低生产成本的基础上，选择适当时机降价，适应多数消费者的承受力，并限制竞争者加入。

（三）成熟期的营销策略

一个产品的销售成长率在到达某一点后将放慢步伐，并进入相对的成熟阶段，这个阶段的持续期一般长于前两个阶段。成熟期可以分为三个具体阶段：第一阶段是成长中的成熟，销售渠道达到饱和，销售增长率开始下降；第二阶段是稳定中的成熟，市场已饱和，未来的购买只能是老顾客的重复需求和新增人口的需求；第三阶段为成熟中的衰退，消费者开始转向其他产品，销售水平开始下降。处于成熟期的产品，由于销售速度的减缓，导致了生产能力的过剩，供给大于需求，竞争力较弱的企业开始退出市场，该行业将由一些地位牢固的竞争者组成。我们生活中的大多数产品都属于生命周期的成熟阶段，成熟期的主要标志是产品的家庭占有率达到50%～80%。成熟期的主要特征是："二大一长"，即在这一阶段，产品生产量大、销售量大，阶段持续时间长。同时，此时市场竞争异常激烈。为此，企业总的营销策略是要防止消极防御，采取积极进攻的策略。"进攻是最好的防守"。

1．市场改进策略

（1）扩大顾客队伍。包括维持老顾客和吸引新顾客，能否保持老顾客是一个企业成熟与否的标志，同时企业还要努力将非使用者转变为使用者。如在放假或开学时，航空公司将飞机票价降为两折以吸引学生顾客。

（2）进入新的细分市场。如强生婴儿润肤露是专为婴儿设计的，而如今"宝宝用好，您用也好"的宣传，使该产品的目标市场扩展到了成年人，从而扩大了目标市场范围，进入了新的细分市场。

（3）争取竞争对手的顾客。如可口可乐与百事可乐之间一直以来都没有放弃对顾客的争夺。

（4）增加顾客的使用次数。例如，牙膏的生产厂商倡导消费者注意口腔卫生，一天至少刷两次牙，除此之外，最好能饭后刷牙。

（5）增加每个场合的使用量。如洗发水广告暗示我们，每次洗发时冲洗两次比一次效果更好。

（6）开发新的和更多种类的用途。如某品牌的电视既可以唱卡拉 OK，也可以下载电影，一机多用。

2．产品改进策略

（1）质量改进。目的是提升产品的耐用性、可靠性、速度、口味。如电视机在我国已经进入成熟期，许多企业选择了降价，但有的企业选择了提高产品质量而不降价，树立了企业的形象。

（2）特点改进。目的是增加产品的新特点，扩大产品的多功能性、安全性和便利性。通过改进现行产品的特性，以吸引新用户或增加新用户使用量。如吉列剃须刀从"安全剃须刀""不锈钢剃须刀"到"双层剃须刀""三层剃须刀"，不断改进产品，使其生命周期得以不断延长。

（3）式样改进。目的是增加对产品的美学诉求。如改变产品的外观和款式，迎合消费者的求新心理。

（4）服务改进。如技术咨询、免费维修等。

3. 营销组合改进策略

通过改变营销组织中各要素的先后次序和轻重缓急，来延长产品成熟期。如改进产品的包装，调整产品的价格，优化销售渠道，促销应从宣传产品用途、宣传企业品牌转变为塑造企业形象、宣传企业的理念与社会目标，努力提升企业的形象和声誉等。

（四）衰退期营销策略

产品进入衰退期，销售量每况愈下，消费者已在期待新产品的出现或已转向新产品；有些竞争者已退出市场，留下来的企业可能会减少产品的附带服务；企业经常调低价格，处理存货，不仅利润下降，而且有损于企业声誉。因此，在衰退期应采取以下营销策略。

（1）收缩策略。即把企业的资源集中使用在最有利的细分市场、最有效的销售渠道和最易销售的品种上，力争在最有利的局部市场赢得尽可能多的利润，大幅度降低促销水平，尽量降低促销费用，尽可能减少成本，以增加利润的市场营销策略。这样可能导致产品在市场上的衰退加速，但也能从忠实于这种产品的顾客中得到利润。

（2）持续策略。即产品衰退阶段竞争者相继退出市场，而市场上对此产品还有一定需求，成本降低的企业可继续保持细分市场，沿用过去营销组合策略，将销售量维持在一定水平上，待到时机合适，再退出市场的营销策略。

（3）集中策略。这是由于市场容量衰退，一些目标市场的营销效率下降，企业放弃低效益的目标市场，在一定时期内集中力量经营少数效益较好的目标市场，从中获取更多的利润的营销策略。这样做有利于延长产品退出市场的时间，让衰退期产品发挥更多余热，为企业创造更多的利润。

（4）放弃策略。放弃策略是对于衰退比较迅速的产品，当机立断，放弃经营的市场营销策略。可以采取完全放弃的形式，如把产品完全转移出去或立即停止生产；也可采取逐步放弃的方式，使其所占用的资源逐步转向其他产品。

综上所述，在衰退期，企业营销管理者应分析产品所处市场情况、竞争者情况及顾客对该产品的忠诚度等，做相应的策略调整。此时企业应当面对现实，衰退期产品应用最少的投入，获取最大的利润，做到见好就收，寻找新的产品和项目，将主要精力放在新产品的开发中，找到企业新的利润来源。

产品生命周期不同阶段的营销策略如表 5-4 所示。

表 5-4　产品生命周期不同阶段的营销策略

	导入期	成长期	成熟期	衰退期
产品策略	确保产品的核心产品层次	提高质量、改进款式、特色	改进工艺、降低成本、产品改进	有计划地淘汰滞销品种
促销策略	介绍商品	品牌宣传	突出企业形象	维护声誉
分销策略	开始建立与中间商的联系	选择有力的分销渠道	充分利用并扩大分销网络	处理淘汰产品的存货
价格策略	撇取价或渗透价	适当调价	价格竞争	削价或大幅度削价

案例链接与思考

在C市的英华路，大名鼎鼎的王德荣蚊帐商店门可罗雀。"王德荣"在C市是一个路人皆知的人物。改革开放之初，他以优质蚊帐赢得顾客，从而率先致富。作为全市第一个公开承认自己资产已达百万的个体户，他一度成了C市人茶余饭后的议论中心。

然而如今走进王德荣蚊帐店，逗留一会儿就会发现这里难得进来一位顾客。当年的销售额仅40多万元，与往年月销售70多万元形成了巨大的落差。而这还是全市蚊帐商店行业中景况最好的一家，有的蚊帐厂家已濒临倒闭。为了挽救衰败的局势，王德荣使出了浑身解数，亮出了一招又一招：开展照图加工业务，顾客想把蚊帐做成什么样子，只需画张图，哪怕只做一张，他也承接；对老弱病残顾客，不仅在店是笑脸相迎，提供优质服务，还负责上门给挂好新买的蚊帐。在蚊帐生产上，他提出9个字的指导思想：高档化、装饰化、礼品化。他坚持全部采取上乘进口原材料进行加工，生产出来的蚊帐有五六个款式，十余个品种，二十多种颜色，围帐、圆帐、方帐，色彩鲜艳，款式新颖，上至365元一床的呢绒静电提花围帐，下至24元一床的儿童蚊帐，琳琅满目。其中有一种圆帐，白天一收起来俨然像一只美丽的花篮;然而，这仍无补大局。王德荣在被问及蚊帐市场前景的展望时说："我想世界上只要还有蚊子，人们对蚊帐的需求恐怕就不会消失"。但是随着小小电子驱蚊器的问世，蚊帐这种具有悠久历史的居室用品也将"寿终正寝"了。

请思考：

1. 蚊帐这个"几乎家家户户的必需品"真的没有市场了吗？蚊帐是否会消亡，为什么？
2. 你觉得蚊帐这种产品要想延缓它退出市场的时间，有哪些可行的方法？

任务三　制定新产品开发策略

一、新产品的类别

新产品可分为以下五类。

（1）全新产品。指应用新的技术、新的材料研制出的具有全新功能的产品。如电话、汽车在刚投入市场时都属于全新产品。这类产品开发难度最大、费用高、成功率低。据调查，新产品中全新产品只占10%。

（2）换代产品。指在原有产品的基础上，采用或部分采用新技术、新材料、新工艺研制出来的新产品。如普通自行车—电动自行车、模拟电视—数字电视。

（3）改进产品。指对老产品的性能、结构、功能加以改进，使其与老产品有较显著的差别的新产品。如普通牙膏—药物牙膏。

（4）仿制产品。指对国际或国内市场上已经出现的产品进行引进或模仿、研制生产出的产品。如市场上出现的新品牌的电视机、手机等大都是模仿已有的产品生产的。

（5）重新定位产品。指对现有产品开发新用途，或者为现有产品重新寻找消费群，使其畅销起来。如20世纪40年代麦氏速溶咖啡的定位由上市时的"快捷方便"改变为后来的"美味、芳香、质地醇厚"，同时改变了包装，使其很快从滞销产品变为深受消费者喜爱的畅销产品。

二、新产品开发程序

对于不同的新产品的开发，其开发程序不可能一样，但一般来说，一个新产品从独立构思到开发研制成功，其过程主要经历 8 个阶段，即寻求创意、甄别创意、产品概念的发展和试验、制定市场营销战略、营业分析、产品开发、市场试验、商业化。

1. 寻求创意

所谓创意，就是开发新产品的设想。产生一个好的新产品构思或创意是新产品成功的关键。

新产品创意的主要来源有：顾客、科学家、竞争对手、企业的推销人员和经销商、企业高层管理人员、市场研究公司、广告代理商等。按照市场营销的概念，顾客的需求和欲望是寻找新产品创意的起点。据美国专家调查，新产品有 60%～80%来自顾客的建议，不仅要把顾客合理的要求作为构思的源泉，也要注意一些听起来不甚合理的要求。

资料贴吧

能洗地瓜的洗衣机

1996 年，一位四川农民投诉海尔洗衣机排水管老是被堵。服务人员上门维修时发现，这位农民居然用洗衣机洗地瓜，泥土大，当然容易堵塞。但服务人员并没有推卸责任，依然帮顾客加粗了排水管。农民感激之余，说：如果能有洗地瓜的洗衣机就好了。

技术人员一开始是把此事当笑话讲出来的，但是，海尔集团董事局主席兼首席执行官张瑞敏听了之后却不这样认为，张瑞敏对科研人员说：满足用户需求，是产品开发的出发点与目的。技术人员对开发能洗地瓜的洗衣机想不通，因为按“常理”论，客户这一要求太离谱乃至荒诞了！但张瑞敏说：开发创造出一个全新的市场。终于，“洗地瓜洗衣机”在海尔诞生了，它不仅具有一般双桶洗衣机的全部功能，还可以洗地瓜、水果。

2. 甄别创意

甄别创意是采用适当的评价系统及科学的评价方法对各种创意进行比较分析，依据市场需求量、产品质量、性能、成本、价格、分销渠道、产品发展趋向、顾客反应、资金、技术水平、设备能力、营销能力、管理水平等因素，开展可行性研究，选出最佳创意的过程。在甄别创意阶段，企业要避免两种过失：①“误弃”，即公司未认识到该创意的发展潜力而将其误弃；②“误用”，即公司将一个没有发展前途的创意付诸开发并投放市场。

3. 产品概念的发展与试验

应当明确产品创意、产品概念和产品形象之间的区别。所谓产品创意，是指企业从自己角度考虑的它能够向市场提供的可能产品的构想。所谓产品概念，是指企业从消费者的角度对这种创意所做的详尽的描述。而产品形象，则是消费者对某种现实产品或潜在产品所形成的特定形象。

确定最佳产品概念，进行产品和品牌的市场定位后，就应当对产品概念进行试验。所谓产品概念试验，就是用文字、图画描述或者用实物将产品概念展示于一群目标顾客面前，观察他们的反应。例如，一台冰箱，从企业角度看，它是制冷剂、压缩机、箱体、制造过程、管理手段和成本核算；而对消费者而言，则要考虑冰箱的外形、价格、控温性能、保修期等。

4. 制定市场营销策略

（1）描述目标市场的规模大小、结构形式、购买行为，新产品在目标市场上的定位，头几年的销售额、市场占有率、利润目标等。

（2）略述新产品的计划价格、分销策略以及第一年的市场营销预算。

（3）阐述计划长期销售额和目标利润以及不同时间的市场营销组合。

5. 营业分析

在这一阶段，企业市场营销管理者要分析新产品将来的销售额、成本和利润，看看它们是否符合企业的目标。如果符合，就可以进行新产品开发。

6. 产品开发

完成以上程序，新产品仍然还是纸上谈兵，只有进入试制阶段，构思才开始成为实实在在的产品。

7. 市场试验

由于新产品在销售过程中会有许多意想不到的事情发生，因此首先要进行试销。试销的目的就在于了解经销商和消费者对于经营、使用和再购买该产品的情况，以及市场反应和市场的大小。通过试销，企业可以获得不少有价值的信息。市场试验的规模决定于两个方面：一是投资费用和风险大小，对于投资费用大和风险大的新产品，规模应大一些；二是市场试验费用和时间，市场试验费用大和时间长的新产品，规模应小一些。

8. 商业化

新产品进行市场试验成功且通过技术鉴定后，就可正式批量生产，全面推向市场。而企业在此阶段应做好以下决策。

（1）何时推出新产品。这是指企业高层管理者要决定在什么时候将新产品投放市场最适宜。如果新产品是替代老产品的，就应该尽快将老产品卖掉，然后再将新产品推出，以免影响老产品销售，造成损失。如果新产品的需求有一定的季节性，就应该在销售旺季刚开始时将新产品推出。

（2）何地推出新产品。这是指企业高层管理者要决定在什么地方（某一地区、某些地区、全国市场或国际市场）推出新产品最适宜。应该在市场购买力高、有潜力、企业在该地区的声誉好、投放成本较低、容易进入市场的地区投放，然后再逐渐扩展到其他地区。如康师傅方便面，就是把城市作为首选市场，在城市打响之后，再迅速深入各地农村。

（3）向谁推出新产品。这是指企业高层管理者要把它的分销和促销目标面向最优秀的顾客群。应当以早期使用者、能够较多使用的消费者、在社会上影响力较大的消费者为投放的最佳对象，利用他们来带动其他消费者。

（4）如何推出新产品。企业管理部门要制定开始投放市场的市场营销战略。

三、新产品采用者的类型

在新产品的市场扩散过程中，由于受个人性格、文化背景、受教育程度和社会地位等因素的影响，不同的消费者对新产品接受的快慢程度不同。

1. 创新采用者

他们富有个性，受过高等教育，勇于革新冒险，性格活跃，消费行为很少听取他人意见，经济宽裕，社会地位较高。该类采用者占全部潜在采用者的 2.5%。广告等促销手段对他们有很大的影响力。

2. 早期采用者

这类消费者一般教育水平较高、年轻、擅于探索、对新事物比较敏感，并且有较强的适应性，经济情况良好，他们对早期采用新产品具有自豪感。该类采用者占全部潜在采用者的 13.5%。他们对广告及其他渠道传播的新产品信息很少有成见，促销媒体对他们有较大的影响力。

3. 早期大众

这类人群一般较少有保守思想，接受过一定的教育，有较好的工作环境和固定的收入，对社会中有影响的人物——特别是自己所崇拜的“舆论领袖”的消费行为具有较强的模仿心理，他们不甘落后于潮流，但由于他们特定的经济地位所限，在购买高档产品时，一般持非常谨慎的态度。他们常常是在征询了早期采用者的意见后才采纳新产品。这类采用者的采用时间较平均采用时间要早，占有 34%的市场份额。

4. 晚期大众

这类人群属于较晚跟上消费潮流的人，其工作岗位、受教育水平及收入状况往往比早期大众略差，他们对新事物、新环境多持怀疑态度，对周围的一切变化抱观望的态度，他们的购买行为往往发生在产品成熟阶段。这类采用者的采用时间较平均采用时间稍晚，占有 34%的市场份额。

5. 落后采用者

这些人受传统思想束缚很深，思想非常保守，怀疑任何变化，对新事物、新变化多持反对态度，固守传统消费行为方式。这类采用者是采用创新产品的落伍者，占有 16%的市场份额。

任务四　制定品牌策略

一、品牌的概念

品牌是一个多面性的概念，蕴含着丰富的内容。有学者提出了“品牌的冰山”理论，指出：标识、名称等仅仅是品牌的可见特征，完整的品牌概念还包括价值观、智慧、文化等不可见部分。可见部分与不可见部分的关系可以用一个飘浮在水中的冰山来形容。其中标识、名称等可见部分仅占品牌内涵的 15%左右，而价值观、智慧、文化等不可见部分则大约占品牌内涵的 85%。

1. 品牌的定义

许多人在谈策划、谈营销、谈品牌，但大多数人却不知道品牌究竟为何物？按中文字面意义讲有点像是“品名”“产品”“品种”和“招牌”“标牌”的混合物件，它实质上是一个外来词，品牌的英文单词“Brand”，源出古挪威文“Brandr”，意思是“烧灼”。

1960年，美国市场营销协会对品牌给出的定义是：品牌是用以区别某个销售者或某群销售者的产品或劳务，并使之与竞争对手的产品及劳务区别开来的一个名称、名词、标记、符号或设计，或者是它们的组合。

著名营销学教授P. 科特勒（1994）的定义：品牌是一种名称、术语、标记、符号或图案，或是它们的相互组合，用以识别企业提供给某个或某群消费者的产品或服务，并使之与竞争对手的产品或服务相区别。

品牌是一个复合概念，包括品牌名称、品牌标志和商标。

品牌名称（Brand Name），是指品牌中可以用语言称呼的部分，如“三星”“海尔”“娃哈哈”都是著名的品牌名称。名称是企业形象和品牌形象的核心要素，是构成形象概念的基础。在营销实践中，常有“名不正则言不顺”的案例。

品牌标志（Brand Mark），是指品牌中可以被识别但又不能用语言称呼的部分，如符号、字体、图案、色彩等，如耐克的“对勾”等。

商标是一个法律术语，是指已获得专有权并受法律保护的一个品牌或品牌中的一部分。我国习惯上对一切品牌不论注册与否，统称商标，而另有“注册商标”与“非注册商标”之分。注册商标受法律保护，而非注册商标不受法律保护。

技能训练 5-2

训练背景

小明在学习完品牌的内涵后，觉得品牌、商标、名牌等概念有相似之处，又有一些区别。试通过在网上查找资料完成训练要求。

训练要求

以小组为单位进行讨论：品牌、商标、名牌有什么联系和区别？

2. 品牌的命名原则

一个品牌走向市场，参与竞争，首先要弄清自己的目标消费者是谁，并以此目标消费者为对象，通过品牌名称将这一目标对象形象化，并将其形象内涵转化为一种形象价值，从而使这一品牌名称既清晰地告诉市场该产品的目标消费者是谁，同时又因此品牌名称所转化出来的形象价值而具备一种特殊的营销力。

（1）可记忆性。这是建立品牌资产、形成高水平品牌意识的一个必要条件。所以，应当选择那些内在可记忆性较强的品牌名称要素，使得顾客在购买和消费的环境中很容易记忆和辨认。通常来说，就是品牌的命名应当易于记忆、拼读和发音。

（2）有意义性。品牌名称除了应当有利于建立品牌意识之外，其内在的含义同样可以加强品牌联想的形成。品牌名称可以涵盖各种意义，包括描述性的、说服性的等。一组可记忆和有意义的品牌名称因素有许多优点，既可以减少为建立品牌意识、品牌联想而进行宣传的营销费用，也容易与竞争对手区别，在顾客心目中留下深刻的印象。

（3）可转换性。品牌名称的可转换性包括了产品种类和地域两个层面：首先是品牌名称要素能够在多大程度上增加新产品的品牌资产，无论这种品牌名称是在产品级别内还是在产品级别间引进的。换言之，品牌名称对产品线和产品种类的延伸能起多大作用，应该如何在相同或者不同的产品种类中尽可能利用品牌来引进新的产品；其次，品牌名称要素能够在多大程度上增加地域间和细分市场间的品牌资产。具体来说就是指某个品牌名称是否能够扩展到其他产品品种上或扩展到不同的国家及市场上。

（4）可适应性。这一标准具体常常指品牌的命名要考虑名称在品牌发展过程中的适应性。要能够适应市场需求和产品及时代的变化，要具有现代感和当代性，不受时间限制。如“乐百氏” 品牌（对应的英文名称为 Robust，意为强壮、健康），无论中文还是英文都具有长期的使用价值。

（5）可保护性。为确保品牌不被竞争者模仿和盗取，通过品牌名称设计保护品牌十分必要。从法律角度看，选择可在国际范围内被保护的品牌名称、向适当的法律机构正式注册以及积极防止商标遭受其他未被授权的竞争者侵占是非常重要的，也是品牌命名中需要引起注意的问题。

因此，这一个标准主要指品牌名称应当具有被保护性，不但在法律意义上能够得到保护（即能够注册），而且在市场意义上也能够得到保护。换言之，在使用中具有法律的有效性和相对于市场竞争的独一无二性。后者更具典型意义，因为一个品牌名称也许能够很容易地获得法律保护，但并不能保证它不在市场上被他人模仿。

二、品牌策略

品牌策略是企业依据产品状况和市场情况，最合理、有效地运用品牌，以达到预期的营销目的。企业品牌决策的主要内容如图 5-4 所示。

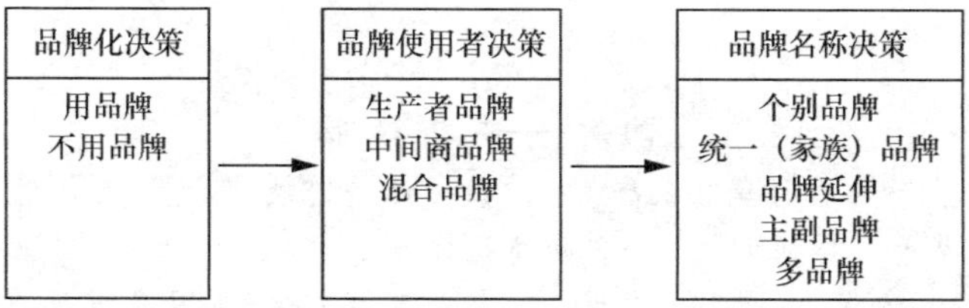

图 5-4　品牌决策的主要内容

1. 品牌化决策

品牌化决策是指企业对其生产和经营的产品是否采用品牌的决策。具体来看，有使用和不使用品牌两种情况，或称品牌化和非品牌化两种决策形式。

企业首先要决定是否给产品建立一个品牌。并不是所有的产品都必须使用品牌，但市场上大多数产品都是使用品牌的。使用品牌，特别是运作比较成功的品牌，给企业带来的益处是不可低估的。可口可乐的老板曾宣称：“即使我的工厂在一夜间烧光，只要我的品牌还在，我就能马上恢复生产。”因为其品牌这一无形资产的价值，已超过了其有形资产的价值。

产品有可能是没有品牌的，因为建立品牌必然要付出相应的费用（包括设计费、制作费、注册登记费、广告费等），增加企业经营总成本，并且当品牌不受顾客欢迎时，企业还要承担相应的风险，所以出于对产品的特征和生产者降低成本的考虑，有些产品有可能不使用品牌，而只注明产地或生产厂家的名称。一般来说，以下几种情况可以不使用品牌。

（1）产品技术要求简单，不会因为企业不同而形成产品的不同特点，如电力、煤炭、自来水、木材等。

（2）顾客习惯上不是认品牌购买的产品，如打火机、白糖、面粉等。

（3）小范围的生产、销售且没有明确技术标准的产品，如土特产、手工艺品等。

（4）企业临时性或一次性生产的产品，如接受外来的加工业务等。

2. 品牌使用决策

品牌使用决策是指在决定使用品牌后，对要使用谁的品牌做出的决策。一般有三种选择。

（1）企业品牌。企业品牌也称生产者品牌，即企业使用属于自己的品牌。如“海尔”电器为青岛海尔集团制造。

（2）中间商品牌。中间商品牌也称经销商品牌，即中间商运用与消费者接触所得到的信息，找国内外厂商合作，以制造商销售联盟的方式或者贴牌生产方式（OEM），由中间商使用他自己的品牌将产品转卖出去。例如：已经登陆中国许多大中城市的华联超市，当顾客走进时都会发现，从针线包、螺丝电线、文具用品、水暖配件到护手霜等一系列以“华联超市”为品牌的系列产品组合成袋装小商品，这些商品当然不是华联超市自己生产的，其针线包来自江苏一家不知名的企业，而护手霜则产自上海高资化妆品公司。

（3）混合品牌。混合品牌即企业对一部分产品用自己的品牌，而对另一部分产品用中间商的品牌。

资料贴吧

耐克——中间商品牌

耐克作为一个全球品牌，享有很高的知名度，年销售额 95 亿美元。然而，很多人不知道它没有自己的生产基地，耐克只是一个中间商品牌。

为了显示自己在市场方面的核心优势，耐克没有建立自己的生产基地，即自己并不生产耐克鞋，而是在全世界寻找条件最好的生产商为耐克生产，并且，它与生产商的签约期限不长，这有利于耐克掌握主动权。选择生产商的标准是：成本低、交货及时，品质有保证。这样，耐克规避了制造业公司的风险，专心于产品的研究与开发，快速推出新款式，大大缩短了产品生命周期。

中间商品牌能得到足够发展，其原因在于：①由于较低的制造成本、简易的包装、交易环节和营业费用减少，使商品价格低廉；②大型零售商本身拥有覆盖面广、物流通畅的销售网络，商品分销具有无可比拟的优势；③零售企业处于与顾客接触的最前沿，能够及时准确地把握市场需求，推进产品设计和开发。

3. 品牌名称决策

产品走向市场必须有一个名字，企业如何为产品命名，一般有以下几种策略可供选择。

（1）个别品牌策略。个别品牌策略是企业给它的不同产品分别冠以不同的品牌。如上海牙膏厂生产的“美加净”“中华”“白玉”等不同品牌的牙膏。其优点是可以针对消费者不同的需求，设计不同品牌形象，有利于严格区分不同档次的产品，显示企业的雄厚实力。尤其对于那些生产或销售许多不同类型产品的企业而言，企业的整个声誉不至于受其某种商品的声誉的影响，增强企业的竞争性，提高市场占有率，同时增强抗风险能力。其缺点是广告和促销费用较高，而且，多个品牌统一的企业形象难以建立。

（2）统一品牌策略。统一品牌策略也叫家族品牌，即生产者的各种产品使用相同的品牌推向市场。如美国通用电气公司所有产品只用一个品牌 GE。使用这一策略的优点在于：推出新产品可以省去命名的麻烦，可以节省发展多产品的各种费用，节省广告费；能以同一品牌的众多产品来显示企业实力；新产品上市可以借助已有品牌的信誉更容易打入市场；如果企业的整体形象比较好，则其各种产品均可从中受益。其缺点是：家庭品牌中一个成员出了问题，很容易“株连”其他成员，甚至影响品牌声誉；档次质量不同的产品难以区分，令消费者感觉不便。因此，使用统一品牌的企业，必须对所有产品的质量严加控制。

（3）分类品牌策略。分类品牌策略是企业对所有产品在分类的基础上使用不同的品牌。如法国欧莱雅集团公司拥有不同价位的产品线。兰蔻等面对富有阶层，美宝莲、欧莱雅则走大众路线。这种策略实际上是前两种策略的一种折中，它既可以区分在需求上具有显著差异的产品类别，又可以反映出强强联合的产品优势，对于多元化经营企业尤其适用。

（4）主副品牌策略。通常以企业名称作为主品牌，同时给各产品打一个副品牌，以副品牌来突出产品的个性形象。例如，“海尔——小神童”洗衣机，副品牌“小神童”表达了“体积小、电脑控制、全自动、智能型”等特点和优势，但消费者对它的认可，主要是基于对海尔品牌的信赖。这种策略可以使新产品与老产品统一化，进而享受企业的整体信誉，同时，各种不同的新产品分别使用不同的品牌名称，又可以使新产品个性化。

4. 品牌延伸策略

品牌延伸策略是指企业利用已经成功的品牌推出改良产品或新产品。如耐克，从运动鞋起步，后来逐步扩大到运动服和其他运动产品。这种策略的优点是可以降低广告宣传费用，有利于新产品投入市场，也有利于企业创名牌。但若推出的新产品不好，就会影响到原来产品的形象。在产品组合策略部分，我们已经介绍了产品延伸策略，该策略在实践中，往往会陷入一种“品牌延伸陷阱”。

5. 多品牌策略

多品牌策略是指同一企业在同一种产品上设立两个或多个相互竞争的品牌。如美国的宝洁公司，它在洗发水等产品上都同时使用海飞丝、飘柔、潘婷等多个品牌。

多品牌策略可以给企业带来几方面的好处：①多种不同的品牌只要被零售商店接受，就可以占用更大的货架面积，而竞争者所占用的货架面积当然会相应减小；②可以吸引喜好新牌子的消费者；③使组织内部直接产生竞争，有利于提高企业的工作效率和管理效率；④可以满足不同的细分市场的需要，为提高总销售量创造条件。其存在的风险是使用的品牌量过多，导致每种产品的市场份额很小，使企业资源分散，而不能集中到少数几个获利水平较高的品牌上。

6. 重新定位策略

重新定位策略是指全部或部分调整或改变品牌原有市场定位的做法。由于市场环境不断变化，品牌往往需要重新定位。品牌的重新定位一般需要改进产品性能、产品外观或广告宣传。

然而，有些著名品牌在消费者心目中的定位已经根深蒂固，很难改变。例如我们前面所谈到的派克笔由高档向下延伸的失误。

任务五 制定包装策略

俗话说“人要衣装，佛要金装”“三分人才，七分打扮”“货卖一张皮”。大多数产品，在从生产领域流转到消费领域的过程中，都需要有适当的包装。包装是产品实体的一个重要组成部分，在西方，包装一向受到生产者和经营者的高度重视，有些营销学家甚至把包装称为营销因素四个 P 之外的第五个 P（Package）。

一、包装的概念及作用

1. 包装的概念

包装是指产品的容器或外部包扎物，有着识别、便利、美化、增值和促销的功能。产品包装一般包括三个层次。

（1）内包装，即盛装产品的直接容器，如牙膏的软管。

（2）中层包装，用来保护内包装和促进销售，如牙膏的纸盒，上面印有产品的商标、使用说明、生产厂家、生产日期、图案和色彩等。

（3）外包装（运输包装），其作用是便于储存、搬运和辨认商品。运输包装必须标明各种标识，如识别标识（用于表示货物名称、收货人和发货人名称、目的地及件号、体积、重量、原产地等）、指示标识（用于注明注意事项，如防火、防潮、叠压程度、开启方向等）、警示标识（用于表示危险性质，如有毒品、易燃品、放射性商品等）。

2. 包装的作用

（1）保护商品。这是包装最基本的作用，即保护商品的“安全”和“清洁”，使之在存储、运输、销售等流通过程中免受损伤和污染，并适当延长产品的保质期。例如，为了防止药品氧化变质，采用复合铝箔袋抽氧充氮密封包装，效果极好。

（2）便于识别商品。专门设计的包装可作为产品的特定标志，以便于同竞争产品相区别。例如，我国传统出口产品——山东龙口粉丝，前些年因为受假冒产品的困扰，销量锐减，后来厂家采用特制包装并申请了专利，才重新获得外商的信任，出口量大增。

（3）便利经营和消费。良好的包装可为产品的买卖、陈列、储运提供种种便利；同时，也可为消费者的选购和使用提供方便，更好地满足消费者的需要。

（4）促进销售。好的包装，就是一个“无声的推销员”，不但使产品看上去美观，有吸引力，而且能够树立品牌形象，激发顾客购买的欲望。美国杜邦公司研究发现，63%的消费者根据商品包装做出购买决定。

（5）增加附加利益。优良的包装能够使产品增值。

二、包装策略

1. 类似包装策略

企业生产经营的各种产品，均采用相同或相近的图案、色彩、造型等共同的特征以使消费者容易辨认。这样，可以加强企业形象，有利于推出新产品和节省促销等费用。它适用于质量水平接近的产品。如日本三洋公司的电器产品包装都是蓝色的。

2. 等级包装策略

对于同一种产品，按照其价值、品质，分成若干等级，不同的等级采用不同的包装，使包装与产品的价值相称。俗话说“一分钱，一分货”，通过等级包装策略，反映出商品质量越高，价值越高，包装越精美，把商品内在质量的差别体现在商品的包装上。例如，优质包装与普通包装、豪华包装与简易包装等，有利于消费者辨别产品的档次差别和品质的优劣，可以适应和满足不同层次消费者的购买力和购买心理。缺点是增加包装设计成本。

3. 配套包装策略

这是把几种相关的产品放在同一包装内销售的做法。例如，过年时的大礼包，将各种糖果、糕点装在一起出售。这种策略不仅有利于充分利用包装容器的空间，而且有利于同时满足同一消费者的多种需要，扩大销售。但要防止引起顾客反感的硬性搭配。

4. 附赠品包装策略

在包装里面附有赠品或奖券，以吸引消费者，扩大销售量。例如，买儿童用品送玩具；买牛奶送杯子等。这种包装策略对少年儿童和低收入者非常有吸引力。附赠品包装还可以作为在国际市场介绍新产品和进行市场调查的手段。

5. 再使用包装策略

在原包装的产品使用完后，其包装物还可以做其他用途。例如，装果汁的瓶子可以做茶杯。这样可以利用消费者一物多用的心理，使他们得到额外的使用价值。同时，包装物在使用过程中，也可以起到广告宣传的作用，诱发消费者购买或引起重复购买。

6. 性别包装策略

根据性别的不同而设计不同的包装。女性用品包装体现温馨、秀丽、典雅等风格，男性用品包装追求刚正、潇洒等风格，目的在于满足不同性别消费者的需求。

7. 习惯使用量包装

根据消费者的使用习惯来设计不同份量的包装。如茶叶，为了适应家庭消费习惯，采用大号包装，为了适应外出旅游、出差的需要，采用小包装等。

案例链接与思考

康师傅方便面的包装内曾经附有小虎队旋风卡，每包方便面中都放有一张不同的旋风卡，如宝贝虎、机灵虎、冲天虎、旋风虎、勇士虎、霹雷虎等卡，让很多孩子们都爱不释手。渴望拥有整套旋风卡，只得经常购买附有这种卡片的方便面。一时间，鸡汁味、咖喱味、麻辣味、牛排味、海鲜味等味道各异的康师傅方便面，随着各种五彩缤纷的旋风卡走进了千家万户。

请思考：

1. 包装的基本策略有哪些？
2. 康师傅方便面采取的是哪种包装策略？采取这种策略有什么好处？

三、包装设计

产品包装的设计应以包装的基本功能和作用为转移，要突出特定产品包装的主要功能。不同产品包装的功能重点不同，对包装设计有不同的要求。有些包装以促销功能为主，有些以保护功能为主，各有不同要求。就促销功能来说，生活消费品包装的设计，应尽量适应目标市场的需要，符合以下要求。

1. 独具特色

包装应力求新颖别致，美观大方，有创意和特色，不模仿、雷同。尽量采用新材料、新图案、新风格，使人耳目一新。

2. 便利消费

包装应方便消费者选购、携带、使用、保存，适应不同消费者的需要，应有不同的规格。注重便携式包装、喷雾式包装、易开式包装、定量式包装的科学设计，尽可能方便消费者。

3. 安全卫生，绿色环保

包装要注意消费者安全和卫生，坚决避免用有害材料做包装，尽量减少包装材料的浪费，节约社会资源，严格控制废弃包装物对环境的污染。

4. 与质量或价值水平相适应

包装应按照高、中、低不同档次来进行。包装具有促销作用，并能增加产品的价值，但不可能也不应该成为产品价值的主要部分，否则，不是“本末倒置”，就是“金玉其外，败絮其中”。一般产品包装应与产品的价值和质量水平相匹配，包装费用不宜超过产品价值的 13%～15%。如果包装在产品价值中所占的比重过高，会使顾客产生名不副实之感，而难以接受；相反，高档优质的产品，如果包装的质量低劣，将会自贬身价。

5. 尊重风俗习惯和宗教禁忌

包装的造型、图案、色彩和文字要符合当地的风俗习惯和宗教信仰。图案、颜色的含义对不同国家和地区的顾客可能是截然不同，甚至完全相反。如中国人喜庆节日喜欢用红色，而日本人却喜欢互赠白色毛巾；乌龟在日本代表长寿，而在其他许多地区则代表丑恶。

项目思考与练习

【案例分析】

可口可乐新配方饮料的失败

1. 决策的背景

20 世纪 70 年代中期以前，可口可乐公司是美国饮料市场上的“Number1”，可口可乐占据了全美80%的市场份额，年销量增长速度高达10%。

然而好景不长，到了20世纪70年代中后期，百事可乐的迅速崛起令可口可乐公司不得不着手应对这个饮料业“后起之秀”的挑战。

1975年全美饮料业市场份额中，可口可乐领先百事可乐7个百分点；1984年，市场份额中可口可乐领先百事可乐3个百分点，市场地位的逐渐势均力敌让可口可乐胆战心惊起来。百事可乐公司的战略意图十分明显，通过大量动感而时尚的广告冲击可口可乐市场。

首先，百事可乐公司推出以饮料市场最大的消费群体——年轻人为目标消费者群的“百事新一代”广告系列。由于该广告系列适合青少年口味，以心理的冒险、青春、理想、激情、紧张等为题材，于是赢得了青少年的钟爱；同时，百事可乐也使自身拥有了“年轻人的饮料”的品牌形象。

随后，百事可乐又推出一款非常大胆而富创意的“口味测试”广告。在被测试者毫不知情的情形下，请他们对两种不带任何标志的可乐口味进行品尝。由于百事可乐口感稍甜、柔和，因此，百事可乐公司此番现场直播的广告中的结果令百事可乐公司非常满意；80%以上的人回答是百事可乐的口感优于可口可乐。这个名为“百事挑战”的直播广告令可口可乐一下子无力应对。市场上百事可乐的销量再一次激增。

2. 市场营销调研

为了着手应战并且得出为什么可口可乐发展不如百事可乐的原因，可口可乐公司推出了一项代号为“堪萨斯工程”的市场调研活动。

1982年，可口可乐广泛地深入到10个主要城市中，进行了大约2 000次的访问，通过调查，看口味因素是否是可口可乐市场份额下降的重要原因，同时征询顾客对新口味可乐的意见。于是，在问卷设计中，询问了例如“你想试一试新饮料吗?”“可口可乐的口味变得更柔和一些，您是否满意?”等问题。

调研最后结果表明，顾客愿意尝新口味的可乐。这一结果更加坚定了可口可乐公司的决策者们的想法——长达99年的可口可乐配方已不再适合今天消费者的需要了。于是，满怀信心的可口可乐开始着手开发新口味可乐。

可口可乐公司向世人展示了比老可乐口感更柔和、口味更甜、泡沫更少的新可口可乐样品。在新可乐推向市场之初，可口可乐公司又不惜血本进行了又一轮的口味测试。可口可乐公司倾资400万美元，在13个城市中，约19.1万人被邀请参加了对无标签的新、老可乐进行口味测试的活动。结果60%的消费者认为新可乐比原来的好，52%的人认为新可乐比百事好。新可乐的受欢迎程度一下打消了可口可乐领导者原有的顾虑，于是，新可乐推向市场只是时间问题。

3. 灾难性后果

起初，新可乐销路不错，有1.5亿人试用了新可乐。然而，新可口可乐配方并不是每个人都能接受的，不接受的原因往往并非因为口味原因，而是这种“变化”受到了原可口可乐消费者的排挤。

开始，可口可乐公司已为可能的抵制活动做好了应对准备，但不料顾客的愤怒情绪犹如火山爆发般难以驾驭。

顾客之所以愤怒，是认为99年秘不示人的可口可乐配方代表了一种传统的美国精神，而热爱传统配方的可口可乐就是美国精神的体现，放弃传统配方的可口可乐意味着一种背叛。在西雅图，一群忠诚于传统可乐的人组成“美国老可乐饮者”组织，准备发起全国范围内的“抵制新可乐运动”。在洛杉矶，有的顾客威胁说：“如果推出新可乐，将再也不买可口可乐。”即使是新可乐推广策划经理的父亲，也开始批评起这项活动。而当时，老口味的传统可口可乐则由于人们的预期会减少，而居为奇货，价格竟在不断上涨。每天，可口可乐公司都会收到来自愤怒的消费者的成袋信件和1 500多个电话。

为数众多的批评，使可口可乐迫于压力不得不开通83部热线电话，雇请大批公关人员安抚愤怒的顾客。在不到4个月的时间内，即1985年4月至7月，尽管公司曾花费了400万美元，进行了长达2年的调查，但最终还是彻底失算了。

请思考：

（1）如果你是一名可口可乐公司的营销人员，你可以在新可乐遭受失败之际，给公司提出什么样的解决方案？

（2）你从新可口决策之误的教训中可得到哪些启示？

【综合实训】

1. 实训项目：商店产品分析

2. 实训背景

分小组在学校附近调查各类商店产品结构。包装及品牌构成情况。

3. 实训目的与要求

（1）学生了解各种商店的产品品牌和产品组合情况。

（2）教师要求学生分组进行实地访问和调查，并结合文献研究了解各品牌商采用的产品策略。

（3）教师训练学生分析产品包装的作用。

（4）学生撰写分析报告，提出改进措施及建议。

4. 实训步骤

（1）根据教学班级人数确定学习小组（5～8组为宜），每组6～8人。

（2）学生讨论选出组长，并分工进行文献研究和实地调查收集资料。

（3）以小组为单位进行研讨，完成小组的分析报告，并制作PPT进行汇报。

（4）同学互评和教师点评，然后综合评定各小组及成员的本次实训成绩。

5. 实训考核

（1）实训准备工作。（10分）

（2）各组对本次实训的组织、分配、管理等过程的表现情况（20分）。

（3）各组提交的实训报告的质量和报告PPT的演示效果（50分）。

（4）学习小组的团队合作精神面貌（10分）。

（5）同学互评，教师点评（10分）。

项目六　制定定价策略

项目目标

知识目标

（1）理解营销定价的内涵。

（2）认识影响营销定价的因素。

（3）理解营销定价的基本方法和策略。

技能目标

（1）学会产品定价的基本方法和技巧。

（2）能运用产品定价基本策略进行综合分析。

（3）能将价格策略理论运用于营销实践。

（4）掌握产品定价方案设计的基本技能。

本章导入

小米手机定价策略

1. 背景资料

2011年8月16日，200余家媒体以及400多名粉丝齐聚北京798D-PARK艺术区，共同见证“发烧友级重量”手机小米手机的发布。作为首款全球1.5G双核处理器，小米手机搭配1GB内存和板载4GB存储空间，最高支持32GB存储卡的扩展。这样超强的配置，却仅售1 999元，让人群为之一振。

2. 定价目标——市场占有率最大化

智能手机市场对价格高度敏感，低价能刺激需求迅速增长，生产与分销的单位成本会随生产经验的积累而下降，低价能吓退现有的和潜在的竞争者。

3. 产品成本

小米手机成本有几个部分：首先是元器件成本。目前小米手机配置高通Qualcomm MSM 8260双核1.5GHz手机处理器，芯片集成64MB独立显存的Adreno 220图形芯片，并且配置1GB内存，自带4GB的ROM，支持最大可扩展至32GB的Micro SD卡。这些硬件材料加在一起，价格不低于1 200元，此外还要加上关税、17%的增值税、3G专利费。小米手机采用网上售卖的方式，直接面对最终消费者，从物流到库存上节约了巨大的成本，使得小米手机敢卖1 999元。

4. 定价策略

（1）渗透定价。即在新产品上市之初将价格定得较低，吸引大量购买者，扩大市场占有率。由低价产生的两个好处是：第一，低价可以使产品尽快为市场所接受，并借助大批量销售来降低成本，获得长期稳定的市场地位；第二，微利阻止了竞争者的进入，增强了自身的市场竞争力。当然，低价利微投资回收期较长，不利于企业形象的树立，有可能招致反倾销报复。1 999 元就能够买到相当不错的智能手机，这对消费者来讲是一种很大的诱惑。小米手机第一次网上销售被一抢而空，这更能说明高性价比对消费者的诱惑，为小米手机提高市场占有率有很大的优势。

（2）心理定价策略。① 尾数定价，保留价格尾数，采用零头标价，将价格定在整数水平以下，使价格保留在较低一级档次上。② 招徕定价，利用消费者的求廉心理，采用接近成本甚至低于成本的价格进行商品销售的策略。小米手机在产品的定价过程中熟练地运用了多种新产品定价策略，最终敲定小米手机售价为 1 999 元。

请思考：小米手机的定价策略对市场占有率的影响有哪些？

任务一　分析影响企业定价的主要因素

一、企业定价的含义

企业定价是由企业根据多种因素自行决定产品价格的行为。

生产和经营企业在国家规定的有关权限范围内，按照价值规律、供求规律的要求，自主制定商品价格和劳务收费标准的行为。根据《中华人民共和国价格管理条例》的有关规定，企业的定价权利主要有：对实行国家指导价的商品和收费项目，按照有关规定制定商品价格和收费标准；制定市场调解价的商品价格和收费标准。

随着我国经济体制改革的深入发展，企业自主权的逐步扩大，市场经济模式的确立，企业定价商品的范围也随之逐步扩大。除了极少数十分重要的商品和劳务由国家定价外，大多数商品由企业在国家有关政策和法规允许的条件下，根据其内在条件和外部环境，自行或协商定价。企业定价，是一种有一定约束的自由定价行为，这种定价行为既受国家的宏观调控，又充分反映了商品生产和经营者的意志和愿望。

二、企业定价的目标

在由市场经济主导的国家，企业的定价目标一般包括如下几个。

（1）利润最大化。

（2）采用低价维持或扩大市场份额。

（3）分层撇油。先定高价，再逐步降价，吸引次一层对价格较敏感的顾客。

（4）实现目标利润。一般是目标资金利润率，也有用销售利润率或固定利润额的。

（5）扩大推销产品。

三、影响企业定价的主要因素

价格的形成和变动是经济活动中最复杂的现象之一。在现实中，产品价格受到多种因素的影响，商品价格是企业市场营销过程中十分敏感而又最难以控制的因素，它直接关系到市场对产品的接受程度，影响着销售量的大小和企业利润的多少。在企业的营销组合里，价格是最直接影响销售收入的因素，定价所涉及的运作过程与变数相当复杂。如何在消费者可接受的价格范围里，制定出对公司最有利，最符合公司目标与政策的价格，是一门需要仔细谋划的艺术，是企业市场营销面临的重大挑战。

因此，影响产品定价的因素很多，有企业的内部因素，也有外部因素；有主观的因素，也有客观的因素。概括起来，大体上可以有商品价值与产品成本、市场因素、国家政策因素、消费者行为和心理因素和其他因素四个方面。

（一）商品价值与产品成本

价值是形成价格的基础，而成本又是价值的重要组成部分。因此，价格的制定必须考虑这两个重要因素。

1. 商品价值

商品价值量的大小决定着商品价格高低。价值反映社会必要劳动消耗，而社会必要劳动消耗是由生产资料消耗价值（C）、活劳动消耗的补偿价值（V）、剩余产品价值（M）所组成，即：商品价值 = $C+V+M$。因此，企业制定营销价格时必须首先考虑商品价值的三个组成因素。但是，在一定时期内，价格与价值并不总是一致的，而是围绕着价值上下波动，当商品供过于求时，价格就会下降；当商品供不应求时，价格就会上升。因此，不能把价值看成是影响营销价格的唯一因素。

2. 商品成本

对企业的定价来说，成本是一个关键因素。企业产品定价以成本为最低界限，产品价格只有高于成本，企业才能补偿生产上的耗费，从而获得一定盈利。但这并不排斥在一段时期在个别产品上，价格低于成本。

在实际工作中，产品的价格是按成本、利润和税金三部分来制定的。成本又可分解为固定成本和变动成本。产品的价格有时是由总成本决定的，有时又仅由变动成本决定。成本有时又分为社会平均成本和企业个别成本。就社会同类产品市场价格而言，主要的是受社会平均成本影响。在竞争很充分的情况下，企业个别成本高于或低于社会平均成本，对产品价格的影响不大。

根据统计资料显示，目前工业产品的成本在产品出厂价格中平均占 70%。这就是说，一般地讲，成本是构成价格的主要因素，这只是就价格数量比例而言。如果就制定价格时要考虑的重要性而言，成本无疑也是最重要的因素之一。因为价格如果过分高于成本会有失社会公平，价格过分低于成本，不可能长久维持。

企业定价时，不应将成本孤立地对待，而应同产量、销量、资金周转等因素综合起来考虑。成本因素还要与影响价格的其他因素结合起来考虑。除上述两种成本外，影响定价的还有以下几种。

（1）生产成本。生产成本是企业生产过程中所支出的全部生产费用，是从已经消耗的生产资料的价值和生产者所耗费的劳动的价值转化而来。当企业具有适当的规模时，产品的成本最低。但不同的商品，在不同的条件下，各有自己理想的批量限度，其生产超过了这个规模和限度，成本反而要增加。

（2）销售成本。销售成本是商品流通领域中的广告、推销费用。在计划经济体制下，销售成本在商品成本中所占比重很小，因而对商品价格的影响也微乎其微。但在市场经济体制下，广告、推销等是商品实现其价值的重要手段，用于广告、推销的费用在商品成本中所占的比重也日益增加。因此，在确定商品的营销价格时必须考虑销售成本这一因素。

（3）储运成本。储运成本指商业储运企业在从事商品储存、运输业务过程中所耗费的活劳动和物化劳动的货币表现。商品畅销时，储运成本较少，商品滞销时，储运成本增加。

（4）机会成本。机会成本是企业从事某一项经营活动而放弃另一项经营活动的机会，另一项经营活动所应取得的收益。但是，商品的成本不是个别企业的商品成本，而是所有生产同一产品的生产部门的平均生产成本。在通常情况下，机会成本对个别企业的商品成本影响比较大，对平均生产成本的影响比较小，因而对商品价格的影响也很小。

（二）市场因素

商品价格，除了成本和价值因素外，在很大程度上，还受商品市场供求状况、市场竞争状况以及其他因素的影响。

1. 商品市场供求状况

在市场经济条件下，市场供求决定市场价格，市场价格又决定市场供求。因此，制定商品营销价格时必须考虑市场的供求状况。

（1）供求与价格的双向影响。商品价格是在一定的市场供求状况下形成的，在一定时期内，某种商品的供求状况反映其供给总量与需求总量之间的关系。这种关系包括供求平衡、供小于求、供大于求这三种情况。供求平衡是指某种商品的供给与需求在一定时期内相等。在供求平衡状态时某种商品的市场价格称为均衡价格。假定供求和价格以外的其他因素不变，当某种商品的价格高于均衡价格时，该商品的需求量就下降，供给量则上升，形成供过于求。显然，价格影响并决定了供求。当某种商品的需求减少且供给增多时，价格便会落至均衡价格或其以下，又表明供求影响并决定着价格。当某种商品供小于求，则该商品的供给总量满足不了人们的需求，商品价格便会上涨，形成卖方市场。随着价格的上涨，企业的资金会转向该商品的生产与销售，导致该商品的市场供给量剧增，从而卖方市场转化为买方市场，形成供大于求的局面，价格自动回落。

（2）需求价格弹性。在通常情况下，某种商品的价格升高，其需求量就会减少，反之亦然。因此，制定商品营销价格时必须考察商品的需求价格弹性因素。需求价格弹性，简称需求弹性，是指在一定时期内，某种商品的价格变动的百分比与其需求变动的百分比的比值。由于是两个相对数的比值，故又称为需求价格弹性系数。

2. 市场竞争状况

市场竞争也是影响价格制定的重要因素。根据竞争的程度不同，企业定价策略会有所不同。一般来说，竞争越激烈，对价格的影响也越大。按照竞争的程度，市场竞争可以分为完全竞争、完全垄断和不完全竞争三种状况。

（1）完全竞争对价格的影响。在完全竞争状态下，企业几乎没有定价的主动权。各个卖主都是价格的接受者而不是决定者。在实际生活中，完全竞争在多数情况下只是一种理论现象，因为任何一种产品都存在一定的差异，加之国家政策的干预以及企业的不同营销措施，完全竞争的现象几乎不可能出现，但是，如果出现了完全竞争，企业可以采取随行就市的营销价格策略。

（2）完全垄断对价格的影响。完全垄断是指一种商品完全由一家或几家企业所控制的市场状态。在完全垄断状态下，企业没有竞争对手，可以独家或几家协商制定并控制市场价格。在现实生活中，完全垄断只有在特定的条件下才能形成，然而，由于政府的干预（如许多国家的反垄断立法）、消费者的抵制以及商品间的替代关系，一个或几个企业完全垄断价格的局面一般不易出现。但是，如果出现了完全垄断，则非垄断企业在制定营销价格时一定要十分谨慎，以防垄断者的价格报复。

（3）不完全竞争对价格的影响。不完全竞争是在市场经济体制下普遍存在的典型竞争状态。在这种状态下，多数企业都能够积极主动地影响市场价格，而不是完全被动地适应市场价格。同时，企业在制定营销价格时，应认真分析竞争者的有关情况，采取相应的营销价格策略。

（三）国家政策因素

多数国家对企业定价都有不同程度的约束。定价时，企业应主要考虑国家指导性计划和市场调节等因素。

1. 企业定价的范畴

（1）国家指导性定价。它是指国家物价部门和业务主管部门规定定价权限与范围，指导价格制定和调整的企业定价方式。其定价方式有以下三种：

① 浮动定价。它是指国家规定商品的基准价格、浮动幅度和方向，由企业在规定的范围内自主作价。

② 比率控制定价。它是指国家规定商品的差价率、利润率与最高限价范围，由企业自行灵活地确定价格。企业商品价格可采用高进高出、低进低出或高进低出等形式，但不得超过规定的控制比率。

③ 行业定价。它是指为了避免同行业企业在生产和流通中盲目竞争，国家采取计划指导，由同行营销者共同协商制定商品的统一价格，并由协商者共同遵守执行。这能防止价格向垄断转化，有利于市场竞争。

（2）市场调节定价。它是指在遵守政策和法规的前提下，根据市场供求状况、市场竞争程度、消费者行为及企业自身条件等因素的变化趋势，由营销者自行确定商品价格。这种定价主要适用于生产分散、营销量大、品种规格繁多、供求情况复杂、难以计划管理的商品，且主要依靠价值规律自发地调节商品价格。市场调节定价有下列两种形式。

① 协议定价。是指买卖双方在不受第三者情况下，相互协商议定商品价格。

② 企业议价。是指实行部分指令性计划价格商品的企业，在完成国家任务后，超产

部分，企业根据市场状况确定其价格。这是国家为了增强企业活力、提高企业劳动积极性所采用的一种鼓励性措施。

2. 商品差价与商品比价因素

商品差价与商品比价是价格体系的重要组成内容，也是国家价格政策的组成部分。

（1）商品差价因素。商品差价是指同一商品由于销售地区、流转环节、销售季节、质量高低、用途等不同而形成的价格差额。商品差价形成的主要理论依据是上述各种情况下耗用的劳动量不同。其形式有：地区差价、批零差价、季节差价、质量差价、平议差价、用途差价等。

① 地区差价因素。地区差价是指同种商品在同一时间、不同地区的价格差额。它由商品在地理空间转移过程中所增加的劳动消耗而造成。另外，由于不同地区的技术水平、资源条件、劳动熟练程度等不同，也会形成地区差价。企业定价时应考虑差价因素，这是因为：其一，商品由于受地区差价的影响，必定会产生地区间流动，从而使某地区商品总量发生变化，这样势必使企业调整自己商品的价格，其二，商品提价时应考虑提价幅度。差价过大，则竞争对手增多；差价过小，则企业无利可图。

② 批零差价因素。批零差价是指同种商品在同一时间、同一市场零售价与批发价之间的差额。即零售价减去批发价的余额。由于它反映批发商与零售商的利益分配关系，因此，批零企业定价时应考虑合理的差价，这样才有利于双方对商品的销售。

③ 季节差价因素。季节差价是指同一商品、同一市场、不同季节之间价格的差额。它主要由于商品供求在时间上的矛盾而造成。对于这类商品，在销售旺季时，可采用高价策略；而在销售淡季时，则使用低价策略。生产企业则应更多地考虑产品的生产时间，准确预测商品需求的季节变化。

资料贴吧

季节差价的计算

①成本法。

季节差价=某季节价格−基价

②比较法。收集、整理某农产品历史上若干年中各个季节的平均价格，以其最低价格为历史基价，求出各季节的平均价格与历史基价的百分比，即该农产品历史上各季节的差价率。

某季节差价=基价×（±季节差价率）

④ 质量差价因素。质量差价是指同一种商品在同一市场上因产品质量差异而形成的价格差额，企业定价时应在考虑消费者对价格的反应与国家政策前提下按质论价，正确处理好商品的质量、效能、价格三者之间的关系，以满足不同类型消费者的需求。

⑤ 平议差价因素。平议差价是指同种商品在同一市场中国家计划价格与市场价格间的差额。企业在按时按质完成计划任务后，应勇于使商品参与市场竞争。

⑥ 用途差价因素。用途差价是指企业同一商品在不同用途上的价格差额。企业定价时，可采用高价以限制商品的某一用途，而以低价格鼓励商品的另一用途。

（2）商品比价因素。商品比价是指在同一条件下不同商品价格的比例。它由不同商品之间价格量的比值和不同商品的供求状况所决定。比价形式主要有制成品与投入要素比价、替代品比价、连带品比价等。

① 制成品与投入要素比价因素。这种比价是指制成品与原材料、半成品、零部件等投入要素价格之间的比例。企业应当考虑以下情况：第一，如果投入要素价格低，而制成品企业定价偏高，则投入要素价格低的企业会提高其商品价格，或促使零部件企业自行组装整机。这样当制成品供应量增多时，会使制成品企业的产品积压。同样，如果制成品价格低，投入要素企业定价偏高，最终也会使投入要素企业的产品积压。第二，在一定时期内，当制成品与投入要素的价格升降幅度悬殊时，会造成购销双方生活者的利益矛盾，甚至使相关企业间长期建立的协作关系毁于一旦。

② 替代品比价因素。当同类商品中某一种商品的功能、用途等可由另一种商品所代替时，两种商品的价格比例则为替代品比价。按替代程度可划分为完全替代和不完全替代两种。完全替代是指替代品与被替代品的功能、用途基本相同；不完全替代是指替代品与被替代品的用途相似，但功能有差异，其中一种商品只能满足消费者的部分需求。对于前者，在一般情况下，消费者购买的随意性较大，而当两者比价悬殊时，顾客就会慎重选购。对于后者，在比价合理的情况下，购买的选择性不强，不同的消费者将按各自的需求购买商品；而当比价幅度很大时，顾客将会选购既能基本满足需求、价格又较低廉的商品。此外，当不完全替代程度很高时，即使功能较优的商品价格较高，消费者也乐意接受这种高价商品。因此，在竞争激烈的市场中，企业既要考虑产品的功能设计，保证产品质量，又要考虑竞争对手的商品价格策略。

③ 连带品比价因素。在同一类消费中，必须把两种或两种以上的商品结合起来才能满足需求的商品称为连带品，而连带品价格之比则称为连带品比价。按照连带程度，可分为直接和间接连带品。企业定价时，通常应以有助于基础商品销售为原则，协调好连带品间的比价关系。间接连带是指在同一消费中两种或两种以上商品没有确定连带特征，这类商品一般由多个企业生产并协商定价，力求协作效益或由某一企业采用多元化经营的方式，发挥商品间的连带效益。

（四）消费者行为与心理因素

消费者行为，尤其是心理行为，是影响企业定价的一个重要因素。无论哪一种消费者，在消费过程中，必然会产生种种复杂的心理活动，并支配消费者的消费过程。因此，企业制定商品价格时，不仅应迎合不同消费者的心理，还应促使或改变消费者行为，使其向有利于自己营销的方向转化。同时，要主动积极地考虑消费者的长远利益和社会整体利益。

案例链接与思考

在比利时的一间画廊里，一位美国画商正和一位印度画家在讨价还价，争辩得很激烈。其实，印度画家的每幅画底价仅在 10 ~ 100 美元之间。但当印度画家看出美国画商购画心切时，对其所看中的 3 幅画单价非要 250 美元不可。美国画商对于印度画家“敲竹杠”的宰客行为很不满意，吹胡子瞪眼睛地要求降价成交。印度画家也毫不示弱，竟将其中的一幅画用火柴点燃，烧掉了。美国画商亲眼看着自己喜爱的画被焚烧，很是惋惜，随即又问剩下的两幅画卖多少钱。

印度画家仍然坚持每幅画要卖250元。从对方的表情中，印度画家看出美国画商还不愿意接受这个价格。这时，印度画家气愤地点燃了火柴，竟然又烧了另一幅画。至此，酷爱收藏字画的美国画商再也沉不住气了，态度和蔼多了，乞求说：请不要再烧最后这幅画了，我愿意出高价买下。最后，竟以800美元的价格成交。

请思考：美国画商的购买行为属于何种类型？

根据消费者消费心理的不同，一般将消费者分为以下三种类型。

1. 冲动和情感型

这类消费者的购买由其情绪波动所支配，购买具有冲动性、即景性和不稳定性。这类顾客对商品价格不是十分重视，主要注重商品的花色、式样等。因此，企业对于适销对路的商品，定价可略高，且可视市场即时状况调高价格。

2. 理智和经济型

这类消费者购买商品时往往分析评价，并喜欢货比几家，对价格比较慎重。因此，企业应依质论价。

3. 习惯型

这类消费者对零售商或品牌等产生了信任或偏爱。因此，企业定价可略高。但应注意，价格过高会导致消费者购买的转移性。

（五）其他因素

企业的定价策略除受成本、需求，国家政策以及竞争状况的影响外，还受到其他多种因素的影响。这些因素包括政府或行业组织的干预、企业或产品的形象等。

1. 政府或行业组织干预

政府为了维护经济秩序，或为了其他目的，可能通过立法或者其他途径对企业的价格策略进行干预。政府的干预包括规定毛利率，规定最高、最低限价，限制价格的浮动幅度或者规定价格变动的审批手续，实行价格补贴等。例如，美国某些州政府通过租金控制法将房租控制在较低的水平上，将牛奶价格控制在较高的水平上；法国政府将宝石的价格控制在低水平，将面包价格控制在高水平；我国某些地方为反暴利对商业毛利率的限制等。一些贸易协会或行业性垄断组织也会对企业的价格策略进行影响。

资料贴吧

政府指导价、政府定价的定价权限和具体适用范围，以中央和地方的定价目录为依据。

中央定价目录由国务院价格主管部门制定、修订，报国务院批准后公布。

地方定价目录由省、自治区、直辖市人民政府价格主管部门按照中央定价目录规定的定价权限和具体适用范围制定，经本级人民政府审核同意，报国务院价格主管部门审定后公布。

省、自治区、直辖市人民政府以下各级地方人民政府不得制定定价目录。

——《中华人民共和国价格法》

2. 企业或产品的形象

有时企业根据企业理念和企业形象设计的要求，需要对产品价格做出限制。例如，企业为了树立热心公益事业的形象，会将某些有关公益事业的产品价格定得较低；为了形成高贵的企业形象，将某些产品价格定得较高等。

技能训练 6-1

训练背景

某移动通信公司于 2001 年冬在广东试点新的移动通信品牌，名为 M，定位在“没钱又想时髦”的年轻人（15 ~ 25 岁），初始重心是“批量短信优惠”，把“短信”发展为第五媒体。取得成功后，该公司 2003 年春将“M”推向全国，欲将其打造为与 N 品牌并列，但专为年轻时尚人士量身定制的移动通信品牌。该品牌定位为“时尚、好玩与探索”，并设计了学生、时尚办公和娱乐套餐。

据公司调查，中国父母对独生子女的“补贴”可观。M 推广活动在高校密集区以学生为主，许多高校后勤部门成为其合作伙伴。M 分段推广主题：2003 年春推出“我的地盘听我的”；2003 年夏秋推出“玩转年轻人的通信自治区”；2003 年秋至 2004 年春推出“就在 M 亮出特权身份”；2004 年秋推出“玩转到积极追求创业理想”。终端有营业厅、品牌店、加盟店和授权店等。代言人是某著名歌星。

该公司通过设立俱乐部、建立 M 专线和网站、发行 M 杂志、组织 M 夏令营，还组织万名大学生街头舞蹈表演和会员聚会，使其成员可以最先听到某歌星的歌曲，以优惠价买到其演唱会门票。为维系年轻人的忠诚度，在大学生返校高峰时期，该公司的一些地区公司在火车站免费接 M 学子，与麦当劳联合推出“M 套餐”（优惠 6.5 元/套）。

该品牌推出 16 个月后，据调查，M 目标受众品牌知名度为 80%，美誉度 73%。总客户数达 2 000 万人。

训练要求

以小组为单位进行讨论，讨论内容包括：

该移动通信公司在推行 M 品牌过程中，主要受什么因素影响？

任务二　学习企业定价的方法

所谓定价方法，是指企业在特定的定价目标指导下，依据对影响价格形成各因素的具体研究，运用价格决策理论，对产品价格进行测定的方法。

定价方法的选择和确定是否合理，关系到企业定价目标能否实现和定价决策的最终成效。制定价格应综合考虑成本、供求和竞争三个基本因素。

一、成本导向定价法

1. 完全成本定价法

完全成本定价法是指以产品的全部生产成本为基础，加上一定数额或比率的利润和税金制定价格的方法。生产企业的完全成本是单位产品生产成本与销售费用之和；经营企业的完全成本则是进价与流通费用之和。价格中的利润一般以利润率计算。利润率有以成本和销价为基数计算的两种方法，因而销售价格也有外加法和内扣法两种计算方法。

（1）外加法。其计算公式为

$$产品价格=\frac{完成成本\times（1+成本利润率）}{1-税率}$$

（2）内扣法。其计算公式为

$$产品价格=\frac{完成成本}{1-销价利润率-税率}$$

完全成本定价法计算简便，主要适用于正常生产、合理经营的企业以及供求大体平衡、成本相对稳定的产品。但这种定价方法缺乏对市场竞争和供求变化的适应能力，同时还有成本和利税重复计算的缺点。

2. 目标成本定价法

目标成本定价法是指以期望达到的目标成本为依据，加上一定的目标利润和应纳税金来制定价格的方法。目标成本是企业拟定的一种“预期成本”，一般都低于定价时的实际成本。目标成本定价法适用于经济实力雄厚，生产和经营有发展前途的企业，尤其适用于新产品的定价。其计算公式为

$$产品价格=\frac{目标成本\times（1+目标成本利润率）}{1-税率}$$

$$目标成本=\frac{固定成本}{目标产量}+单位产品变动产品$$

$$目标成本利润率=\frac{要求提供的总利润}{目标成本\times目标产量}\times100\%$$

目标成本作为一种“预期成本”，虽然不是定价时的实际成本，但也并非人们主观臆想出来的。它是建立在对“量、本、利”关系的科学测算的基础上，利用盈亏平衡分析的原理加以确定的。企业通过市场预测，在确定一种产品的可销价格以后，根据固定成本总额和单位产品平均变动成本，可以先测定保本量，即在销售量动态曲线上的盈亏平衡点（见图 6-1）。

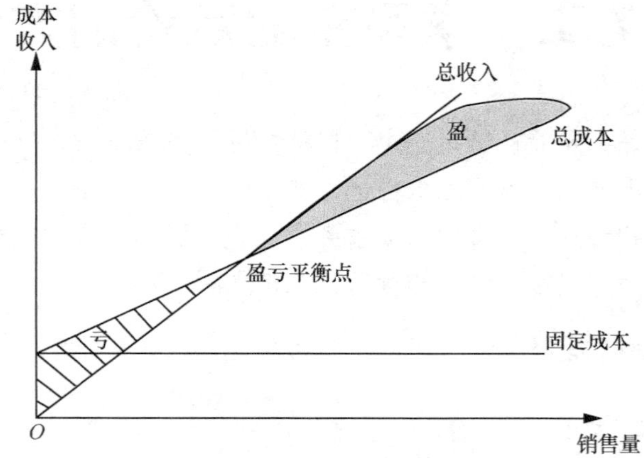

图 6-1　销售量动态曲线图

二、需求导向定价法

1. 可销价格倒推法

可销价格倒推法，又称反向定价法，是指企业根据产品的市场需求状况，通过价格预测和试销、评估，先确定消费者可以接受和理解的零售价格，然后倒推批发价格和出厂价格的定价方法。其计算公式为

出厂价格 = 市场可销零售价格 ×（1−批零差价率）×（1−销进差率）

采用可销价格倒推法的关键在于如何正确测定市场可销零售价格水平。测定的标准主要有：①产品的市场供求情况及其变动趋势；②产品的需求函数和需求价格弹性；③消费者愿意接受的价格水平；④与同类产品的比价关系。

测定的方法有：①主观评估法，由企业内部有关人员参考市场上的同类产品，比质比价，结合考虑市场供求趋势，对产品的市场销售价格进行评估确定；②客观评估法，由企业外部的有关部门和消费者代表，对产品的性能、效用、寿命等方面进行评议、鉴定和估价；③实销评估法，以一种或几种不同价格在不同消费对象或区域进行实地销售，并采用上门征询、问卷调查、举行座谈会等形式，全面征求消费者的意见，然后判明试销价格的可行性。

2. 理解价值定价法

理解价值定价法，是指企业以消费者对产品价值的理解为定价依据，运用各种营销策略和手段，影响消费者对产品价值的认知，形成对企业有利的价值观念，再根据产品在消费者心目中的价值地位来制定价格的一种方法。

有些营销学家把买方的价值判断与卖方的成本费用相比较，认为定价时应侧重考虑前者。因为消费者购买产品时，总会在同类产品之间进行比较，选购那些既能满足其消费需要，又符合其支付标准的产品。消费者对产品价值的理解不同，会形成不同的价格限度。如果价格刚好定在这一限度内，就会促进消费者购买。

企业定价时应对产品进行市场定位，研究该产品在不同消费者心目中的价格标准，以及在不同价格水平上的销售量，并做出恰当的判断，进而有针对地运用市场营销组合中的非价格因素影响消费者，使之形成一定的价值观念，提高他们接受价格的限度。然后，企业拟定一个可销价格，并估算在此价格水平下产品的销量、成本和赢利状况，从而确定可行的实际价格。

3. 需求差异定价法

需求差异定价法，是指根据消费者对同种产品或劳务的不同需求强度，制定不同的价格和收费的方法。价格之间的差异以消费者需求差异为基础，其主要形式有：①以不同消费者群体为基础的差别定价；②以不同产品式样为基础的差别定价；③以不同地域位置为基础的差别定价；④以不同时间为基础的差别定价。

按需求差异定价是以消费者需求的差异为标准。一般应具备：①市场能够根据需求强度的不同加以细分，而且需求差异较为明显；②细分后的市场之间无法相互流通，即低价市场的消费者不可能向高价市场的消费者转手倒卖产品或劳务；③在高价市场中用低价竞争的可能性不大，企业能够垄断所生产经营的产品和劳务；④市场细分后所增加的管理费

用应小于实行需求差异定价所得到的额外收入；⑤不会因价格差异而引起消费者的反感。

三、竞争导向定价法

1. 随行就市定价法

这是与本行业同类产品价格水平保持一致的定价方法。这种“随大流”的定价方法，主要适用于需求弹性较小或供求基本平衡的产品。在这种情况下，单个企业提高价格就会失去顾客；而降低价格，需求和利润也不会增加。随行就市成为一种较稳妥的定价方法，尤其为中小企业所普遍采用。它既可避免挑起价格竞争，与同行业和平共处，减少市场风险，又可补偿平均成本，从而获得适度利润，而且易为消费者接受。

2. 竞争价格定价法

根据本企业产品的实际情况及与竞争对手的产品差异状况来确定价格。这是一种主动竞争的定价方法，一般为实力雄厚或产品独具特色的企业所采用。定价步骤为：①将市场上竞争产品价格与企业估算价格进行比较，分为高于、等于、低于三种价格层次；②将本企业产品的性能、质量、成本、产量等与竞争企业进行比较，分析造成价格差异的原因；③根据以上综合指标确定本企业产品的特色、优势及市场地位，在此基础上，按定价所要达到的目标，确定产品价格；④跟踪竞争产品的价格变化，及时分析原因，相应调整本企业的产品价格。

3. 投标定价法

在投标交易中，投标方根据招标方的规定和要求进行报价的方法。一般有密封投标和公开投标两种形式。主要适用于提供成套设备、承包建筑工程、设计工程项目、开发矿产资源或大宗商品订货等。

企业的投标价格必须是招标单位所愿意接受的价格水平。在竞争投标的条件下，投标价格的确定，首先要根据企业的主客观条件，正确地估算完成指标任务所需要的成本；其次要对竞争对手的可能报价水平进行分析预测，判断本企业中标的机会，即中标概率。企业中标的可能性或概率大小取决于参与投标竞争企业的报价状况。报价高，中标概率小；报价低，则中标概率大；报价过低，虽然中标概率极大，但利润可能很少甚至亏损，对企业并非有利。因此，如要使报价容易中标且有利可图，企业就要以投标最高期望利润为标准确定报价水平。所谓投标期望利润，就是企业投标报价预期可获得利润与该报价水平中标概率的乘积。

技能训练 6-2

训练背景

K 快餐公司自 1987 年进入中国市场以来，通过全国性的各种布局措施，基本覆盖到了中国的所有二级城市。K 公司的消费群主要是年轻一代，大致可分为三类：儿童、学生、都市上班族。

K 公司有丰富的套餐产品组合以及号称 K 公司独有的烹制秘方可谓首要优势。其次是其丰富、超值的附加产品与服务，如干净明快的用餐环境、深受儿童喜爱的游乐设施等。这些构成了 K 公司既有特色、又有显著差异化的竞争优势。

K 公司品牌蕴含了浓郁的文化特点。作为海外快餐之一，它在中国已经成了一种文化的代表，深受白领阶层的欢迎，这是通过其他快餐消费内容满足不了的一种心理需求，于是便形成了K公司的市场地位。

油条是中国老百姓早餐中最爱吃的油炸食品之一，其消费量大。针对如何替代传统制作工艺、不依靠添加明矾而使油条蓬松和香脆的问题，K公司进行了长达1年多的研究测试，最终于2008年春推出了“安心”油条，售价每根3元，并将其作为K公司早餐的长期保留产品。其产品说明上讲，K公司的安心油条，大小如麻花、口味似糍粑。不添加明矾，其在健康上的卖点击中了中式传统油条的软肋。

从价格和取材用量上来衡量，它比此前市场上最贵的“永和豆浆”的油条还要贵得多。K公司早在2000年就开始打造本土化概念，K牌粥、老北京鸡肉卷、新秀烤翅等迎合了拒绝油炸食品的顾客需求。而此次上市经典中式早餐油条更是将本土化推向了新阶段，并立刻引起了社会的广泛关注。

训练要求

以小组为单位进行讨论，讨论内容包括：

1. K公司在其油条产品的定价决策中采用的方法是什么？
2. 根据竞争优势理论，K公司的油条产品在中国市场的优势是什么？

任务三　确定定价策略

定价策略在市场营销组合中是一个十分关键的组成部分。价格通常是影响交易成败的重要因素，同时又是市场营销组合中最难以确定的因素。企业定价的目标是促进销售，获取利润。这要求企业既要考虑成本的补偿，又要考虑消费者对价格的接受能力，从而使定价策略具有买卖双方双向决策的特征。此外，价格还是市场营销组合中最灵活的因素，它可以对市场做出灵敏的反映。

一、新产品定价策略

新产品与其他产品相比，可能具有竞争程度低、技术领先的优点，但同时也会有不被消费者认同和产品成本高的缺点，因此在为新产品定价时，既要考虑能尽快收回投资，获得利润，又要有利于消费者接受新产品。实际中，常见的定价策略有以下三种。

1. 撇脂定价（Skimming Price）

这种策略也称高价策略，指企业以大大高于成本的价格将新产品投入市场，以便在短期内获取高额利润，尽快收回投资，然后再逐渐降低价格的策略。

我们生活中的许多电子产品、高科技产品也都曾采取过此做法。一般地，撇脂定价策略适合于市场需求量大且需求价格弹性小，顾客愿意为获得产品价值而支付高价的细分市场；或企业是某一新产品的唯一供应者时，采用撇脂定价可使企业利润最大化。但高价会吸引竞争者纷纷加入，一旦有竞争者加入时，企业就应迅速降价。

2. 渗透定价（Penetration Pricing）

渗透定价与撇脂定价恰好相反，是指在新产品投放市场时，将价格定得较低，以吸引大量消费者，提高市场占有率。

采取渗透定价策略不仅有利于迅速打开产品销路，抢先占领市场，提高企业和品牌的声誉，而且由于价低利薄，从而有利于阻止竞争对手的加入，保持企业一定的市场优势。

通常渗透定价适合于产品需求价格弹性较大的市场，低价可以使销售量迅速增加；其次要求企业生产经营的规模经济效益明显，成本能随着产量和销量的扩大而明显降低，从而通过薄利多销获取利润。

3．试销价格（Trial Pricing）

试销价格是指企业在某一限定的时间内把新产品的价格维持在较低的水平，以赢得消费者对该产品的认可和接受，降低消费者的购买风险。如微软公司的 Acceess 数据库程序在最初的短期促销价为 99 美元，而建议零售价则为 495 美元。

试销价格有利于鼓励消费者试用新产品，而企业则希望消费者通过试用而成为企业的忠实顾客，并建立起企业良好的口碑。该策略也经常被服务性企业所采用，如开业之初的特惠价等。但只有企业的产品或服务确实能使消费者感到获得了很大的利益时，此种策略才能收到预期的效果。

二、产品组合定价策略

产品组合定价是指企业为了实现整个产品组合（或整体）利润最大化，在充分考虑不同产品之间的关系，以及个别产品定价高低对企业总利润的影响等因素的基础上，系统地调整产品组合中相关产品的价格。其主要的策略如下。

1．产品线定价策略

该策略是指企业为追求整体收益的最大化，为同一产品线中不同的产品确立不同的角色，制定高低不等的价格。有的产品充当招徕品，定价很低，以吸引顾客购买产品线中的其他产品，而定价高的则为企业的获利产品。

产品线定价策略的关键在于合理确定价格差距。

2．互补品定价策略

有些产品需要互相配合在一起使用，才能发挥出某种使用价值。如相机与胶卷、隐形眼镜与消毒液、饮水机与桶装水等。企业经常为主要产品（价值量高的产品）制定较低的价格，而为附属产品（价值量较低的）制定较高的加成，这样有利于整体销量的增加，增加企业利润。

3．成套优惠定价策略

对于成套设备、服务性产品等，为鼓励顾客成套购买，以扩大企业销售，加快资金周转，可以使成套购买的价格低于单独购买其中每一产品的费用总和。

三、心理定价策略

心理定价是根据消费者不同的消费心理而灵活定价，以引导和刺激购买的价格策略。具体如下。

1. 声望定价

声望定价指对一些名牌产品，企业往往可以利用消费者仰慕名牌的心理而制定大大高于其他同类产品的价格。如国际著名的欧米茄手表，在我国市场上的销价从一万元到几十万元不等。消费者在购买这些名牌产品时，特别关注其品牌、标价所体现出的炫耀价值，目的是通过消费获得极大的心理满足。

2. 尾数定价

对于日常用品，一般来说，消费者乐于接受带有零头的价格，这种尾数价格往往能使消费者产生一种似乎便宜且定价精确的感觉。

3. 整数定价

由于消费者常常根据价格来辨别产品的质量。对价格较高的产品，如耐用品、礼品或服装等消费者不太容易把握质量的产品，实行整数定价反而会抬高产品的身价，从而达到扩大销售的目的。

4. 习惯性定价

有些商品如牛奶，消费者在长期的消费中，已在头脑中形成了一个参考价格标准，个别企业难于改变。如果企业定价低于该标准易引起消费者对品质的怀疑，高于该标准则可能受到消费者的抵制。企业定价时常常要迎合消费者的这种习惯心理。

5. 招徕定价

零售商常利用消费者贪图便宜的心理，特意将某几种产品的价格定得较低以招徕顾客，或者利用节假日和换季时机举行大甩卖、限时抢购等活动，把部分商品打折出售，目的是吸引顾客，促进全部产品的销售。

四、折扣定价策略

企业为了鼓励顾客及早付清货款，或鼓励大量购买，或为了增加淡季销售量，还常常需酌情给顾客一定的优惠，这种价格的调整叫作价格折扣和折让。

1. 现金折扣

这是企业对现金交易的顾客或对及早付清货款的顾客给予一定的价格折扣。许多情况下采用此定价法可以加速资金周转，减少收账费用和坏账。

2. 数量折扣

这是企业给那些大量购买某种产品的顾客的一种折扣，以鼓励顾客购买更多的货物。大量购买能使企业降低生产，销售等环节的成本费用。

3. 功能折扣

功能折扣也叫贸易折扣，是制造商给予中间商的一种额外折扣，使中间商可以获得低于目录价格的价格。

4. 季节折扣

这是企业鼓励顾客淡季购买的一种减让，以使企业的生产和销售一年四季能保持相对稳定。

5. 推广津贴

为扩大产品销路，生产企业向中间商提供促销津贴。如零售商为企业产品刊登广告或设立橱窗，生产企业除负担部分广告费外，还在产品价格上给予一定优惠。

五、地区定价策略

通常一个企业的产品不仅在本地销售，同时还要销往其他地区，而产品从产地运到销地要花费一定的运输、仓储等费用。那么应如何合理分摊这些费用，不同地区的价格应如何制定就是地区定价策略所要解决的问题。具体有如下 5 种方法。

1. 产地定价

以产地价格或出厂价格为交货价格，运杂费和运输风险全部由买方承担。这种做法适用于销路好、市场紧俏的商品，但不利于吸引路途较远的顾客。

2. 统一交货价

企业对不同地区的顾客实行统一的价格，即按出厂价加平均运费制定统一交货价。这种方法简便易行，但实际上是由近处的顾客承担了部分远方顾客的运费，对近处的顾客不利，而比较受远方顾客的欢迎。

3. 分区定价

企业把销售市场划分为远近不同的区域，各区域因运距差异而实行不同的价格，同区域内实行统一价格。分区定价类似于邮政包裹、长途电话的收费。对企业来讲，可以较为简便地协调不同地理位置用户的运费负担问题，但对处于分界线两侧的顾客而言，还会存在一定的矛盾。

4. 基点定价

企业在产品销售的地理范围内选择某些城市作为定价基点，然后按照出厂价加上基点城市到顾客所在地的运费来定价。在这种情况下，运杂费用等是以各基点城市为界由买卖双方分担的。该策略适用于体积大、运费占成本比重较高、销售范围广、需求弹性小的产品。

5. 津贴运费定价

津贴运费定价是指由企业承担部分或全部运输费用的定价策略。当市场竞争激烈，或企业急于打开新的市场时常采取这种做法。

六、定价策略的综合分析

1. 广义价格的定价策略选择

商品价格有广义、狭义之分。狭义的商品价格指商品交易完成时一次付清的货币额，广义的商品价格还包括商品交易时的特殊条件，如价格优惠、分期付款、售后服务等促销措施。消费者获得优惠条件的可能性是商品价格水平的反映。市场上多数商品的需求具有分散性，目标顾客群的消费理念及消费心理呈多样性，因而，商品定价必须因地制宜地采用多价格模式策略。对于追求低价的消费群，根据不同的交易方式、数量、时间及条件，采用折扣价格策略；对于追求品牌的消费群，在高品质名优产品定价时，采用声望价格策略；对于大件耐用消费品，由于消费者对产品质量的可靠性存在不安全的心理障碍，企业应加强售后服务，采用安全价格策略，将售后服务的平均费用计入商品价格中。企业定价策略的选择是在广义价格制定时的策略选择。

2. 企业定价策略应与市场营销组合策略的应用相结合

市场营销组合策略是企业一系列市场营销决策的核心，它包括产品、价格、渠道、促销四大要素。价格是其中最敏感的因素。在市场中，多数商品的营销渠道较为分散，如电视销售、网上销售、专卖店销售、百货店销售等。不同的销售形式，其寻找质优价廉物品的寻找成本不同，因而价格的差异性较为显著，这为企业实行价格歧视策略提供了可能性。企业应针对不同支付意愿的消费者制定不同的价格，比如，对为数不多的线上消费群采用低价格策略，对线下消费群实行略高价策略，对价格极为敏感的消费群可借助报纸等媒介发放优惠券等促销方式实施价格优惠策略等。结合营销组合策略的多价格模式策略，给不同的消费者提供个性的价格服务，其目的为最大限度地扩大消费群。

3. 不同的细分市场对商品的需求弹性不同

需求价格弹性是需求量对价格变化反应的灵敏度。由于各种商品的具体特点不同，各种商品的需求价格弹性是不一样的。而同一种商品，在不同的价格范围内，需求价格弹性也是不一样的。各种商品的有效需求总是在一定的价格范围内变动。因而，在价格决策中还要考虑决定某种商品需求价格弹性大小的主要经济因素，如可替代商品的多少、市场竞争程度、商品的重要程度商品用途多少和急用程度等。总之，企业定价的目标及策略应以企业的市场战略目标和现代企业经营理念为指导，在不同的市场竞争程度和市场结构下，以企业与消费者双赢为经营理念，通过市场细分对其所选定的目标市场进行分析，了解企业所服务的消费群的需求、欲望和收入状况，根据不同的市场状况采用不同的价格策略。

技能训练 6-3

训练背景

某企业的企业产品在市场有一定的竞争能力，企业经济效益也不错，但近一段时期来，随着业务量增大，企业经营状况有所下降。为改变这种状况，总经理召集 20 多个部门的负责人及全体领导班子共同研究。经讨论决定，要立即调整企业组织机构，按产品和业务范围分成 8 个分公司，调整后，各分公司负责人的责、权、利统一，工作积极性得到极大提高，企业的经营状况有明显好转。

与此同时，企业加大技术创新的力度。该企业依托雄厚的资金和技术力量，以开发全新产品为目标，充分利用某科研机构应用研究的成果，一举独占新产品地位。新产品投入市场后，消费者反响不错，产品的销量逐渐扩大。经市场部门反馈回来的信息是：新产品市场容量很大，且竞争的潜在威胁不大。有关部门综合各方面的信息后，认为消费者对新产品有所认识，急于购买，对较高的产品价格愿意接受，于是撰写分析报告向主管领导汇报，并提出当前企业应采取的营销策略。

训练要求

以小组为单位进行讨论，讨论内容包括：

1. 新产品推出后，其销售量不断增加，此时新产品处于产品生命周期的哪个阶段？
2. 根据有关部门综合各方面的信息，你认为目前企业应采取什么样的策略？

项目思考与练习

【案例分析】

奥克斯空调的"平价革命"

奥克斯作为中国空调市场传统强势品牌的挑战者，成为推动空调市场重新洗牌的主要力量，通过差异化的定位、进攻性的价格策略，再配以一系列的事件营销保证了自己的持续成长。

1. 差异化的市场定位

奥克斯从 1996 年开始改变原定路线走了一条差异化道路。它始终明确将其空调定位于"优质平价"的"民牌"空调。相比于市场传统强势品牌的"高价优质"定位，更容易为大众喜欢，也用得起，并且有物有所值甚至物超所值的感觉。

2. 进攻性的价格策略

从 2000 年起，奥克斯拉起空调降价的大旗。当时奥克斯还只是一个默默无名的区域品牌，但正是由于奥克斯的价格策略，让奥克斯声名鹊起。奥克斯从自 2000 年以来的主要降价活动如下。

2000 年 3 月在成都打出"1.5 匹空调跌破 2 500 元生死价"的条幅，最大降幅达到 25%，第一次提出"要做优质平价的'民牌'空调"。

2003 年 4 月，所有机型一律降价，据称平均降幅达 30%，单款机型最大降幅达 2 000 元。

3. 系列化的事件营销活动

奥克斯成功的另一个关键策略是巧用事件营销的影响，不断吸引消费者的眼球。通过事件营销活动，奥克斯不断向空调业原有规则发起冲击，在消费者面前出尽风头，也让全国的消费者获得了新的体验。

2003 年 2 月 12 日，奥克斯投资 2 000 万元赞助令中国球迷关注的"中巴之战"。同一天，世界顶级球星罗纳尔多的亚洲经纪人与奥克斯空调全国市场总监李晓龙达成一致意向，罗纳尔多将以 150 万美元的身价出任奥克斯空调新一任品牌形象代言人。

2002 年，奥克斯空调从 11 月 22 日至 12 月 1 日的 10 天时间内，在广东省内的 700 多家电器店同时推出"一分钱空调"的促销活动。顾客只要花 4 338 元购买奥克斯 60 型小 3 匹柜机，再加一分钱，即可以获得另一台价值 1 600 元的 1 匹壁挂式分体空调，同时承诺一分钱空调同样享受厂家提供的优质售后服务。在广东市场，类似 60 型小 3 匹的品牌机的价格为 4 800 ~ 6 500 元，25 型 1 匹空调的价格为 1 668 ~ 2 700 元，奥克斯公布的空调套餐价格比市场均价低 3 500 元。

请思考：

（1）奥克斯空调采用的是什么定价策略？它的这种定价在什么条件下才能取胜？

（2）面对奥克斯空调的价格策略，格力、美的、科龙等主要品牌该如何应对？

【综合实训】

1. 实训项目："力力"利乐包豆奶的定价方案设计。

2. 实训背景

某公司财务部门提供的"力力"利乐包豆奶的成本信息如下。

（1）厂部生产线提供上海地区30%的生产能力，每年可提供1 667万盒（每盒250mL）。

（2）分摊的固定费用：a.月折旧费 20 万元、年折旧费 240 万元；b.月管理费用为13.33万元、年管理费用为159.96万元。

（3）单位产品的变动费用（按目前市场价格计算）：a.豆浆、牛奶配方原料，1 000mL为0.40元；b.辅料费用，1 000mL为0.24元；c.包装费用，每盒0.10元；d.人工费用，每盒0.10元；e.储运费用，每盒0.07元；f.销售费用，每盒0.08元；g.考虑税金，每盒0.06元。

关于税金的统计说明：在实际单位价格计算中，税金指的是增值税。增值税是在（产品成本+目标利润）的基础上乘上国家规定的税率所计算出的，单位价格=（产品成本+目标利润）+增值税。我国增值税的税率一般确定为17.1%，当然有些行业还是有区别的。为了便于计算，在此我们把增值税作为固定统计的税金，统计在单位变动费用中，特做说明。另外，出厂加成率40%，商业加成率为33%。

该公司市场部门提供的"力力"利乐包豆奶的市场情况资料如下。

（1）经预测2014年市场需求为1 400万盒，总公司要求上海地区的"力力"利乐包豆奶的净利润为150万元。

（2）市场部提供竞争对手的产品价格情况如表6-1所示。

表6-1 "力力"利乐包豆奶竞争对手的产品价格情况

品牌	维他奶	维他奶	维他奶	杨协成	上海光明	上海光明
品种	维他奶	维他奶	麦精朱古力	豆奶	巧克力牛奶	纯鲜牛奶
容量（mL）	100	250	250	250	250	250
市场零售价（元）	0.80	1.30	1.30	2.00	2.00	2.00

3. 实训目的和要求

（1）学生熟悉影响企业定价的主要因素和企业基本定价方法，能应用定价的技巧、变价的策略。

（2）教师要求学生把价格策略理论运用于营销实践，运用所学知识深入分析、展开讨论，根据有关资料为该产品制定合理的定价，并设计具体的价格方案。

① 根据企业利润目标要求，设计针对性强的价格方案。

② 根据竞争对手，设计有竞争优势的价格方案。

③ 根据市场严峻形势，设计维持生存的价格方案。

（3）学生通过价格方案设计能更好地理解价格策略的作用，掌握定价价方案设计基本技能。

4. 实训步骤

（1）教师把"力力"利乐包豆奶的基本资料提供给学生。

（2）学生以小组为单位收集生产与该类产品相近的产品的不同企业定价情报，了解其中存在的问题。

（3）学生根据上述有关资料，对“力力”利乐包豆奶设计定价方案。

5. 实训考核

（1）实训准备工作（10分）。

（2）各组对本次实训的组织、分配、管理等过程的表现情况（20分）。

（3）各组提交实训报告的质量和报告PPT的演示效果（50分）。

（4）学习小组的团队合作精神面貌（10分）。

（5）同学互评，教师点评（10分）。

项目七　分销渠道分析

项目目标

知识目标

（1）认知分销渠道的模式和类型。

（2）理解影响分销渠道选择的因素。

技能目标

（1）学会分析、评估特定分销渠道的特点和优劣势。

（2）学会选择和设计分销渠道。

（3）学会选择和管理分销渠道成员。

（4）能分析渠道选择对企业或产品的影响。

本章导入

渠道经理谈渠道专员的工作内容

——某资深渠道经理

1. 渠道研究

这部分内容分为两点：一是渠道消费者的研究；二是渠道特性的研究。

渠道消费者的研究，其实就是消费者的研究。当然，与普适性的消费者研究还是有所区别，那就是研究的对象是这个渠道所覆盖的消费者的特征。这个领域有很多的例子，比如酒吧里一般有百威啤酒，酒吧渠道的运营小组会负责研究百威啤酒在酒吧这个渠道的消费者。又如可口可乐公司里一定有一群人在运营网吧这个渠道的销售与管理。渠道研究的对象都是类似的渠道消费者。

渠道特性的研究，是相对重要的部分。因为，每个渠道都有其独特的特性，也会有其独特的价值链条，甚至会有独特的分销模式。比如上面提到的酒吧渠道的特性一定与大排档的渠道特性不同，渠道内的价值相关者也不相同。各行各业都有独特的渠道属性，这些属性的了解也许不是调研所能解决的，往往需要深入这些渠道的所有利益相关者，通过很多年的“浸润”才能了解到其中的内涵。这样的例子很多，比如华为有专门的电信渠道的销售队伍，他们需要对电信领域有着深刻的了解的人才能打入对方阵容，促进销售。

2. 渠道设计

这部分内容相对比较专业，当你开始慢慢地熟悉这个渠道的时候，你就需要为你的公司在这个渠道进行一些渠道设计。这里的设计应该是一种商务模式的设计，也应该是包含渠道内利益相关者的利益分配体系。这套体系直接就关系到渠道的稳定性，所以渠道设计其实是以渠道消费者的研究与渠道特性的研究为前提的。如果你还没踏入这个领域，而是想当然地设计一套商业模式，一般都会以失败告终。这里有三点非常重要：物流、资金流、信息流。这三个“流”的设计至关重要，它们直接关系到体系的稳定与信息通达程度。产品流怎么走？钱怎么分配到利益相关者手里？终端渠道的信息流如何方便快捷地流入公司内部？这些问题有时候直接关系到这个渠道的生命力与稳定性。

3. 渠道运营

这部分内容其实是渠道专员做得最多的事情，因为前面两部分应该不是一个渠道专员可以做完的，尤其是刚刚入职不久的新渠道专员。他们对于以上两部分的了解很浅薄，所以他们做得更多的内容应该是在前辈的基础上进行现有渠道的运营与管理。在这个过程中再慢慢地积累渠道经验，深化对于渠道的认识。渠道运营最为琐碎，但是也最考验渠道专员的能力。有的渠道专员，做完安排的事情后就结束了，而有的渠道专员就会更加深入地了解渠道和渠道消费者的特性等，这些就为他晋升渠道专员打下了很好的基础。

渠道运营当然包括上述的物流、资金流、信息流的管理与维系。看起来很琐碎，但是每部分都很锻炼人。另外，渠道专员也需要做一些渠道的策划与执行。在该渠道内，还是需要定期地进行一些策划与执行的活动。

渠道研究、渠道设计与渠道运营这三者缺一不可，它们共同构成了一个渠道专员的主要工作。

请思考：举例说明作为一名渠道专员有哪些工作内容？

资料来源：http://www.shichangbu.com/article-5745-1.html

任务一　认知分销渠道

分销渠道（Distribution Channels）是促使产品或服务顺利地被使用或消费的一整套相互依存的组织。分销渠道也称贸易渠道（Trade Channels）或营销渠道（Marketing Channels）。

一、分销渠道的含义

菲利普·科特勒认为：“一条分销渠道是指某种货物或劳务从生产者向消费者移动时取得这种货物或劳务的所有权或帮助转移其所有权的所有企业和个人。因此，一条分销渠道主要包括商人中间商（因为他们取得所有权）和代理中间商（因为他们帮助转移所有权）。此外，它还包括作为分销渠道的起点和终点的生产者和消费者，但是，它不包括供应商、辅助商等。”（见图 7-1）

（1）分销渠道反映某一特定商品价值实现的过程和商品实体的转移过程。分销渠道一端连接生产，一端连接消费，是从生产领域到消费领域的完整的商品流通过程。在这个过程中，主要包含两种运动：一是商品价值形式的运动（商品所有权的转移，即商流），二是商品实体的运动（即物流）。

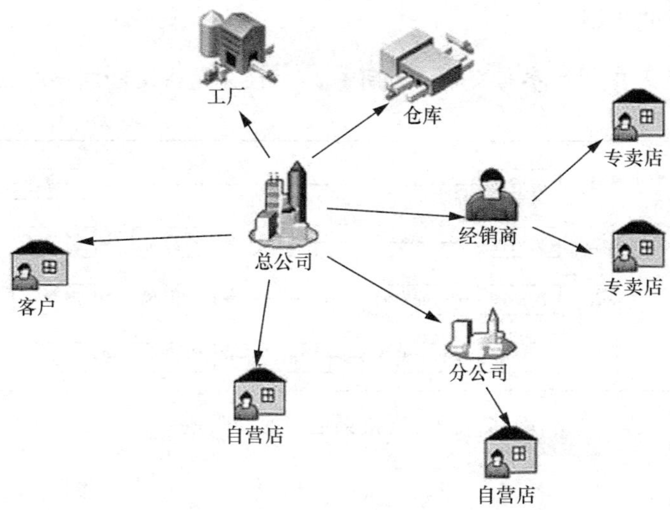

图 7-1　分销渠道

（2）分销渠道的主体是参与商品流通过程的中间商。

（3）商品从生产者流向消费者的过程中，商品所有权至少转移一次。大多数情况下，生产者必须经过一系列中介机构转卖或代理转卖产品。所有权转移的次数越多，商品的分销渠道就越长；反之亦然。

（4）在分销渠道中，与商品所有权转移直接或间接相关的，还有一系列流通辅助形式，如物流、资金流、信息流等，它们发挥着相当重要的协调和辅助作用。

二、分销渠道的作用

分销渠道是连接生产者和消费者或用户的桥梁和纽带。企业使用分销渠道是因为在市场经济条件下，生产者和消费者或用户之间存在空间分离、所有权分离、供需数量差异以及供需品种差异等方面的矛盾。

对生产者来说，它可使企业的产品有效打入广阔的市场，节省资金的占用，提高营销效率。

对消费者来说，它是沟通生产和消费的媒介，通过分销机构，消费者可以了解和认识更多的商业信息，也便于购买。

分销渠道的主要职能如下。

（1）信息。收集和发布制订计划和进行交换所必需的信息。

（2）促销。促销是指进行关于所供产品的说服性沟通。

（3）配合。配合是指所供产品符合购买者需要，包括制造、装配、包装等活动。

（4）接洽。接洽是指寻找潜在购买者并进行有效的沟通。

（5）谈判。谈判是指为了转移所供货物的所有权，而就其价格及有关条件达成最后协议。

（6）物流。物流是指从事产品的运输、配送。

（7）融资。融资是指为补偿分销成本而取得并支付相关资金。

（8）风险承担。风险承担是指承担与渠道工作有关的所有风险。

三、分销渠道的类型

（一）根据有无中间商参与交换活动可分为直接分销渠道和间接分销渠道（见图 7-2）

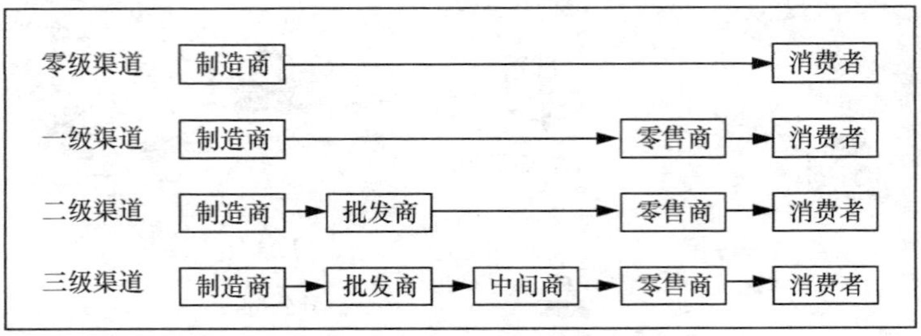

图 7-2　直接渠道与间接渠道

1. 直接渠道

直接分销渠道的形式是：生产者-用户。直接渠道是指没有中间商参与，产品由制造商直接销售给消费者和用户的渠道类型，如上门推销、电视直销和网上直销等。直接渠道是工业品销售的主要方式，特别是一些大型、专用、技术复杂、需要提供专门服务的产品。

直接渠道的优点是：对于用途单一、技术复杂的产品，可以有针对性地安排生产，更好地满足需要；生产者直接向消费者介绍产品，便于消费者掌握产品的性能、特点和使用方法；由于直接渠道不经过中间环节，可以降低流通费用，掌握价格的主动权，积极参与竞争。但直接渠道也存在不足，如制造商在销售上投入大、花费大，而且销售范围也受到限制。

2. 间接渠道

间接渠道是指产品经由一个或多个商业环节销售给消费者和用户的渠道类型。它是消费品销售的主要方式，许多工业品也采用。

间接渠道的优点是：中间商的介入，使交易次数减少，节约了流通成本和时间，降低了产品价格；中间商着重扩大流通范围和产品销售，制造商可以集中精力于生产，有利于整个社会的生产者和消费者。它的不足是：中间商的介入，使制造商与消费者之间沟通不便。

（二）根据渠道的长度可分为长渠道和短渠道

长渠道有两个以上的中间环节，如酒类产品通过批发、零售多个环节。

短渠道指直接销售或仅通过一个中间商层级销售产品，如戴尔的直销，家电通过苏宁、国美等零售商销售。

（三）按照每一渠道层次中间商的多少可分为宽渠道和窄渠道

宽渠道在同一渠道层次上选择尽可能多的中间商，如饮料、零食等通过广泛的零售商销售。由多家批发商经销，又转卖给更多的零售商，能大量接触消费者，大批量地销售产品。

窄渠道在同一个渠道层次上只选择少数几家或仅一家中间商。它一般适用于专业性强的产品，或贵重耐用的消费品，由一家中间商统包，几家中间商经销。它使生产企业容易控制分销，但市场分销面受到限制。如计算机、空调等商品仅通过少数零售商销售。

（四）按照渠道成员联系的紧密程度分为传统渠道和现代渠道系统

传统渠道是指由独立的制造商、批发商、零售商和消费者组成的分销渠道。各自为政，各行其是，追求各自利益的最大化，但是实际上各自都实现不了各自利益的最大化。所以，现代渠道系统都趋向于联合经营或一体化经营，由竞争转向联合，通过做大做强，来追求利润的最大化。

现代渠道系统按照组织形式可分为垂直渠道系统、水平渠道系统和多渠道系统。

（1）垂直分销系统是个高度统一、受营销企业控制的分销体系。通过投资、控股或契约关系，部分中间商作为营销主体的投资或控股企业，其他中间商通过契约关系如代理、加盟、特许，与营销企业形成稳定的业务联系。在一般情况下，生产经营规模较大的制造商和多样化经营公司，以投资控股形式形成若干一级中间分销商，以参股或契约形式建立众多二三级分销商网络，形成自上而下、由强趋弱的分销控制关系。在电子技术不断发展的今天，垂直型分销系统中的 MIS、POS 或企业内部网（Intranet）把各中间商的业务信息置于统一的计算机信息系统，实施生产、销售与服务业务的自动衔接。垂直营销系统有利于控制渠道行动，消除渠道成员为追求各自利益而造成的冲突。它们能够通过其规模、谈判实力和重复服务的减少而获得效益。在消费品销售中，垂直营销系统已经成为一种占主导地位的分销形式，占全部市场的 64%。

（2）水平渠道系统是由两家或两家以上的公司横向联合、共同开拓新的营销机会的分销渠道系统。这些公司或因资本、人力、生产技术、营销资源不足，无力单独开发市场机会，或因惧怕承担风险，或因与其他公司联合可以实现最佳协同效益而组成共生联合的渠道系统。

（3）多渠道系统，是指企业设计构建的组合多种营销途径和组织的渠道系统。它是对同一或不同的细分市场，采用多条渠道的分销体系。大致有两种形式：一种是制造商通过两条以上的竞争性分销渠道销售同一商标的产品；另一种是制造商通过多条分销渠道销售不同商标的差异性产品。由于任何产品都不存在一个同质的市场环境，所有市场都可以进一步细分，仅依靠单一分销渠道不可能覆盖整个市场需求，所以，为有效占领多个细分目标市场，多渠道系统便成为许多企业的选择。

资料贴吧

可口可乐的 22 种渠道

（1）传统食品零售渠道：如食品店、食品商场、副食品商场、菜市场等。

（2）超级市场渠道：包括独立超级市场、连锁超级市场、酒店和商场内的超级市场、批发式超级市场、自选商场、仓储式超级市场等。

（3）平价商场渠道：经营方式与超级市场基本相同，但区别在于经营规模较大，而利润更低。平价商场通过大客流量、高销售额来获得利润，因此在饮料经营中往往采用鼓励整箱购买、价格更低的策略。

（4）食杂店渠道：通常设在居民区内，利用民居或临时性建筑和售货亭来经营食品、饮料、烟酒、调味品等生活必需品，如便利店、便民店、烟杂店、小卖部等。这些渠道分布面广、营业时间较长。

（5）百货商店渠道：以经营多种日用工业品为主的综合性零售商店。内部除设有食品超市、食品柜台外，多附设快餐厅、休息冷饮厅、咖啡厅或冷食柜台。

（6）购物及服务渠道：以经营非饮料类商品为主的各类专业及服务行业，经常须带经营饮料。

（7）餐馆酒楼渠道：各种档次的饭店、餐馆、酒楼，包括咖啡厅、酒吧、冷饮店等。

（8）快餐渠道：快餐店往往价格较低，客流量大，用餐时间较短，销量较大。

（9）街道摊贩渠道：没有固定房屋、在街道边临时占地设摊、设备相对简陋、出售食品和烟酒的摊点，主要面向行人提供产品和服务，以即饮为主要消费方式。

（10）工矿企事业渠道：工矿企事业单位为解决职工工作中的饮料、工休时的防暑降温以及节假日饮料发放等问题，采用公款订货的方式向职工提供饮料。

（11）办公机构渠道：由各企业办事处、团体、机关等办公机构公款购买，用来招待客人或在节假日发放给职工。

（12）部队军营渠道：由军队后勤部供应，以解决官兵日常生活、训练及军队请客、节假日联欢之需，一般还附设小卖部，经营食品、饮料、日常生活用品等，主要向部队官兵及其家属销售。

（13）大专院校渠道：大专院校等住宿制教育场所内的小卖部、食堂、咖啡冷饮店，主要面向在校学生和教师提供学习、生活等方面的饮料和食品服务。

（14）中小学校渠道：指设立在小学、中学、职业高中以及私立中小学校等非住宿制学校内的小卖部，主要向在校学生提供课余时的饮料和食品服务（有些学校提供课余时的饮料和食品服务，有些学校提供学生上午加餐、午餐服务，同时提供饮料）。

（15）在职教育渠道：设立在各党校、职工教育学校、专业技能培训学校等在职人员再教育机构的小卖部，主要向在校学习的人员提供饮料和食品服务。

（16）运动健身渠道：设立在运动健身场所的出售饮料、食品、烟酒的柜台，主要向健身人员提供产品和服务；或指设立在竞赛场馆中的食品饮料柜台，主要向观众提供产品和服务。

（17）娱乐场所渠道：指设立在娱乐场所内（如电影院、音乐厅、歌舞厅、游乐场等）的食品饮料柜台，主要向娱乐人士提供饮料服务。

（18）交通窗口渠道：机场、火车站、码头、汽车站等场所的小卖部以及火车、飞机、轮船上提供饮料服务的场所。

（19）宾馆饭店渠道：集住宿、餐饮、娱乐为一体的宾馆、饭店、旅馆、招待所等场所的酒吧或小卖部。

（20）旅游景点渠道：设立在旅游景点（如公园、自然景观、人文景观、城市景观、历史景观及各种文化场馆等）向旅游和参观者提供服务的食品饮料售卖点。一般场所固定，采用柜台式交易，销售较大，价格偏高。

（21）第三方面消费渠道：批发商、批发市场、批发中心、商品交易所等以批发为主要业务形式的饮料销售渠道。该渠道不面向消费者，只是商品流通的中间环节。

（22）其他渠道：指各种商品展销会、食品博览会、集贸市场、各种促销活动等其他销售饮料的形式和场所。

技能训练 7-1

训练背景

以小组为单位，每个小组选择一个企业，研究其分销渠道。

训练要求

以小组为单位进行讨论，讨论内容包括：

1. 该企业分销渠道属于何种类型？
2. 该企业为何选择该种分销渠道？

任务二　分析分销渠道的选择

企业的分销渠道选择就是决定是否要通过中间商来分销自己的产品，如果不采用中间商，则怎样进行商品的运输存放？怎样建立自己的分销机构？如果决定利用中间商销售商品，则选择怎样的中间商？选择多少中间商？

一、分销渠道选择的影响因素

选择分销渠道要考虑到的主要因素包括：市场因素、产品因素、企业因素、中间商因素和环境因素等。

1. 市场因素

（1）目标市场范围：市场范围宽广，适用长、宽渠道；反之，适用短、窄渠道。

（2）顾客的集中程度：顾客集中，适用短、窄渠道；反之，适用长、宽渠道。

（3）顾客的购买量、购买频率：购买量小，购买频率高，适用长、宽渠道；反之，购买量大，购买频率低，适用短、窄渠道。

（4）消费的季节性：没有季节性的产品一般都均衡生产，多采用长渠道；反之，多采用短渠道。

（5）竞争状况：除非竞争特别激烈，通常情况下，同类产品应与竞争者采取相同或相似的销售渠道。

2. 产品因素

（1）物理化学性质：体积大、较重、易腐烂、易损耗的产品适用短渠道或采用直接渠道、专用渠道；反之，适用长、宽渠道。

（2）价格：一般来说，价格高的工业品、耐用消费品适用短、窄渠道；价格低的日用消费品适用长、宽渠道。

（3）时尚性：时尚性程度高的产品适宜短渠道；款式不易变化的产品适宜长渠道。

（4）标准化程度：标准化程度高、通用性强的产品适宜长、宽渠道；非标准化产品适宜短、窄渠道。

（5）技术复杂程度：产品技术越复杂，需要的售后服务要求越高，适宜直接渠道或短渠道。

3. 企业自身因素

（1）财务能力：财力雄厚的企业有能力选择短渠道；财力薄弱的企业只能依赖中间商。

（2）渠道的管理能力：渠道管理能力和经验丰富的企业适宜短渠道；管理能力较低的企业适宜长渠道。

（3）控制渠道的愿望：愿望强烈，往往选择短而窄的渠道；愿望不强烈，则选择长而宽的渠道。

4. 中间商因素

（1）合作的可能性：如果中间商不愿意合作，只能选择短、窄的渠道。

（2）费用：利用中间商分销的费用很高，只能采用短、窄的渠道。

（3）服务：中间商提供的服务优质，企业采用长、宽渠道；反之，只有选择短、窄渠道。

5. 环境因素

（1）经济形势：经济萧条、衰退时，企业往往采用短渠道；经济形势好，可以考虑长渠道。

（2）有关法规：如专卖制度、进出口规定、反垄断法、税法等。

技能训练 7-2

训练背景

周黑鸭：湖北鸭脖大王的直营连锁

2010 年 12 月中旬，湖北周黑鸭食品有限公司公开宣布获得天图创投 6 000 万元的注资，并计划在 2015 年前登陆 A 股。这是今年继煌上煌获得达晨创投 3 600 万元投资之后第二家获得风投投资的卤制品加工生产企业。

从偏安一隅的小作坊，发展到年销售额超 4 亿元、直营专卖店超过 200 家的行业生力军，周黑鸭整整花了 5 年的时间。“食品行业的特点，上面是一个人，下面是‘良心’的‘良’，为确保食品安全，我们坚持直营而不做加盟。”周黑鸭董事长周富裕说，“企业发展首先要考虑根扎得有多深，才会有树枝茁壮成长。

食品行业最大的危机是食品安全危机，不能掌控的产品都会带来危机，周黑鸭不做加盟，是因为人掌控着终端，人是最难掌控的，没法掌控的东西我们不做。”

实际上，此前刚开始扩张的时候他也考虑过加盟，但发现加盟商注重的是利益，而不是品牌，他们会在终端私自卖自己生产的产品，这样便影响了周黑鸭的口味及品牌，那次教训让周富裕下定决心，坚决不做加盟。

周黑鸭直营店与竞争对手加盟店的区别在于，单店销售赢利远远好于加盟店，品质也非常稳定。周黑鸭在行业中的财务状况也是风投所青睐的。“投资者会考虑财务规模，直营店收入都归自己，而加盟店主要是收加盟费及食品销售。50 家加盟店的收入可能还不如 5~10 家直营店的收入。”天图创投合伙人、周黑鸭董事王岑说。

不过，自古渠道为王，为数众多的终端门店本身就是品牌宣传、让消费者感知的有效方式之一，也有助于企业形成规模优势，最大限度地占领市场。如何在保证品质的同时实现规模扩张是周富裕面临的难题之一。

训练要求

以小组为单位进行讨论，讨论内容包括：

1. 该企业选择渠道是否合理？
2. 企业渠道选择的影响因素是否有轻重之分？

二、确定分销策略

1. 确定渠道类型

渠道类型的选择是建立在已经仔细分析了上述渠道选择影响因素的基础上的。首先要确定分销渠道的长度策略。渠道的级数表示了渠道的长度。级数越多，渠道越长。从生产者观点看，渠道级数越多，控制就越困难，所以要尽量减少不必要的环节，缩短分销渠道。但也要视具体的产品、企业情况来选择分销渠道，对有些企业来说，选择较长的分销渠道也有其客观必然性。

2. 确定中间商的数目

确定中间商的数目即决定渠道的宽度。这主要取决于产品本身的特点、市场容量的大小和需求面的宽窄。通常有四种可供选择的形式。

（1）密集性分销。运用尽可能多的中间商分销，使渠道尽可能加宽。消费品中的便利品（卷烟、火柴、肥皂等）和工业用品中的标准件、通用小工具等，适于采取这种分销形式，以提供购买上的最大便利。

（2）独家分销。在一定地区内只选定一家中间商经销或代理，实行独家经营。独家分销是最极端的形式，是最窄的分销渠道，通常只对某些技术性强的耐用消费品或名牌商品适用。独家分销对生产者的好处是，有利于控制中间商，提高他们的经营水平，也有利于加强产品形象，增加利润。但这种形式有一定风险，如果这一家中间商经营不善或发生意外情况，生产者就要蒙受损失。采用独家分销形式时，通常产销双方议定，销方不得同时经营其他竞争性商品，产方也不得在同一地区另找其他中间商。这种独家经营妨碍竞争，因而在某些国家被法律所禁止。

（3）选择性分销。这是介乎上述两种形式之间的分销形式，即有条件地精选几家中间商进行经营。这种形式对所有各类产品都适用，它比独家分销面宽，有利于扩大销路，开拓市场，展开竞争；比密集性分销又节省费用，较易于控制，不必分散太多的精力。有条件地选择中间商，还有助于加强彼此之间的了解和联系，使被选中的中间商愿意努力提高推销水平。因此，这种分销形式效果较好。

（4）复合式分销。生产者通过多条渠道将相同的产品销售给不同的市场和相同的市场。这种分销策略有利于调动各方面的积极性。

3. 规定渠道成员彼此的权利和责任

在确定了渠道的长度和宽度之后，企业还要规定出与中间商彼此之间的权利和责任，如对不同地区、不同类型的中间商和不同的购买量给予不同的价格折扣，提供质量保证和跌价保证，以促使中间商积极进货；还要规定交货和结算条件，以及规定彼此为对方提供哪些服务，如产方提供零配件、代培技术人员、协助促销；销方提供市场信息和各种业务统计资料。在生产者同中间商签约时应包括以上内容。

技能训练 7-3

训练背景

恒大冰泉是最近进入南昌市场的新型矿泉水，请搜集资料对恒大冰泉南昌分销渠道提出建议。

训练要求

以小组为单位进行讨论，讨论内容包括：

1. 对恒大冰泉南昌分销渠道的影响因素进行分析。
2. 对恒大冰泉南昌分销渠道的策略选择提出建议。

三、分销渠道的评估

分销渠道评估的实质是从那些看起来似乎合理但又相互排斥的方案中选择最能满足企业长期目标的方案。因此，企业必须对各种可能的渠道选择方案进行评估。评估标准有三个，即经济性、控制性和适应性。

（一）经济性标准

经济标准是最重要的标准，这是企业营销的基本出发点。在分销渠道评估中，首先应该将分销渠道决策所可能引起的销售收入增加同实施这一渠道方案所需要花费的成本做一比较，以评价分销渠道决策的合理性。这种比较可以从以下角度进行。

1. 静态效益比较

分销渠道静态效益的比较就是在同一时点对各种不同方案可能产生的经济效益进行比较，从中选择经济效益较好的方案。

某企业决定在某一地区销售产品，现有如下两种方案可供选择。

方案一是向该地区直接派出销售机构和销售人员进行直销。这一方案的优势是，本企业销售人员专心于推销本企业产品，在销售本企业产品方面受过专门训练，比较积极肯干，而且顾客一般喜欢与生产企业直接打交道。

方案二是利用该地区的代理商。该方案的优势是，代理商拥有几倍于生产商的推销员，代理商在当地建立了广泛的交际关系，利用中间商所花费的固定成本低。

通过估价两个方案实现某一销售额所花费的成本，利用中间商更划算。

2. 动态效益比较

分销渠道动态效益的比较就是对各种不同方案在实施过程中所引起的成本和收益的变化进行比较。从中选择在不同情况下应采取的渠道方案。仍以上例说明，当企业自行销售机构在销售水平比较低时，此时利用中间商较有利；而当销售水平比较高时，自销机构的成本开始低于利用中间商的成本，此时利用自销系统就相对有利了。

3. 综合因素分析比较

前文所述的影响分销渠道选择的五大因素在实际分析时，可能都会倾向于某一特定的渠道。但也有可能某一因素分析倾向直接销售，而其他因素分析得出应该使用中间商的结论。因此，企业必须对几种方案进行评估，以确定哪一种最适合企业。

（二）控制性标准

企业对分销渠道的设计和选择不仅应考虑经济效益，还应该考虑企业能否对其分销渠道实行有效的控制。因为分销渠道是否稳定对于企业能否维持其市场份额、实现其长远目标是至关重要的。

企业对于自销系统是最容易控制的，但是由于成本较高，市场覆盖面较窄，不可能完全利用这一系统来进行分销。而利用中间商分销，就应该充分考虑所选择的中间商的可控程度。一般而言，特许经营、独家代理方式比较容易控制，但企业也必须相应做出授予商标、技术、管理模式以及在同一地区不再使用其他中间商的承诺。在这种情况下，中间商的销售能力对企业影响很大，选择时必须十分慎重。如果利用多家中间商在同一地区进行销售，企业利益风险比较小，但对中间商的控制能力就会相应削弱。

然而，对分销渠道控制能力的要求并不是绝对的，并非所有企业、所有产品都必须对其分销渠道实行完全的控制。如市场面较广、购买频率较高、消费偏好不明显的一般日用消费品就无须过分强调控制；而购买频率低、消费偏好明显、市场竞争激烈的高级耐用消费品，对分销渠道的控制就十分重要。又如在产品供过于求时往往比产品供不应求时更需强调对分销渠道的控制。总之，对分销渠道的控制应讲究适度，应将控制的必要性与控制成本加以比较，以求达到最佳的控制效果。

（三）适应性标准

在评估各渠道方案时，还有一项需要考虑的标准，即分销渠道是否具有地区、时间、中间商等适应性。

1. 地区适应性

在某一地区建立产品的分销渠道，应充分考虑该地区的消费水平、购买习惯和市场环境，并据此建立与此相适应的分销渠道。

2. 时间适应性

根据产品在市场上不同时期的适销状况，企业可采取不同的分销渠道与之相适应。如季节性商品在非当令季节就比较适合于利用中间商的吸收和辐射能力进行销售；而在当令季节就比较适合于扩大自销比重。

3. 中间商适应性

企业应根据各个市场上中间商的不同状态采取不同的分销渠道。如在某一市场若有一两个销售能力特别强的中间商，渠道可以窄一点；若不存在突出的中间商，则可采取较宽的渠道。

资料贴吧

可口可乐如何审计渠道

1. 看渠道和谐度

可口可乐不但每月重视解决渠道问题，在年底时更要进行“渠道年度分析”。可口可乐把一年来渠道之间的所有政策摆在一起，将显性的、隐性的各项政策折算，最终得出各个渠道实际享受的政策，即追求“裸价”平衡。这是将产品价格、折让、赠送、特价、礼品、促销品、返利、扣点、降价等所有销售行为，都在各种渠道中清算一次，从而找到当年渠道政策不平衡的主要因素，并将最适合的渠道运作手段提炼出来。这样，整个公司新一年的渠道运作方法也基本出台了。

因此，要建设一个和谐的总体渠道运作环境，首先要建设一个基本“一碗水端平”的平台，为渠道管理打下了一个最好的基础。

2. 评估经销商的市场匹配能力

经销商会以自己的优势为筹码，向企业索要更多条件，如资金充足、网络好、车辆多、仓库大等。很多厂家总是轻信经销商的“实力”就是经销能力。大部分厂家认为是能力的东西，可口可乐只将其当作经销商的“资历”和“实力”。因为可口可乐对经销商的能力评估，是从市场实际出发的。

可口可乐清算重点如下：经销商与区域是否匹配？其财力是否与进货量匹配？车辆是否与配送区域匹配？人员是否与业务内容匹配？经营意识是否与企业匹配？竞争能力是否与所处市场匹配？以及二批流通网络、终端网络的建设能力、抵抗竞争对手攻击的能力等。

3. 要评出优劣，提出改进方向

厂家目前的渠道考核，往往以经销商销售达没达标、守不守规矩等为考核方向，仅凭想象，完全没有“算”的概念，当然更谈不上第二年渠道的理性规划了。

可口可乐使用分析工具，将分析结果与一线业务人员的认识结合起来，让他们根据自己的市场来给渠道分析、评价、打分，而不是总部人员在办公室里闭门造车。

有了较为明确的渠道评估数据，经销商孰优孰劣，来年是否需要调整，怎样调整，需要哪些培训，也就一清二楚了。

资料来源：中国食品产业网

任务三　管理分销渠道

企业在选择渠道方案后，必须对中间商加以选择和评估，并根据条件的变化对渠道进行调整。渠道管理是指制造商为实现公司分销的目标而对现有渠道进行管理，以确保渠道成员间、公司和渠道成员间相互协调和通力合作的一切活动。

一、渠道成员选择

渠道成员的选择，就是从众多的相同类型的分销成员中选出适合公司渠道结构的、能有效帮助完成公司分销目标的分销伙伴的过程。渠道成员的选择是非常重要的。因为选择并和渠道成员共事，不是为了一笔生意或一桩买卖，而是要长期携手合作。渠道成员的选择将决定消费者需要的产品是否能及时、准确地转移到消费者手中，影响到分销的成本和顾客服务。因此，从这一点讲，对一个将成为企业战略伙伴的渠道成员的选择，意义相当重大。

一般情况下要选择具体的中间商必须考虑以下条件。

1. 中间商的市场范围

市场是选择中间商最关键的原因。首先要考虑预定的中间商的经营地区与产品的销售地区是否一致。其次，中间商的销售对象是否是生产商所希望的潜在顾客，这是最根本的条件。因为生产商都希望中间商能打入自己已确定的目标市场，并最终说服消费者购买自己的产品。

2. 中间商的产品政策

中间商承销的产品种类及其组合情况是中间商产品政策的具体体现。选择时一要看中间商有多少“产品线”（即供应的来源），二要看各种经销产品的组合关系，是竞争产品还是促销产品。一般认为应该避免选用经销竞争产品的中间商，即中间商经销的产品与本企业的产品是同类产品，比如都为21英寸的彩色电视机。但是若产品的竞争优势明显就可以选择出售竞争者产品的中间商。因为顾客会在对不同生产企业的产品做客观比较后，决定购买有竞争力的产品。

3. 中间商的地理区位优势

区位优势即位置优势。选择零售中间商最理想的区位应该是顾客流量较大的地点。批发中间商的选择则要考虑它所处的位置是否利于产品的批量储存与运输。通常以交通枢纽为宜。

4. 中间商的产品知识

许多中间商被规模巨大、而且有名牌产品的生产商选中，往往是因为它们对销售某种产品有专门的经验。选择对产品销售有专门经验的中间商就会很快地打开销路。因此生产企业应根据产品的特征选择有经验的中间商。

5. 预期合作程度

中间商与生产企业合作得好，会积极主动地推销企业的产品，对双方都有益处。有些中间商希望生产企业也参与促销，扩大市场需求，并相信这样会获得更高的利润。生产企业应根据产品销售的需要确定与中间商合作的具体方式，然后再选择最理想的中间商。

6. 中间商的财务状况及管理水平

中间商能否按时结算，包括在必要时预付货款，取决于财力的大小。整个企业销售管理是否规范、高效，关系着中间商营销的成败，而这些都与生产企业的发展休戚相关，因此，这两方面的条件也必须考虑。

7. 中间商的促销政策和技术

采用何种方式推销商品及运用选定的促销手段的能力直接影响销售规模。有些产品广告促销比较合适，而有些产品则适合通过销售人员推销。有的产品需要有效的储存，有的则应快速运输。要考虑到中间商是否愿意承担一定的促销费用以及有没有必要物质、技术基础和相应的人才。选择中间商前必须对其所能完成某种产品销售的市场营销政策和技术的现实可能程度做全面评价。

8. 中间商的综合服务能力

现代商业经营服务项目甚多，选择中间商要看其综合服务能力如何，有些产品需要中间商向顾客提供售后服务，有些在销售中要提供技术指导或财务帮助（如赊购或分期付款），有些产品还需要专门的运输存储设备。合适的中间商所能提供的综合服务项目与服务能力应与企业产品销售所需要的服务要求相一致。

二、中间商激励

生产商在选择确定了中间商之后，为了更好地实现企业的营销目标，促使中间商与自己合作，还必须采取各种措施不断对中间商给予激励，以此来调动中间商经销企业产品的积极性，并通过这种方式与中间商建立一种良好关系。激励职能包括的主要内容有：研究分销过程中不同分销商的需要、动机与行为；采取措施调动分销商的积极性；要解决分销商或分销执行者之间的各种矛盾等。激励中间商的方法很多，不同企业所用方法不同，就是同一企业，在不同地区或销售不同产品时所采取的激励方法也可能不同。

从总体上说，激励方式的选择要具有针对性。依据企业销售产品的不同和企业选择中间商的不同，激励方式也会有所不同。任何一家企业在选用激励方式之前都要分析激励对象即中间商和其他分支机构的需求，然后设法满足。如果不分析中间商的需求情况，随便采取一种激励手段，其激励效果可能不会很好，有时甚至起负面效果。企业还要确定好合理的激励水平，因为激励可能带来销售量增加，但也需要花费生产企业的人力、财力。

此外，在进行激励时，要注意采用多元手段，因为中间商与生产企业如果仅仅只有利益关系，在市场不稳定、出现利润下降甚至没有利润时，中间商就可能流失。而如果相互之间的纽带多元化，就可以化解很多危机。如现在有的企业在自身发展的同时，扶持起一大批一流经销商，企业不惜花较多的时间指导中间商的经营工作，从提供商品，发展为提供管理、培训人员，合作领域扩大，接触面扩大，相应的，企业对中间商的影响力也随之扩大。

三、分销渠道调整

在分销渠道管理中，根据每个中间商的具体表现、市场变化和企业营销目标的改变，需要对分销渠道进行调整。

调整的方式主要有以下几种。

1. 增减分销渠道中的中间商

经过考核，对推销不积极或经营管理不善、难于与之合作的中间商以及给企业造成困难的中间商，企业在必要时与其中断合作关系。企业为了开拓某一新市场，需要在该地区物色中间商，经过调查分析和洽谈协商，在符合企业对中间商的要求和中间商愿意合作的基础上，可以选定其作为企业在该地区的经销商或代理商。

2. 增减某一种分销渠道

当某种分销渠道出售本企业的某种产品，其销售额一直不够理想，企业可以考虑在全部目标市场或某个区域内撤销这种渠道类型，而增设一种其他渠道类型。企业为满足消费者的需求变化而开发新产品，若利用原有渠道难于迅速打开销路和提高竞争能力，则可增加新的分销渠道，以实现企业营销目标。

3. 调整整个分销渠道

有时由于市场情况变化太大，企业对原有渠道进行部分调整已难于实现企业的要求和市场情况的变化，必须对企业的分销渠道进行全面的调整。

四、渠道冲突

渠道冲突是指某渠道成员从事的活动阻碍或者不利于本组织实现自身的目标，进而发生的种种矛盾和纠纷。分销渠道的设计是渠道成员在不同角度、不同利益和不同方法等多因素的影响下完成的，因此，渠道冲突是不可避免的。

1. 渠道冲突利弊

制造商与制造商、制造商与中间商、中间商与中间商之间甚至制造商与其直销办事处的冲突是不可避免的。但凡事都有利有弊，有利的方面包括：

（1）有可能一种新的渠道运作模式将取代旧有渠道模式，从长远看这种创新对消费者是有利的。

（2）完全没有渠道冲突和客户碰撞的制造商，其渠道的覆盖与市场开拓肯定有瑕疵。

（3）渠道冲突的激烈程度还可以成为判断冲突双方实力及商品热销与否的“检验表”。

2. 渠道冲突的基本类型

（1）不同品牌的同一渠道之争。

（2）同一品牌内部的渠道之争。

（3）渠道上游与下游之争。

3. 窜货的问题

（1）窜货的类型从性质上可分为以下三种类型。

① 恶性窜货：即经销商为牟取非正常利润，蓄意向非辖区倾销货物。

② 自然性窜货：一般发生在辖区临界处或物流过程中，非经销商恶意所为。

③ 良性窜货：所选择的经销商流通性很强，货物经常流向非目标市场。

（2）窜货现象表现为以下一些情形。

① 中间商之间的窜货。

② 经销商与办事处直销工程客户之间窜货。

③ 更为恶劣的窜货现象是经销商将假冒伪劣产品与正品混同销售，掠夺合法产品的市场份额，或者直接以低于市场价的价格进行倾销，获取非正常的利润，打击了其他经销商对品牌的信心。

（3）窜货的危害主要在以下几个方面。

① 影响渠道控制力和企业形象。

② 影响销售业绩。

③ 损害品牌形象，使先期投入无法得到合理回报。

④ 影响决策分析：发往甲地的货物被悄悄销往乙地，其“业绩”体现在了甲地，在公司未确定窜货时，总部会得到这样的虚假数据，因而造成公司决策分析的失误。

4. 建立有效渠道冲突解决机制

（1）建立“预报警系统”制度。

（2）渠道一体化、扁平化。

（3）约束合同化。

（4）包装差别化。

（5）价格体系化。

项目思考与练习

【案例分析】

宝洁公司多渠道冲突管理分析

宝洁公司所处的日化行业属于快速消费品行业。这种行业的消费者的购买行为具有不同于其他行业消费者的一些特点。最明显的特点是消费者的购买行为具有冲动性和习惯性，而且购买选择的品牌忠诚度不高。对于这样的行业，企业只有拥有高效的多种营销渠道才能把产品以最快的速度转移到消费者的手里，使消费者能够方便地随时买到。以下是宝洁公司的一些经验。

首先，宝洁公司把多渠道的组织按一定的要求进行分类管理，以便充分发挥他们各自的优势。在宝洁公司的渠道组织划分中，小店主要是月销量低于5箱的小型商店、商亭及各种货摊；大店是指百货商店、超级市场、连锁店、平价仓储商场、食杂店、国际连锁店及价格俱乐部等。同时，宝洁公司对大店和小店的经营进行了准确且互补的定位：小店的优势在于极大地方便消费者随时随地购买，经营品种相对集中，以畅销规格为主，销售量受其他因素干扰小，能够有足够的毛利率保证其稳定的利润来源，基本上都具有较稳定并且较为广泛的客户网络。大店都基本上具有50%以上的利润来源，大店的经营环境是建立企业形象、塑造品牌的有利场所，大店中良好的店内设计和形象展示是配合宝洁公司强大广告攻势的最有力的销售工具。

其次，宝洁公司在营销资源的分配上也采用了合理的配置。公司通过供货管理和拜访制度的差异管理成功地解决了多渠道冲突。在供货管理上，小店供应价可高于批发市场的发货价，一般以厂价加5%为宜。公司要求小店100%现款现货，在任何情况下都不提倡采用任何形式的代销赊销，并要求分销商向所有的小店提供送货上门服务。大店则按严格单一分销商供货政策，根据商店经营的历史背景和目前的经营状况，按比例将每一家商店划给某一个具体分销商，同时其他分销商不得介入。在拜访制度上，小店的拜访频率，以“成熟品牌不脱销，新产品4周内”卖尽为目标。每家小店按1.5周为拜访频率。大店则根据他的库存周期，生意量大小、货架周转率、送货服务水平、促销活动频率等综合指标来考虑确定合适的拜访频率。

请思考：

（1）宝洁公司的多渠道选择是否合理？

（2）多渠道选择会发生怎样的冲突？

（3）宝洁公司的经验可以适用于什么样的企业？

资料来源：孙选中，李培. 宝洁公司渠道冲突管理[J]. 市场营销案例. 2008(3).

【综合实训】

1. 实训项目：维维豆奶分销渠道选择

2. 实训背景

维维豆奶最近推出一款新的豆奶产品推向南昌。如果你是一名渠道专员，尝试为维维豆奶做一个分销渠道选择建议。

3. 实训目的与要求

（1）教师要求学生分组进行实地访问和调查，并结合文献研究学会对分销渠道选择影响因素的分析。

（2）教师训练学生分销渠道选择的能力。

（3）学生制订分销渠道选择建议书。

4. 实训步骤

（1）根据教学班级人数确定学习小组（5～8 组为宜），每组 6～8 人。

（2）学生讨论选出组长，并分工进行文献研究和联系企业进行实地调查收集资料。

（3）以小组为单位进行研讨，完成小组的分析报告，并制作 PPT 进行汇报。

（4）同学互评和教师点评，然后综合评定各小组及成员的本次实训成绩。

5. 实训考核

（1）实训准备工作（10 分）。

（2）各组对本次实训的组织、分配、管理等过程的表现情况（20 分）。

（3）各组提交的实训报告的质量和报告 PPT 的演示效果（50 分）。

（4）学习小组的团队合作精神面貌（10 分）。

（5）同学互评，教师点评（10 分）。

项目八　运用促销策略

项目目标

知识目标

（1）熟悉促销的内容。

（2）理解促销的方式及促销组合。

（3）理解人员推销策略、广告策略、营业推广策略、公共关系策略。

技能目标

（1）能运用促销决策及实施的相关知识实施促销活动。

（2）能运用人员推销的方式、步骤、素质要求等相关知识开展人员推销。

（3）能运用广告的种类、媒体、策略等相关知识进行广告策划。

（4）能运用营业推广的方式、决策过程等相关知识策划营业推广活动。

（5）能运用公共关系的具体活动方式等相关知识策划公共关系活动。

本章导入

美国波音公司可谓是当今世界最有财力的大企业之一，它不仅以制造质地精良的飞机赢得了世界各国用户的欢迎，而且它对顾客竭诚周到的服务也博得了人们的交口称赞。

有一次，阿拉斯加航空公司急需特殊降落装置，以便飞机因故降落在泥泞的临时跑道上。波音公司知道后，毫不迟疑地把这种装置送到阿拉斯加航空公司，为该公司解决了急迫的困难，这不但感动了这家航空公司，还感动了众多的乘客。还有一次，加拿大航空公司的飞机因排气管结冰阻塞，发生故障。波音公司立即派工程师乘机飞到温哥华，不分昼夜地从事维修工作，最后把故障排除了，减少了航空班机的误点时间，这也成为众人传颂的事例。

1978 年 12 月，意大利航空公司 DCX 型客机在地中海坠毁，航空公司急需一架替代客机。意航总裁诺狄奥向波音公司董事长威尔逊提出一项特殊要求："波音公司能不能迅速送来一架波音 727 客机？"当时订购这种型号飞机的单子较多，至少要等两年，但波音公司考虑到意航的特殊情况，在发货表上稍微做了一下调整，并要求公司把生产排紧一点。这样，意大利航空公司在一个月内就得到了这个型号的飞机，解了燃眉之急。为了感谢波音公司的优良服务，意航决定取消购买道格拉斯公司 DC-O 飞机的计划，转向波音公司，一下子订购了 9 架波音 747 超大型客机。可见，周到的服务是扩大销售和赢得客户的极佳通道。

请思考：美国波音公司的飞机为什么能赢得客户的喜爱？

任务一　认知促销与促销组合

一、促销的含义

促销是指企业通过各种有效的方式向目标市场传递有关企业及其产品（品牌）的信息，以启发、推动或创造目标市场对企业产品和服务的需求，并引起购买欲望和购买行为的一系列综合性活动。

促销有以下几层含义。

（1）促销的核心是沟通信息。

（2）促销的目的是引发、刺激消费者产生购买行为。

（3）促销的方式有人员促销和非人员促销两大类。

二、促销的作用

促销在企业经营中的重要性日益显现，具体来讲有以下几方面。

1. 提供信息，疏通渠道

产品在进入市场前后，企业要通过有效的方式及时向消费者和中间商提供有关产品的信息，以引起他们的注意，激发他们的购买欲望，促使其购买。同时，要及时了解中间商和消费者对产品的意见，迅速解决中间商销售中遇到的问题，从而密切生产者、中间商和消费者之间的关系，畅通销售渠道，加强产品流通。

2. 诱导消费，扩大销售

企业针对消费者和中间商的购买心理来从事促销活动，不但可以诱导需求，使无需求变成有需求，而且可以创造新的欲望和需求。当某种产品的销量下降时，还可以通过适当的促销活动，促使需求得到某种程度的恢复，延长产品生命周期。

3. 突出特点，强化优势

随着市场经济的迅速发展，市场上同类产品之间的竞争日益激烈。消费者对于不同企业所提供的许多同类产品，在产品的实质和形式上难以觉察和区分。在这种情况下，要使消费者在众多的同类产品中将本企业的产品区别出来，就要通过促销活动，宣传和介绍本企业的产品特点，以及能给消费者带来的特殊利益，增强消费者对本企业产品的印象和好感，从而促进购买。

4. 提高声誉，稳定市场

在激烈的市场竞争中，企业的形象和声誉是影响其产品销售稳定性的重要因素。通过促销活动，企业足以塑造自身的市场形象，提高在消费者中声誉，使消费者对本企业产生好感，形成偏好，达到实现稳定销售的目的。

三、促销方式

为了实现企业的生产经营目标，可以使用不同的促销方式。企业可以使用的促销方式分为四类，即人员推销、广告宣传、营业推广、公共关系。

1. 人员推销

人员推销是一种既传统又现代的促销方式。它是指企业派出人员或委托推销人员，亲自向目标顾客对商品或服务进行介绍、推广宣传和销售。

2. 广告宣传

广告宣传是指企业通过一定的媒介物，公开而广泛地向社会介绍企业的营销形式和产品品种、规格、质量、性能、特点、使用方法以及劳务信息的一种宣传方式。

3. 营业推广

营业推广是指企业在比较大的目标市场中，为刺激早期需求而采取的能够迅速产生鼓励作用、促进商品销售的一种措施。

4. 公共关系

公共关系是指企业通过种种活动使社会各界公众了解本企业，以取得他们的信赖和好感，从而为企业创造一种良好的舆论环境和社会环境。

以上四类促销方式及主要特点，可用表 8-1 表示。

表 8-1 促销方式及主要特点

促销类型		促销成本	优点	缺点
人员推销	推销介绍、推销会议、电话销售、推销员示范、展销与展览	最高	直接沟通信息，反馈及时，可当面成交	接触面窄，占用人员多，费用高
广告宣传	广播广告、电视广告、报纸广告、杂志广告、邮寄广告、包装广告、产品目录、产品说明书、招贴和传单、广告册、广告牌、产品陈列、标语与标志	相对较低	传播面广，速度快，生动形象，节省人力	不能立即成交，单方面传播信息，电视广告单位时段收费高
营业推广	竞赛、抽奖、彩票、礼品与奖金、现场演示、表演、赠送样品、优惠与折扣、招待会、折让、展销	较高	吸引力大，激发购买欲望，可促成消费者及时购买	接触面窄，有局限性，有时会降低商品价格
公共关系	记者招待会、演讲、研讨会、年度报告会、各种庆典、捐赠	最低	提高企业和产品声誉，影响面广，可信度高	花费力量较大，见效慢，可控性差

四、促销组合

（一）促销组合的概念

促销组合是指企业根据产品的特点和营销目标，综合各种影响因素，对人员推销、广告、公共关系和营业推广四种促销方式的选择、编配和综合运用，形成整体促销的策略或技巧。

（二）促销组合的影响因素

1．促销目标

促销目标是影响促销组合决策的首要因素。通常企业的各种促销活动都是围绕促使顾客采取购买行为这一基本目标展开的。但是，顾客采取购买行为，只是顾客整个购买决策过程的最终环节。如果从心理学的角度来分析，潜在消费者只有在经历了知晓、了解、喜欢、偏爱、信任等一系列心理活动过程而积累了较高水平的需求状态之后，才会转而购买某种产品。因此，企业应该制定更有针对性的具体促销目标。

案例链接与思考

豪门盛宴，只给最重要的宾客

2004 年 12 月，A 市最大的百货商场跃华百货准备开展 2005 年的新春促销计划，主题为“豪门盛宴，只给最重要的宾客”。从腊月初十提前 15 天开始对会员通知会员专场的信息。同时，跃华百货还印制了精美的邀请卡，通过传统的邮寄方式发到每一个会员手中。并且，招商采购部、策划部、IT 部等相关的各个职能部门也开始进入了紧张的忙碌和筹备工作中，促销商品进货、信息系统的调试、出租车辆的组织等。

转眼间，腊月二十五到了，晚上 8 点，跃华百货的全体管理人员在大门前迎接当日入场的所有会员，每一个光临跃华百货的会员顾客都得到了一个 38 元的购物现金券，可以在当日抵用现金购物。

次日，经过统计，发现会员专场效果空前，会员光临人数在 5000 人左右，每人的平均购买金额在 200 元左右，仅晚上 8 点至凌晨 0 点期间，销售额在百万左右。这一消息令跃华百货的所有管理人员和供应商非常高兴，他们没有想到会员消费专场能起到这么大的作用。跃华百货总经理看着步出门店的每一个顾客都大包小包喜气洋洋的情景，不禁感触道：“原来我们真正的财神爷就在自己的手中，这些会员的消费能力这么厉害啊……”

在随后的数天中，每天光临会员专场的会员顾客越来越多，并且很多会员连续几天，天天光临卖场，不仅自己购买，还带着自己的朋友一起选购。这种会员带动能力就像滚雪球一样越滚越大，会员专场的几天新入会员人数是平时的 12 倍。而跃华百货所投入的营销费用较以前相比，还有所下降。因为以往的每一次促销活动都需要在各大媒体集中进行广告宣传，那些整版的广告投放和在电视上黄金时段的广告投放远远比进行专场的营销费用要高昂很多。同时，大部分的会员顾客对于跃华百货的品牌认可程度、专业程度等普遍得到认可，对于门店的忠诚程度也明显提升。

请思考：

跃华百货的这场豪门盛宴为什么能取得这么大的成功？

2．产品因素

（1）产品的性质。对不同性质的产品，购买者和购买目的就不相同，对不同性质的产品必须采用不同的促销手段和促销组合策略。总体而言，广告一直是消费品的主要促销工具，人员推销则是产业用品的主要促销工具，而营业推广在这两类市场上具有同等重要的程度。

（2）产品的生命周期。在产品生命周期的不同阶段，促销目标不同，需要采取不同的促销组合，如表 8-2 所示。当产品从生命周期的一个阶段进入到另一个阶段时，促销组合也必须随之改变，以符合改变后的促销目标。

表 8-2　产品生命周期不同阶段的促销组合与目标重点

产品生命周期	促销目标与重点	促销组合
投入期	建立产品知晓	介绍性广告、人员推销
成长期	提高市场知名度和占有率	形象建立型广告等
成熟期	提高产品的美誉度， 维持和扩大市场占有率	形象建立和强调型广告、公共关系， 辅以营业推广
衰退期	维持信任和偏好、大量销售	营业推广、提示性广告

3. 促销策略

促销策略从总的思想上可以分为“推”的策略和“拉”的策略两种。大多数情况下，是把这两种策略结合运用。

（1）“推”的策略。“推”的策略是以中间商为主要促销对象，把产品推进分销渠道，进而推向最终市场。这时，人员推销是主导。常用的策略如图 8-1 所示。

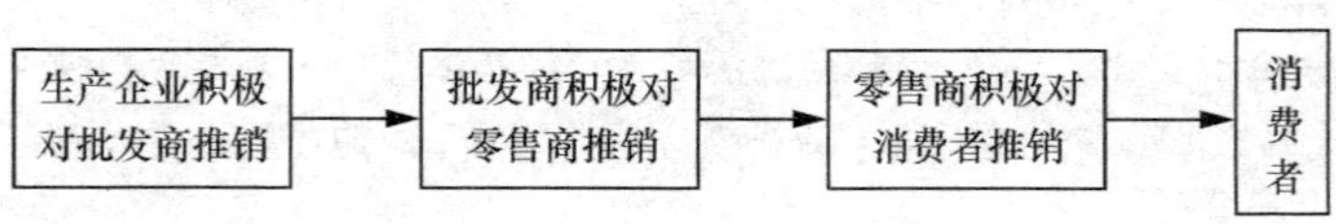

图 8-1 “推”的策略

a. 产品推销员携带样品或者产品目录走访顾客，进行送货推销、巡回推销或访问销售。

b. 建立和健全产品销售网点，扩大销售。

c. 通过售前、售中和售后服务促进销售。

d. 举办产品技术应用讲座与实物推销。

（2）“拉”的策略。“拉”的策略是以最终消费者为主要促销对象，先设法引起潜在购买者对产品的要求和兴趣，如果起作用，消费者便会纷纷向中间商寻购这种产品，中间商看到这种产品需求量大，就会向制造商进货。实施“拉”的策略，广告是主导。常用的策略如图 8-2 所示。

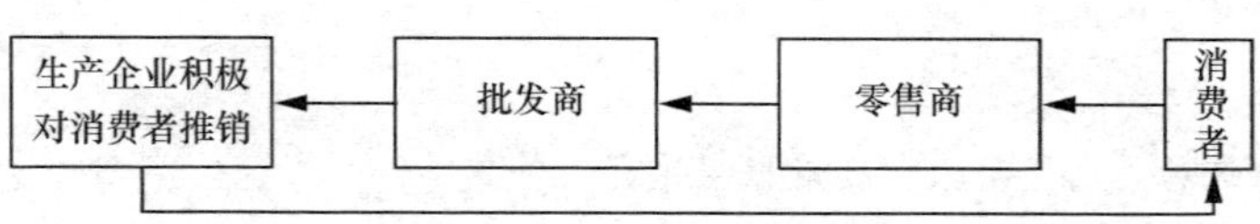

图 8-2 “拉”的策略

a. 通过广告宣传促进销售。

b. 组织产品展销会、订货会促进销售。

c. 通过代销、试销的方式促进销售。

d. 通过创名牌、树信誉、实行“三包”，增强消费者对产品和企业的信任，以促进产品的销售。

4. 市场特点

针对目标市场的特点不同，也需要采取不同的促销策略。如果目标市场地域范围大，应多采用广告进行促销；如果在小规模的本地市场销售，则应以人员推销或商品陈列为主。同时，企业也应考虑到目标顾客的年龄、性别、文化程度、价值观念、风俗习惯等，选择适当的促销策略。例如，如果目标顾客文化水平较高，应较多运用广告和公共关系；反之应多运用人员推销和营业推广。

5. 促销费用

企业用于促销方面的费用是有限的。因此，促销组合的选择还要考虑在有限的费用预算下，结合其他因素，判断采用什么样的促销组合可以使效果相对较好。相对而言，广告可以以较低的成本向众多的处在不同地区的分散的目标顾客传递促销信息；人员推销在建立客户关系方面较有优势，但其成本较高；营业推广对销售有一定刺激作用，但考虑到成本问题，不适合频繁和长期使用。

任务二　掌握人员推销策略

一、人员推销的概念及特点

1. 人员推销的概念

人员推销是指企业运用推销人员直接向顾客介绍、说服以及解答工作，促使顾客了解、偏爱本企业的产品，进而采取购买行为的一种促销方式。

2. 人员推销的特点

人员推销是企业所有促销手段中唯一利用人员所进行的促销活动，因此，它具有同其他促销手段所不同的显著特点。

（1）信息传递的双向性。人员推销是一种双向沟通的促销形式。

（2）推销目的的双重性。人员推销的目的不仅是为了推销产品，还要帮助顾客解决问题，与顾客建立长期合作关系。因此，人员推销具有推销商品和建立合作关系的双重目的，这二者是相互联系的。

（3）推销过程的灵活性。通过人与人之间面对面的接触，推销人员可以及时地回答推销对象对企业和产品各个方面的质疑，以消除推销对象、最终用户的疑虑。同时，在面对面接触的过程中，还可以针对产品价格、付款时间、交货地点等问题进行灵活机动的洽商，这对于交易的达成是非常有利的。

（4）友好协作的长期性。由于推销人员和推销对象经常接触，相互之间容易结成深厚的友谊，这种友谊的建立，可以为进一步建立贸易合作伙伴关系奠定深厚的基础，这是其他促销形式所不具备的优点。

人员推销的缺点主要表现在两个方面。

（1）支出较大，成本较高。由于每位推销人员直接接触的顾客有限，销售面窄，特别是在市场范围较大的情况下，人员推销的开支较多，这就增大了产品销售成本，在一定程度上减弱产品的竞争力。

（2）对推销人员的要求较高。人员推销的效果直接取决于推销人员素质的高低。随着科学技术的发展，新产品层出不穷，对推销人员的素质要求也越来越高，推销人员必须熟悉新产品的特点、功能、使用、保养和维修等知识与技术。因此，要培养和选择出理想的胜任的推销人员比较困难，而且耗费也大。

二、人员推销的形式、对象、策略与步骤

1. 人员推销的基本形式

（1）上门推销。上门推销是最常见的人员推销形式。它是由推销人员携带产品的样品、说明书和订单走访顾客，推销产品。这种最为古老的推销方式是被企业和公众广泛认可和接受的主要推销方式。这种方式的优势在于由推销人员积极主动地向顾客靠拢，有利于增进推销人员和顾客之间的情感联系。

（2）柜台推销。柜台推销又称门市推销，它是指企业在适当地点设置固定的营业场所，由营业员接待进入营业场所的顾客，推销产品。这里的营业员就是广义的推销人员。柜台推销是一种非常普遍的“等客上门”式的推销方式，这种方式的优点在于柜台的商品种类繁多，花色、式样丰富齐全，便于顾客挑选和比较。

（3）会议推销。它是指利用各种会议向与会人员宣传和介绍产品，开展推销活动。在订货会、交易会、展览会、物资交流会等会议上推销产品均属会议推销。这种推销方式的特点是推销人员接触面广，推销集中，可以同时向多个推销对象推销产品，成交额较大，推销效果较好。

2. 人员推销的推销对象

（1）向消费者推销。促销人员向消费者推销产品，如柜台、门市的推销，必须通过察言观色、沟通交流来了解顾客的购买动机、购买能力等情况，展示产品对顾客的适宜之处，促成顾客购买。

（2）向生产者推销。这要求推销人员不仅要对用户的基本情况有所了解，还要能够以专业的语言与顾客洽谈，陈述产品的优点，做可能取得的效益分析，并帮助用户解决技术和其他方面的疑难问题。

（3）向中间商推销。中间商也对所购商品有丰富的专门知识，而且更具有商业眼光，购买行为属理智型。这就需要推销人员具备相当的业务知识和较高的推销技巧，要与中间商研究拓展市场的举措以实现双赢。

3. 人员推销的基本策略

在人员推销活动中，一般采用以下三种基本策略。

（1）试探性策略。试探性策略，亦称刺激—反应策略。就是在不了解客户需要的情况下，事先准备好要说的话，对客户进行试探。同时密切注意对方的反应，然后根据反应进行说明或宣传。

（2）针对性策略。针对性策略，亦称配合—成交策略。这种策略的特点，是事先基本了解客户的某些方面的需要，然后有针对性地进行“说服”，当讲到“点子”上引起客户共鸣时，就有可能促成交易。

（3）诱导性策略。诱导性策略，也称诱发—满足策略。这是一种创造性推销，即首先设法引起客户需要，再说明我所推销的这种服务产品能较好地满足这种需要。这种策略要求推销人员有较高的推销技术，在“不知不觉”中成交。

案例链接与思考

一位年轻的太太，推着一个大约不到一岁的孩子，正往前走着，从旁边走来一位老太太，和这位年轻的妈妈聊了起来，边聊边笑嘻嘻地抱起孩子。“这孩子真胖，长得像你，多大了？”那位年轻的妈妈边笑边回答。接着老太太把孩子放到小车上，从她随身带的包中拿出两个小背心。“唉，我那儿媳妇下岗了，卖点小东西，这两件是断码的，全棉，你看这孩子穿上准好看。”老太太看到那位年轻妈妈不愿意卖，又指着她的产品说：“这两件你要是都要了，每件便宜五元钱，每件十五元，你回去打听一下，要是买贵了，我以老太太这把年纪担保，我再赔你四件”。最后这位年轻的妈妈看了看，并不十分情愿地买了两件。

请思考：

这位老太太的推销技巧分了哪几步？

4. 人员推销的步骤

（1）寻找顾客。寻找可能购买的顾客，这是推销的第一步。可上网查找工商企业名录、电话号码等，也可做广告征询，通过朋友、老客户介绍，以及通过社会团体与推销人员之间的协作间接寻找，并评估他们的信用和财务支付能力。

（2）事前准备。约顾客之前，必须了解三方面的情况：①企业产品的特点、用途及企业简况介绍。②顾客企业的一般情况、准备约见人的大概情况。③竞争对手产品的特点、竞争能力、竞争地位，做到知己知彼，心中有数。

（3）约见访谈。要选择适宜的约见方式与约见时间。约见时，要仪容整洁、谈吐文雅，要尊重对方，给人一个好印象，为成交创造一个良好的开端，为后面转入正题做准备。

（4）介绍和示范。可通过展示产品样品或图片、光盘、录像带、挂图、小册子等进行讲解与示范。在介绍产品时，要着重说明该产品能给顾客带来什么利益，并进行产品的使用示范，以增强顾客对产品的信心。

（5）处理异议。在推销过程中，常常会遇到顾客的不同意见。要善于倾听反对意见，掌握与持有异议的买方洽谈的技巧，要运用适当的措辞和证据，对症下药，消除顾客的疑虑，促成交易。

（6）成交。成交是推销人员接受买方订货购买的阶段。在洽谈过程中推销人员要随时给予对方以成交的机会。在介绍过程中或排除异议之后，若从顾客的动作、语言中发现可以达成交易的信号，应立即抓住时机签约成交。此外，为促成交易，推销人员可提供一些优惠条件。

（7）售后追踪。交易达成后，推销人员要认真执行订单中所保证的条件，如交货期和安装维修以及后续的回访，帮助顾客解决问题，建立长期的互惠合作关系，以吸引新的顾客。

三、人员推销的管理

（一）推销人员的素质

1. 态度热忱，勇于进取

推销人员是企业的代表，有为企业推销产品的职责；同时又是顾客的顾问，有为顾客的购买活动当好参谋的义务。企业促销和顾客购买都离不开推销人员。因此，推销人员要具有高度的责任心和使命感，热爱本职工作，不辞辛苦，任劳任怨，敢于探索，积极进取，耐心服务，同顾客建立友谊，这样才能使推销工作获得成功。

2. 求知欲强，知识广博

广博的知识是推销人员做好推销工作的前提条件。较高素质的推销员必须有较强的上进心和求知欲，乐于学习各种必备的知识。一般来说，推销员应具备的知识有以下几个方面。①企业知识。要熟悉企业的历史及现状，包括本企业的规模及在同行中的地位、经营特点、经营方针、服务项目、定价方法、交货方式、付款条件等，还要了解企业的发展方向。②产品知识。要熟悉产品的性能、用途、价格、使用知识、保养方法以及竞争者的产品情况等。③市场知识。要了解目标市场的供求状况及竞争者的有关情况，熟悉目标市场的环境，包括国家的有关政策、条例等。④心理学知识。了解并适时适地运用心理学知识，来研究顾客心理变化和要求，以便采取相应的方法和技巧。

3. 文明礼貌，善于表达

在人员推销活动中，推销人员推销产品的同时也是在推销自己。这就要求推销人员要注意推销礼仪，讲究文明礼貌，仪表端庄，热情待人，举止适度，谦恭有礼，谈吐文雅，口齿伶俐，在说明主题的前提下，语言要诙谐、幽默，给顾客留下良好的印象，为推销获得成功创造条件。

4. 擅于应变，技巧娴熟

市场环境因素多样且复杂，市场状况很不平稳。为实现促销目标，推销人员必须对各种变化反应灵敏，并有娴熟的推销技巧，能对变化万千的市场环境采用恰当的推销技巧。推销人员要能准确地了解顾客的有关情况，能为顾客着想，尽可能地解答顾客的疑难问题；能恰当地选定推销对象；要善于说服顾客（对不同的顾客采取不同的技巧）；要善于选择恰当的洽谈时机，掌握良好的成交机会，并善于把握易被他人忽视或不易发现的推销机会。

（二）推销人员的甄选与培训

1. 推销人员的甄选

企业甄选推销人员的基本标准主要有以下几种：一是感召力，即善于从顾客角度考虑问题，并使顾客接受自己；二是自信力，让顾客感到自己的购买决策是正确的；三是挑战力，即具有视各种疑义、拒绝或障碍为挑战的心理；四是自我驱动力，即具有完成销售任务的强烈愿望。企业甄选推销人员的途径有两种：一是从企业内部选拔，二是从企业外部招聘。

2. 推销人员的培训

培训推销人员的方法很多，常采用的培训方法主要有课堂培训法、会议培训法、模拟培训法和实地培训法。

（1）课堂培训法。这是一种正规的课堂教学培训方法。一般由销售专家或有丰富推销经验的销售人员采取讲授的形式将知识传授给受训人员。这是应用最广泛的培训方法，其主要原因在于费用低，并能增加受训人员的实用知识；其缺点是此法为单向沟通，受训人获得讨论的机会较少，讲授者也无法顾及受训人的个别差异。

（2）会议培训法。这种方法一般是组织销售人员就某一专门议题进行讨论，会议由主讲老师或销售专家组织。此法为双向沟通，受训人有表示意见及交换思想、学识、经验的机会。

（3）模拟培训法。这是一种由受训人员亲自参与并具有一定实战感的培训方法，为越来越多的企业所采用。其具体做法又可分为实例研究法、角色扮演法、业务模拟法等。实例研究法是一种由受训人分析所给的推销实例材料，并说明如何处理实例中遇到的问题的模拟培训法。角色扮演法是一种由受训人扮演销售人员，由有经验的销售人员扮演顾客，受训人向“顾客”进行推销的模拟培训法。业务模拟法是一种模拟多种业务情况，让受训人在一定时间内做出一系列决定，观察受训人如何适用新情况的模拟培训法。

（4）实地培训法。这是一种在工作岗位上练兵的培训方法。在新来的推销人员接受一定的课堂培训后即可安排在工作岗位上，由有经验的推销人员带几周，然后逐渐放手，使其独立工作。这种方法有利于受训者较快地熟悉业务，效果很好。

（三）推销人员的考核与评价

推销人员的考核与评价是人员推销管理的重要环节，因为许多关于推销人员的重要决策都是以此为基础做出的，如推销人员的报酬、晋升、去留等。

考评资料的收集包括推销人员的销售工作报告、企业销售记录、顾客及社会公众的评价、企业内部员工的意见。

1. 考评标准的建立

常用的推销人员绩效考核指标主要有以下两类。

（1）基于成果的考核，如销售量、毛利、访问率、访问成功率、平均订单数目、销售费用及费用率、新客户数目。

（2）基于行为的考核，如销售技巧、销售计划的管理、收集信息、客户服务、团队精神、企业规章制度的执行等。

2. 考评的方法

评价的方法一般是使用比较评价法，具体的方法有以下两种。

（1）横向比较法。这种方法是对每个推销人员的各项评价指标完成情况进行比较，以评价每位推销人员工作成绩的优劣。

（2）纵向比较法。这种评价方法是对每位推销人员现在和过去的工作进行比较，以评价每位推销人员工作成绩的优劣。这种比较能反映推销人员工作的改进情况。

（四）推销人员的奖励

奖励推销人员的方式主要有单纯薪金制、单纯佣金制和混合奖励制这三种。

1. 单纯薪金制

单纯薪金制亦称固定薪金制，是指在一定时间内，无论推销人员的销售业绩是多少，推销人员都获得固定数额报酬的形式。具体说来就是“职务工资+岗位工资 + 工龄工资”。

2. 单纯佣金制

单纯佣金制是指与一定期间的销售业绩直接相关的报酬形式，即按销售基准的一定比率获得佣金。单纯佣金制的具体形式又有单一佣金和多重佣金（累退制和累进制）、直接佣金和预提佣金之分。

3. 混合奖励制

混合奖励制兼顾激励性和安全性的特点。当然，混合奖励制有效的关键在于薪金、佣金和分红的比率。一般来说，混合奖励中的薪金部分应大到足以吸引有潜力的推销人员；同时，佣金和分红部分大到足以刺激他们努力工作。

混合奖励的常用形式有：薪金+佣金、薪金+分红奖励、佣金+分红奖励、薪金+佣金+分红奖励、薪金+佣金+分红奖励+期权。

除了上述三种奖励形式以外，还有特别奖励，即在正常奖励之外所给予的额外奖励，包括经济奖励和非经济奖励。非经济奖励包括给予荣誉、表扬记功、颁发奖章等。特别奖励的具体形式有业绩特别奖、销售竞赛奖等。

任务三　掌握广告策略

一、广告的概念及构成要素

1. 广告的概念

广告（Advertising）一词源于拉丁语（Advertere），有“注意”“诱导”“大喊大叫”和“广而告之”之意。广告作为一种传递信息的活动，是企业在促销中应用最广的促销方式。市场营销学中探讨的广告，是一种经济广告。也就是说，市场营销学中的广告是广告主以促进销售为目的，付出一定的费用，通过特定的媒体传播商品或劳务等有关经济信息的大众传播活动。

2. 广告的构成要素

一个典型的广告活动由如下五个要素构成。①广告主，是指发布广告的单位和个人。②广告媒体，是指传递信息的载体。③广告费用，是指广告主开展广告活动所必须支付的各种费用，包括广告调研费、设计制作费、广告媒体费、广告机构办公费，以及工作人员的相关支出等。④广告受众，是广告的对象，即接受广告信息的人。⑤广告信息，是指广告的具体内容。

二、广告的种类

按照不同的广告分类标志，可以将广告划分成许多不同的类型。

1. 根据广告的内容和目的划分

（1）产品广告。它是针对商品销售开展的大众传播活动。产品广告按其目的不同可分为三种类型：①开拓性广告，亦称报道性广告；②劝告性广告，又叫竞争性广告；③提醒性广告，也叫备忘性广告或提示性广告。

（2）企业广告。企业广告又称商誉广告。这类广告着重介绍企业名称、企业精神、企业概况（如厂史、生产能力、服务项目等情况）等有关企业信息，其目的是提高企业的声望、名誉和形象。

2. 根据广告的传播区域划分

（1）全国性广告。全国性广告是指针对全国市场、采用信息传播能覆盖全国的媒体所做的广告，以此激发全国消费者对所做广告的产品产生需求。在全国发行的报纸、杂志、广播、电视等媒体上所做的广告，均属全国性广告。这种广告要求广告产品是适合全国通用的产品，并且因其费用较高，也只适合生产规模较大、服务范围较广的大企业，而对实力较弱的小企业实用性较差。

（2）地区性广告。地区性广告指的是针对某一地方市场，采用信息传播只能覆盖这一区域的媒体所做的广告，借以刺激某些特定地区消费者对产品的需求。在省、县报纸、杂志、广播、电视上所做的广告，均属此类；路牌、霓虹灯上的广告也属地区性广告。此类广告传播范围小，多适合于生产规模小、产品通用性差的企业和产品。

3. 根据广告的媒体划分

广告可分为报纸广告、杂志广告、广播广告、电视广告、其他媒体广告。

三、广告表达的信息及表达方式

无论是通知（告知）性广告、劝说性广告还是提示性广告，都有说什么、怎样说以取得最佳效果的问题。特别是那些差异性不大的产品，如洗涤剂、啤酒、咖啡、文具等，向顾客表达什么尤其重要。

广告要表达的信息及表达方式一般有以下几种方式。

（1）生活片段。生活片段表现一个人或一些人在日常生活中正在使用产品。

（2）生活方式。生活方式强调本产品如何适应于人们的某种生活。

（3）音乐。一个人或多个人唱着关于本产品的广告歌曲，反复强调产品的品牌名称。

（4）气氛和意境。为产品制造可引起某种联想的气氛或意境，给人们暗示。例如，联想集团的广告语——人类失去联想，世界将会怎样。

（5）人格化。由个性鲜明的人物来代表和象征某产品。

（6）专门技术。专门技术表现企业具有生产产品的专门技术和丰富经验，如“格力电器，制造良机”。

（7）科学证明。显示调查证明或科学实验，表明产品完全合乎科学要求或国家标准

（国际标准），如产品通过 ISO 14000 认证等。

（8）旁证。请权威人士、权威机构或普通用户“现场说法”，证明这种产品的功能属实，以及他们如何喜爱这种产品。

在表达广告信息时，应注意运用适当的图画、文字、语言和声调，广告标题要醒目易记，引人入胜。

四、广告媒体及选择

1. 广告媒体

广告媒体，就是广告人与广告接受者之间起媒介作用的物质。广告必须借助一定的媒体，才能把企业的信息传递到消费者中去。

2. 广告媒体的种类及其特性

广告媒体的种类很多，不同类型的媒体有不同的特性。目前比较常用的广告媒体有以下几种。

（1）印刷广告。它指各种报纸、期刊等印刷媒体，是最普遍、最有效的传播媒体。报纸的特性：①读者较稳定，宣传覆盖率高；②传播迅速，反映及时；③自由选择刊登日期，费用较低；④能对产品进行详细说明；⑤保存性较差，画面清晰度差。期刊的特性：促销对象明确，保持率和阅读率好；画面鲜明，易引人注目。

（2）视听广告。它多指电视广告。视听广告，以“视”为主，因此广告词不能太长。视听广告给予受众视听享受时，阐述广告主张，因而其有极强的表现力和感染力，且媒介覆盖面广，自诞生以来发展很快。广播的特性：传播及时，对象广泛，成本较低，费用是电视广告的 1/4。但速度快，不便记忆，无处查阅。电视的特性：具有视、听、读综合效果；宣传作用大、涉及范围广、可连续重播、记忆深刻、生动灵活、形式多；费用高、竞争者多。

（3）邮寄广告。广告主将印刷的广告物（商品样本、目录、说明书、广告函）直接寄给买主、中间商或代理人。其优点是广告对象明确、选择性好、信息全面、准确、说服力强、效果显著。局限性是传播面较小。

（4）户外广告。户外广告多用作辅助性推广媒体，地点多选择在闹市、交通要道或公共场所，通常有招贴、广告牌、交通广告以及霓虹灯广告等。其优点是鲜明、醒目、美观，既宣传企业或产品又美化环境，内容简明易记、使人印象深刻。局限性是受空间限制，不易表达复杂内容，不能动态化。

（5）销售现场广告（POP 广告）。使用橱窗、货架以强化零售终端对消费者的影响力。

（6）其他媒体。广告的触角深入到了世界的各个角落，似乎任何存在的事物都具有被广告媒体选中的可能性。

资料贴吧

微电影广告

微电影业广告是新兴的广告传播形式，是为了宣传某个特定的产品或品牌而拍摄的有情节的、时长一般在 5～30 分钟的、以电影为表现手法的广告。它的本质依旧是广告，具有商业性或是目的性。微电影广告，采用了电影的拍摄手法和技巧，增加了广告信息的故事性，能够更深入地实现品牌形象、理念的渗透和推广，能够更好地实现“润物细无声”的境界。微电影广告，仍然是电影，不同的是，产品成为了整个电影的第一角色或是线索，在时间上，微电影远远比电影短小精悍。

从 2010 年开始，充满草根气质的微电影营销开始登堂入室，成为广告营销市场的新宠：去年年底在网络上一夜走红的微电影《老男孩》，背后是雪佛兰的冠名；姜文执导的《看球记》是与佳能合作；吴彦祖主演的《一触即发》和莫文蔚主演的《66 号公路》则是凯迪拉克的定制作品……在这股热潮的带动下，“微电影整合营销”的概念应运而生，在传统广告市场竞争日益激烈的行情下，微电影营销凭借强大的互联网传播平台和更为优越的表现形式，成为备受业界关注的广告营销新阵地。

3. 广告媒体的选择

广告媒体选择总的要求是，根据企业或产品的特点和促销目标，以最少的费用，获得最佳的促销效益。不同的广告媒体有不同的特点，在选择时应重点考虑以下因素。

（1）产品的性质。工业品和消费品，高技术性能产品和一般性产品，应分别选用不同的媒体。例如像服装广告这类有色泽、式样要求的产品，最好在电视和杂志上用彩色画面做广告，以增加美观和吸引力。高档耐用消费品（冰箱、洗衣机等），需要让顾客了解其外观、性能、规格，最好的媒体是电视。

（2）消费者接触媒体的习惯。不同的媒体传播的区域和范围不同，能使信息达到目标市场的媒体就是最有效的媒体。对于妇女用品的广告在妇女杂志和电视上做广告，效果会较好，也可以布置橱窗或展销。对学龄前儿童的广告，最好的媒体是电视。

（3）媒体的传播范围。不同媒体传播的范围有大小之分，能接近的人口有多少之别。市场的地理范围也影响到媒体的选择，销往全国的产品，宜在全国性的报刊、电台、电视台做广告；地区性销售的产品，可选用地方性报刊或霓虹灯、路牌等广告媒体。

（4）媒体的影响力。报纸杂志的发行量，广播、电视的听众、观众的数量，媒体的频率和声誉，是媒体影响力的标志。媒体的影响力应达到目标市场的每个角落，但超出目标市场的广告又是浪费。不同媒体的影响力不同，如广告信息只要求听到，就可以选择电台广告媒体；如果不仅要看到，还希望保留较长时间，那就要选择广告牌、霓虹灯、橱窗陈列等为媒体；如果不仅要听到、看到，还要有动作表现，那就必须选择电视或电影作为媒体。

（5）媒体的费用。在选择广告媒体时也要考虑费用。如销售额和费用开支额较大的商品，可以选用一些效果好但费用也较高的媒体做广告，如电视、电影等。如销售额小、费用开支相对不多的商品，则应选择费用较低的媒体。总之，企业在选择广告媒体时，应力求在一定的费用开支条件下，达到最好的广告效果。

以上是广告媒体选择中应考虑的几个基本因素。在对广告媒体的实际选择中，一方面要综合考虑上述因素选择合适的广告媒体；另一方面因不同的媒体有不同的优点和局限性，因而在广告媒体的选择中，企业往往要选择几种广告媒体同时使用，形成企业的广告媒体组合，以提高广告的总体效果。

五、广告的设计原则

当今广告设计的原则是根据广告的性质和目的而规定的，针对广告设计所提出根本性、指导性的准则和观点。下面讲解几个广告设计的原则：真实性原则、社会性原则、针对性原则、艺术性原则。

1. 真实性

广告的生命在于真实。广告的真实性体现在两方面。一方面，广告的内容要真实；另一方面，广告主与广告商品也必须是真实的。

2. 社会性

广告是一种信息传递。在传播经济信息的同时，也传播了一定的思想意识，必然会潜移默化地影响社会文化、社会风气。广告的社会性体现在：广告必须符合社会文化、思想道德的客观要求。

3. 针对性

广告的内容和形式要富有针对性，即对不同的商品、不同的目标市场要有不同的内容，采取不同的表现手法。广告要根据不同的广告对象来决定广告的内容，采用与之相适应的形式。

4. 艺术性

广告是一门科学，也是一门艺术。广告把真实性、思想性、针对性寓于艺术性之中。利用科学技术，吸收文学、戏剧、音乐、美术等各学科的艺术特点，把真实的、富有思想性、针对性的广告内容通过完善的艺术形式表现出来。

六、广告效果的测定

广告讲求经济效果，要提高广告宣传的经济效果，首先必须对广告效果进行测定。测定广告效果，可以从广告引起的沟通效果和广告销售效果两个方面来进行。

1. 广告沟通效果的测定

广告沟通效果不是以销售情况好坏作为直接评定广告效果的依据，而是以广告的收视收听率、产品的知名度、记忆度、理解度等广告本身的效果为依据。当然，广告本身效果最终也要反映在产品销售上，但它不以销售额多少作为衡量指标，而是以广告能产生的心理性因素为依据。其内容一般包括以下几方面。

（1）对广告注意度的测定。是指各种广告媒体吸引人的程度和范围，主要测定读者比率、收听率、收看率、点击率等。

（2）对广告记忆度的测定。是指消费者对于广告的主要内容，如企业名称、产品名称、广告语等记忆度的测定，从中检查广告主题是否鲜明、突出。

（3）对广告理解度的测定。是指消费者对于广告内容、形式理解度的测定，从中可以检查广告的设计和制作中存在的问题并加以解决。

（4）对购买动机形成的测定。了解广告与消费者购买动机形成之间的关系，进而研究广告在促销中的作用，为企业调整营销策略提供依据。

2. 广告销售效果的测定

广告沟通的效果不等于广告的销售效果，沟通效果良好不意味着就能提高销量。因此，越来越多的企业在关注广告沟通效果的同时，开始关注广告对企业销售的直接促进作用。在对广告的销售效果进行测定时，企业经常会将广告费用的增加与销售额的增加进行比较，其计算公式是：

$$广告效果比率=销售额增加率\div广告费用增加率\times100\%$$

由于影响销售增加的因素复杂，因此在对广告销售效果评价时，要对影响销售增加的因素进行充分分析。

技能训练 8-1

制定广告方案

训练背景

某日用品公司近期打算推出“茶爽”系列牙膏。这款牙膏具有较强的药用和口腔清洁功能，可以很好地起到消炎止血和祛除牙菌斑的作用，此款牙膏定位在高端市场。

训练要求

（1）以小组为单位，分析同类产品目前的广告投放媒体状况，调查“茶爽”牙膏目标客户接受或亲近的媒体情况。

（2）确定“茶爽”系列牙膏广告投放的媒体组合，并选择合适的广告策略撰写广告方案，以提高消费者对本产品的认知度。

任务四　掌握营业推广策略

一、营业推广的概念与特点

营业推广又称销售促进，是指企业在短期内刺激消费者或中间商对某种或几种产品或服务产生大量购买的促销活动。

营业推广是适用于短期的促销工具，它在吸引消费者试用或破坏其他品牌使用者的忠诚度上最为有效。然而长时间使用营业推广促销，会造成消费者对价格的敏感，不但无法使消费者建立起真正的品牌忠诚度，甚至会产生负面的影响，如怀疑质量降低、无法维持正常价位、造成恶性竞争，等等。长期的品牌忠诚度主要应靠广告来维持。

二、营业推广的种类和具体形式

有许多不同的营业推广方法可以用来实现不同的目标，而且各种不同的新方法仍不断地被发掘出来。选择营业推广的方法，必须充分考虑营业推广方法的成本效益等各种因素。

1. 针对消费者的营业推广形式

对消费者的营业推广形式的目的：一是鼓励购买；二是促进新用户试用；三是鼓励使用者购买新包装商品；四是吸引购买其他同类产品的顾客。

常见的营业推广形式有以下几种。

（1）赠品。提供赠品是指对购买商品的顾客赠送相关商品（价格相对较低、符合质量标准的商品）。这种方法有利于刺激商品的销售，是一种有效的营业推广方式。

（2）赠券或印花。赠券或印花又称为优惠券，作为对某种商品免付一部分货款的证明，持有者在购买本企业产品时可以凭赠券免付一部分货款。赠券或印花可以邮寄或通过媒体分发，也可附在商品或广告中赠送，还可以向购买商品达到一定数量或数额的顾客赠送。这种形式，有利于刺激消费者使用老产品，也可以鼓励消费者购买新产品。

（3）价格折扣。价格折扣是指企业在一定时期内调低商品售价，将原来的价格减让一定折扣后优惠出售商品，也可以说是适当地减少自己的利润以回馈消费者。常用的方法包括单件减价、多件减价（数量减价）、搭配减价（即捆绑减价，几种相关产品一起搭配销售时使用）。

（4）展销。通过参加展销会的方式进行商品推广。展销可以集中消费者的注意力和购买力。在展销期间，质量精良、价格优惠、服务周到的商品一般易受到消费者的青睐。

（5）服务促销。通过周到的服务使顾客得到实惠，促进销售。

2. 针对中间商的营业推广方式

向中间商推广，其目的是为了吸引中间商购买新产品，刺激中间商大量购买，鼓励购买落令商品，促使中间商成为本企业的忠实顾客。

向中间商推广的形式主要有以下几种。

（1）销售折扣。销售折扣即对长期合作或销售努力的中间商给予一定的折扣。销售折扣包括批量折扣、现金折扣和季节折扣。

（2）资助。资助是指生产企业为中间商提供陈列的商品、支付部分广告费用和垫付部分运费等。在这种方式下，中间商陈列本企业产品，企业可免费或低价提供陈列商品；中间商为本企业产品做广告，生产者可资助一定比例的广告费用；为刺激距离较远的中间商经销本企业产品，可给予一定比例的运费补贴。

（3）经销津贴。经销津贴是指对经销本企业产品有突出成绩的中间商应给予奖励。这种方式能刺激经销业绩突出者加倍努力，更加积极主动地经销本企业产品，同时，也有利于诱使其他中间商为多经销本企业产品而努力，从而促进产品销售。

3. 针对销售人员的营业推广形式

企业可以通过红利提成、特别推销金、推销竞赛等方式来奖励推销人员，鼓励推销人员大力推销新产品，刺激推销落令商品，促使推销人员开拓潜在的市场。

（1）红利提成。事先规定推销人员的销售指标，对超指标的推销人员按比例提取一定的红利，以鼓励推销员多推销商品。

（2）特别推销金。企业给予推销人员一定的现金、礼品或本企业的产品，以鼓励其努力推销本企业的产品。

（3）推销竞赛。在推销人员中发动销售竞赛，对推销产品有功的人员或销售额领先的推销员给予奖励，用以鼓励推销员，调动推销员的积极性。

三、营业推广的决策过程

营业推广是促销组合的重要组成部分。如何做出正确的营业推广决策是各企业面临的重要问题之一。企业在运用营业推广的过程中，需要进行一系列决策活动。

1. 建立营业推广的目标

从产品所处的生命周期看，在产品投入期，营业推广的目标主要是为了缩短产品与顾客之间的距离，促使目标消费者试用新产品，认知新产品。在产品成长期，营业推广的目标主要是鼓励消费者重复购买、刺激潜在购买者和增强中间商的接受程度。在产品成熟期，营业推广的目标在于刺激大量购买、吸引竞争品牌的消费者、保持原有的市场占有率。在产品衰退期，营业推广的目标是快速大量销售，尽可能地处理积压库存产品，加速资金周转。

从营业推广的对象看，对于消费者来讲，营业推广的目标是在于鼓励现有消费者大量、重复、及时购买，同时吸引和培养新的消费群体。对中间商来讲，营业推广的目标是保证现有渠道的稳定，促使中间商维持较高的存货水平，刺激中间商积极销售产品。对于销售人员来讲，营业推广的目标是在维持现有产品销售的基础上，鼓励积极销售新产品，同时寻找更多的新顾客。

以上是营业推广的基本目标。作为一个企业来讲，不可能同时完成这些目标。企业应该在长远营销目标的基础上，根据自身经营特点，充分考虑企业面临的问题与机遇，做出营业推广目标的选择。

2. 选择营业推广形式

营业推广方式是多种多样的，各有其特点和适用范围，所以应对多种营业推广方式进行比较并择优组合，以实现最优的促销效益。企业在选用营业推广形式时应考虑以下几点。

（1）市场类型。不同的市场类型对营业推广方式有不同的要求，因此所选择的营业推广方式必须适应企业所处市场类型的特点和相应要求。

（2）营业推广的目标。特定的营业推广目标往往对营业推广方式有着较为明显的条件要求和制约，从而决定着营业推广方式选择的范围。

（3）企业的竞争地位。根据企业在竞争中所具有的实力、条件、优势与劣势，以及企业外部环境中竞争者的数量、实力、竞争策略等因素的影响，选择最适合自已的、最有效的营业推广工具。

（4）营业推广的预算。企业市场营销费用中有多少用于促销，促销预算中又有多大份额用于营业推广，这往往对营业推广方式的选择形成一种硬约束。另外，每种营业推广的成本效益与不同种类营业推广方式组合的综合效益是有差别的。

3. 制定营业推广方案

在确定了营业推广目标和方式后，接下来就要制定具体的营业推广方案。一个完整的营业推广方案中应该包括以下几个方面的内容。

（1）诱因量的大小。企业必须确定使企业成本/效益效果最佳的诱因规模。一般来说，诱因规模越大，对推广对象产生的刺激越大，可能产生的营业推广效果就越大。但诱因的提高与效果的提高并不成线性关系。事实上，销售反应函数一般都呈 S 形，也就是说，诱因规模很小时，销售反应也很小，一定的最小诱因规模才足以使促销活动开始引起足够的注意。当超过一定点时，较大的诱因以递减的形式增加销售反应。通过考察销售和成本增加的相当比率，市场销售人员可以确定最佳诱因规模。

（2）参与者的条件。营业推广的另一个重要内容，就是决定参与者的条件。参与者的条件是由产品的性质、营销途径、推广的规模等多种因素决定的。参与者可以选择目标市场的一部分，也可以选择整个目标市场，一般应严格限制本企业的职工或其家属的参与。通过确定参与者的条件，企业可以有选择地排除那些不可能成为商品固定使用者的人。

（3）营业推广促销媒体的分配。企业还必须决定如何将营业推广方案向目标市场贯彻。假如营业推广是一张减价 20 元的折价券，至少有 4 种途径可以使顾客获得该折价券：一是放在包装内；二是在商店里分发；三是邮寄；四是附在广告媒体上。每一种途径的到达率和成本都不相同。

（4）营业推广时间。营业推广的时间决策包括营业推广活动的日程安排和持续的时间长短。对于营业推广活动的日程安排、要求选择的时间要适当，如对在节假日需求量大的产品，选择的时间应是节假日到来前的某一日期，而选择其他日期可能会大大降低营业推广的效果。对于营业推广活动持续的时间不能太短，也不能太长。持续的时间太短，许多可能参与的顾客可能会失去参与的机会，从而影响营业推广的效果；持续的时间太长，将可能产生自贬身价的结果。一般认为，每次营业推广时间的长度应与平均购买周期的长度相当。

（5）营业推广费用的预算。营业推广预算的制定可以采取两种方法：一是综合分析法，即根据营业推广目标、营业推广法和营业推广方案的其他各方面，分别算出在营业推广活动各环节需要的费用，以这个费用总和作为总预算；二是总促销预算百分比法，即根据企业的促销组合策略，将总促销预算在不同促销方式上，以一定的比例关系进行分配，这种方法是目前使用较多的一种营业推广预算的确定方法。

案例链接与思考

怎样让销售淡季旺销

一年冬天，气候反常，不怎么寒冷。许多羊毛衫厂及绸缎布厂生产的时令货都销不出去，这时又值每年一度的交易淡季。生产厂家为了使资金周转，只得半价批售给绸缎布匹百货业。这些百货店仍感到：贪一时便宜，可卖不出去就积压了资金。可有一家百货公司的老板在想：这批货这么便宜，可以买进。如果开发出一套好的销售方法，在淡季也能激起购买热情。

一开始，这家百货公司准备采用“大牺牲、大拍卖、大削价”等主题做宣传，但认为太传统、太普通了。接着又考虑使用“打折”为主题做号召，但又认为力度不够，于是后来采用了一个新构想，开设“不计成本部”柜台，专销这些布匹，同时大张旗鼓地宣传“买 100 还 50”的主题。对此，百货公司向顾客说明：在“不计成本部”买了 100 元的货，凭发票还可以选取 50 元的货物。后又改为“买 100 还 50”，正式推出这套廉价销售活动。仅仅改动了一个字，“买 100 还 50”变为“买 100 送 50”，其市场意义就大不一样了。

国艺公司想得很仔细：因为就字面意义来说，“还”字表示顾客收回自己的东西，“送”字表示百货公司赠送给顾客的东西，显得公司与顾客之间亲切而有感情。当天晚上的反馈还比较少，到了第二天一早，百货公司二楼的不计成本部就挤满了顾客，头两天就销出了 11 万米绸缎布。

请思考：

国艺公司在产品淡季是如何将产品销售出去的？

4. 营业推广的控制

（1）选择适当的方式。一般来说，要结合产品的性质、不同方式的特点以及消费者的接受习惯等因素选择合适的营业推广方式。

（2）确定合理的期限。推广时间过短，不少潜在买主可能没有买到；推广时间过长，会使消费者认为是一种变相降价从而失去吸引力，甚至会对商品质量产生怀疑。

据美国的有关调查证明，每一季度开展三星期左右的营业推广较为合适，至于每一次推广的期限，以消费者的平均再购周期为标准较恰当。

（3）严禁弄虚作假。企业在推广全过程中，一定要坚决杜绝徇私舞弊的短视行为发生。本来营业推广这种促销方式就有贬低商品之意，如果再不严格约束企业行为，那将会产生失去企业长期利益的巨大风险。

（4）注重中后期宣传。在营业推广活动的中后期，面临的十分重要的宣传内容是营业推广中的企业兑现行为。这是消费者验证企业推广行为是否具有可信性的重要信息源。所以，令消费者感到可信的企业兑现行为，一方面有利于唤起消费者的购买欲望，另一个更重要的方面是可以换来社会公众对企业良好的口碑，增强企业良好形象。

技能训练 8-2

设计营业推广方案

训练背景

某食品公司专门针对 12 岁及以下的儿童开发出了一款新口味的果汁饮料系列，均采用外观为卡通形象图案的软瓶包装，一共有三种包装规格，分别是 100mL、150mL 和 200mL，已经生产出香橙味、水蜜桃味、西瓜味、草莓味、葡萄味这五种口味。现欲在超市大力开展推广活动，以提高品牌认知度和消费者试用率。

训练要求

以小组为单位，分析同类产品目前常采用的推广方式，并针对这款新产品策划一次推广活动，设计一份推广方案。

资料来源：符莎莉.《市场营销实务》. 北京：电子工业出版社，2010.

任务五　掌握公共关系策略

公共关系是促销组合中的一个重要组成部分。20 世纪 80 年代，营销大师菲利普·科特勒提出“大市场营销”，把公共关系作为一项重要内容列入。

一、公共关系的概念和特征

1. 公共关系的概念

“公共关系”又称公众关系，它译自英文 Public Relations，简称“公关”或 PR。按照美国公共关系协会的理解，“公共关系有助于组织（企业）和公众相适应”，包括设计用来推广或保护一个企业形象及其品牌产品的各种计划。也就是说，公共关系是指企业在从事市场营销活动中正确处理企业与社会公众的关系，以便树立品牌及企业的良好形象，从而促进产品销售的一种活动。

2. 公共关系的特征

（1）公共关系是一定社会组织与其相关的社会公众之间的相互关系。

① 公关活动的主体是一定的组织（企业、机关、团体等）。

② 公关活动的对象是企业的公众，构成企业活动的客体。

③ 公关活动的过程是信息的传播和沟通。

（2）公共关系的目标是为企业广结良缘，在社会公众中创造良好的企业形象和声誉。

（3）公共关系的活动以真诚合作、平等互利、共同发展为基本原则。

（4）公共关系是一种信息沟通，是创造“人和”的艺术。

（5）公共关系是一种长期活动。

二、公共关系的对象

公共关系工作的对象是公众。所谓公众是指与工商企业经营管理活动发生直接或间接联系的社会组织和个人，主要包括消费者、供应厂商、经销商、新闻媒体、社区、政府和企业内部职工等。

1. 消费者

在市场经济条件下，满足消费者的需要是企业一切活动的出发点。企业必须使消费者对本企业产生良好的印象，以良好的企业形象和声誉吸引消费者。为了建立与消费者间的良好关系，企业应坚持为消费者提供满意的服务，与消费者进行有效的沟通，注意处理与消费者的纠纷，在消费者心目中树立产品知名度，建立质量信赖感。

2. 供应厂商

为了保证企业产品的正常生产，需要有充足的原材料、零部件、工具、能源等供应，因而必须与供应商维持良好的关系。

案例链接与思考

上海媒体于2014年7月20日晚揭露出给沪上一众洋快餐供应原料的福喜公司的一系列有关食品安全的黑幕。据报道：上海福喜食品公司，将落地肉直接上生产线，各种过期原料随意添加；次品全部混入生产线，来历不明的牛肉饼就此“洗白”；监管形同虚设，冷冻臭肉重新变身“小牛排”。这些都是福喜公司加工车间内的场景，这些产品一直以来都直接供给麦当劳、肯德基等洋快餐。

据东方卫视报道，上海福喜食品有限公司通过过期食品回锅重做、更改保质期标印等手段加工过期劣质肉类，再将生产的麦乐鸡块、牛排、汉堡肉等售给肯德基、麦当劳、必胜客等大部分快餐连锁店。在记者提出质疑后，其工作人员甚至侃言：“过期也吃不死人”。

记者登录上海市工商行政管理局网站查询到，上海福喜食品有限公司成立于1996年4月4日，注册资金为5 047万元，是一家外国法人独资企业，股东/发起人为：欧喜投资（中国）有限公司。经营范围：生产速冻食品、肉制品；各类蔬菜、水果的加工以及其他粮食加工品的加工，销售本公司自产产品；研发上述生产及加工的产品，转让自研技术成果，提供与上述业务相关的技术咨询和服务。

对于《东方卫视》报道的麦当劳个别供应商存在的问题，麦当劳第一时间通知全国所有餐厅，立即停用并封存由上海福喜提供的所有肉类食品。同时，公司立即成立调查小组，对上海福喜及其关联企业展开全面调查，并将尽快公布结果。食品安全是麦当劳的重中之重，为确保消费者放心享用，麦当劳始终严格遵守国家法律法规和相关标准，对于供应商的行为准则有同样的要求，对于违法违规行为零容忍。

请思考

根据案例资料分析供应厂商对企业的影响。

3. 经销商

企业产品的销售通常是通过经销商进行的，因此，与经销商关系的好坏，是企业销售的关键。企业应迅速、准时地给经销商提供品质优良、价格合理、设计新颖、适销对路的产品，为经销商提供各种销售便利和服务。

4. 新闻媒体

新闻媒体是企业最特殊的公众，企业的公共关系活动通常要借助一定的宣传媒体向外界发布，以扩大活动的影响力。因此，企业要与各新闻媒体单位保持密切的关系，要积极与新闻媒体接触，提供可供选择的新闻素材，并欢迎媒体单位的采访报道。另一方面，对待媒体的负面报道，企业要冷静、谨慎，首先要认真核实新闻报道内容，迅速查清事实真相。如果是企业自身的问题，要尽快改正，并将改进后的情况及时通报新闻媒体，争取挽回不良影响。如果新闻报道有失偏颇，与事实不符，企业要立即通过新闻媒体说明真相，或举办新闻发布会澄清事实，并可要求发布不实报道的新闻媒体做出公开更正以免影响企业形象。

5. 社区

社区是企业的所在地，企业要与所在地的其他工厂、机关、学校、医院、公益事业单位、居民等发生各种关系。社区关系的好坏，影响着企业的生产和经营活动。

6. 政府

政府也是企业的一种公众。企业要生存和发展，离不开政府的支持和帮助。政府的各个职能部门所制定的政策、法规会直接或间接地影响企业。因此，企业必须经常与政府有关部门进行沟通，及时了解有关的政策、法规及计划，并使之能尽量有利于本企业的发展。

7. 企业内部职工

在企业内部，做好员工的思想工作，增强员工的凝聚力，培养团队精神，对企业来说，同样是至关重要的。企业可以通过一系列手段，做好企业内部的公共关系：①内部渠道的信息沟通，如简历内部网络、广电交流平台、发行内部刊物等，宣传企业优秀文化，培养员工的自豪感、归属感；②定期举办各类集体活动，如旅游、参观、聚餐、文体活动等，使员工之间的关系融洽。

三、公共关系的作用

公共关系促销作为一种促销方式，虽与其他促销方式具有类似的作用，但在某些方面，它的作用要比其他促销方式大得多，有时其他促销方式无法达到的促销目标可以借助于公共关系促销来实现。公共关系促销在企业促销中的特殊作用主要反映在以下方面。

（一）搜集信息，监测环境

1. 产品形象信息

产品形象信息指消费者对本企业产品的各种反应与评价，是企业形象的基础。

2. 企业形象信息

企业形象是社会公众和企业职工对企业整体的印象和评价。公共关系的主要任务就是通过恰当的措施，树立企业的良好形象。

企业形象信息包括以下内容：①公众对企业组织机构的评价；②公众对企业经营管理水平的评价；③公众对企业人员素质的评价；④公众对企业服务质量的评价。

3. 企业内部公众的信息

企业内部公众的信息主要是指组织内部的全体人员，即企业的所有职工的要求、愿望、意见和建议，包括他们对企业各个方面活动的各种不同的评价和反映。由于组织成员关系具有公共关系起点的特殊地位，可以说，他们既了解外部公众意见，又站在与外部公众不同的角度来评价组织。他们的一言一行，他们提供的信息，都会有重要意义。因此，了解员工对企业的评价和期待，看看企业树立一个怎样的形象，才能对员工产生凝聚力，显然是重要的公共关系信息。

4. 其他信息

公关作为社会经济趋势的监测者，应广泛收集有关社会经济信息，供决策者参考，如投资者的投资意向、竞争者动态、顾客的需求变化、其他社会公众对企业的要求以及国内外政治、经济、文化、科技等方面的重大变化。

（二）咨询建议，决策参考

（1）利用收集信息进行综合分析，考察企业决策和行为在公众中产生的效应及影响程度。

（2）预测企业决策和行为与公众可能意向之间的吻合程度。

（3）及时、准确地向企业的决策者进行咨询，提出合理而可行的建议。

（三）舆论宣传，创造气氛

（1）将企业有关信息及时、准确、有效地传递给特定的公众对象，创造良好的舆论气氛。

（2）有利于企业改变公众误解，传播正确信息。企业被公众误解时，是一个严峻的时刻，而良好的公共关系能够帮助企业消除形象危机。

（四）交往沟通，协调关系

（1）交往沟通是公关的基础。

（2）有利于增强企业内在的凝聚力，协调与外界的关系。

一个企业要顺利地发展，内部就要充满生机和活力。良好的公共关系有利于企业人员经济性、智慧和创造性的发挥。

（五）教育引导，社会服务

主要指通过广泛、细致、耐心的劝服性教育和优惠性、赞助性服务，诱导公众对企业产生好感。

（1）向企业内部人员输入公关意识，诱发其重视企业整体形象和声誉。

（2）通过劝服性教育和实惠性社会服务，使社会公众对企业的行为、产品等产生认同和接受。

四、公共关系的活动方式和工作程序

1. 公共关系的活动方式

（1）宣传型公关。宣传型公关是运用报纸、杂志、广播、电视等各种传播媒介，采用撰写新闻稿、演讲稿、报告等形式，向社会各界传播企业有关信息，以形成有利的社会舆论，创造良好气氛的活动。

（2）征询型公关。征询型公关主要是通过开办各种咨询业务、制定调查问卷、进行民意测验、设立热线电话、聘请兼职信息人员、举办信息交流会等各种形式，连续不断地努力，逐步形成效果良好的信息网络，再将获取的信息进行分析研究，为经营管理决策提供依据，为社会公众服务。

（3）交际型公关。交际型公关是通过语言、文字的沟通，广结良缘，巩固传播效果。可采用宴会、座谈会、招待会、谈判、专访、慰问、电话、信函等形式。交际型公关具有直接、灵活、亲密、富有人情味等特点，能够深化企业与公众的感情。

（4）服务型公关。服务型公关就是通过各种实惠性服务，以行动去获取公众的了解、信任和好评，以实现既有利于促销又有利于树立和维护企业形象与声誉的活动。企业可以以各种方式为公众提供服务，如消费指导、消费培训、免费修理等。事实上，只有把服务提到公关这一层面上来，才能真正做好服务工作，也才能真正把公关转化为企业全员行为。

（5）社会型公关。社会型公关是通过赞助文化、教育、体育、卫生等事业，支持社区福利事业，参与国家、社区重大社会活动等形式来提高企业的社会知名度和美誉度，塑造企业的良好形象。这种公关方式，公益性强，影响力大，有长期效益，企业能从中得到特殊的利益，建立一心为大众服务的形象。

（6）建设型公关。这种方式多用于一个企业的开创时期，或某一发展时期的起步阶段，或新产品问世，争取良好、深刻的第一印象，提高知名度。把握时机，创造条件，不断在特定公众中进行新颖、别致的“曝光”“亮相”。

（7）维系型公关。维系型公关指在顺利、稳定发展时期，为保持声誉，稳定良好关系，长期不断施以不落痕迹的影响。

（8）进攻型公关。进攻型公关指目标与客观环境冲突、摩擦之际，以攻为守，改变对原环境的过分依赖，摆脱被动局面。

2. 公共关系的工作程序

开展公共关系活动，其基本程序包括调查、计划、实施、检测四个步骤。

（1）公共关系调查。公共关系调查是公共关系工作的一项重要内容，是开展公共关系工作的基础和起点。通过调查，能了解和掌握社会公众对企业决策与行为的意见，了解各类公关情况的变化以及对组织产生的影响，发现组织存在的问题，找出不足之处，为建立信誉、树立良好形象、协调组织与公众关系等方面的工作做准备。

（2）公共关系计划。公共关系是一项长期性工作，合理的计划是公关工作持续高效的重要保证。在制订公关计划时，要以公关调查为前提，依据一定的原则来确定公关工作的目标，并制定科学、合理、可行的工作方案，如具体的公关项目、公关策略等。

（3）公共关系实施。公关计划的实施是整个公关活动的“高潮”。为确保公共关系实施的效果最佳，正确地选择公共关系媒介和确定公共关系的活动方式是十分必要的。

（4）评估公共关系效果。评估公共关系效果，亦即对公共关系活动的效果进行评估与估价。这是整个企业公共关系活动流程的最后一个阶段。但公关往往同其他促销方式配合使用，很难确定公关从中究竟起了多大作用。

项目思考与练习

【案例分析】

饮品巨头的世界杯营销算盘

啤酒行业：群雄争霸

据中国产业洞察网的报告显示：啤酒、碳酸饮料和茶饮品是世界杯球迷首选的三种饮品，其中啤酒是大部分球迷的首选，选择率高达56%。

成为世界杯指定啤酒商，是各啤酒企业角逐的焦点。多年来，百威、英博等国际啤酒巨头在世界杯期间抢占了先机、出尽风头。而国内啤酒品牌青岛、雪花和燕京等巨头，则通过广告、促销以及关乎世界杯的一些行动上“借题发挥”，进行品牌推广。

青岛啤酒已提前进入“世界杯”时间，不但针对球迷个性化需求开展“私人定制”业务，还同时推出了“足球罐”和“足球纪念瓶”两款新品。

碳酸饮料：两强相争

中国产业洞察网研究显示，虽然大部分球迷认为观看世界杯时喝啤酒更尽兴，但是提到观看世界杯时首先想要喝的饮品品牌时，有六成以上的人选择了碳酸饮料，其中可口可乐和百事可乐各占40%和29%份额。

作为2014年巴西FIFA世界杯合作伙伴，可口可乐公司在多维度与球迷建立亲密友好的联系。可口可乐不仅推出了18款代表不同国家的限量特别版迷你包装，还在开幕式上放置一幅巨大的幸福旗帜——由众多球迷形象照片拼接而成的图片。

百事可乐于2014年1月就启动了2014世界杯百事足球战略活动，并选取了阿根廷的梅西、荷兰的范佩西等作为代言人。另外，百事可乐宣布在全球多达100个市场进行世界杯营销，这也是百事可乐有史以来围绕足球主题在全球进行的最大规模的广告传播战役。

凉茶饮料：双雄角逐

凉茶行业两大巨头加多宝与王老吉不约而同地选择主打“体育牌”，双双角逐2014年世界杯营销。

一直以来，加多宝奉行“大品牌、大平台、大事件”的战略。在世界杯营销正式开启前，加多宝与CCTV5倾力打造的世界杯特别栏目《GO，巴西GOAL》足迹已遍及九大欧洲足球强国。在世界杯期间，加多宝成为爱奇艺世界杯整体项目的独家冠名商，参与爱奇艺世界杯期间所有原创视频《晓松奇谈》《体育评书》《世界杯日报》等。除此之外，加多宝还开展了“看巴西正宗足球，喝加多宝正宗凉茶”的促销推广活动，线上线下呼应，全面实现借势营销。

资料来源：中国产业洞察网，http://www.51report.com/free/3043763.html

请思考：

（1）青岛啤酒、可口可乐、百事可乐、加多宝这些品牌分别采取了哪些促销方式？这些促销方式的优点是什么？

（2）为什么加多宝采取这种促销方式会成功？

【综合实训】

1．实训项目：促销情景模拟

2．实训背景

暑假快到了，丹东市某玩具厂营销部为了加大一种智力玩具的销量，决定在产品上捆绑一种时下在小学生中非常流行的飞镖玩具，以期博得他们的青睐。

分析：现在的促销存在“滥用”和“用烂”两种情况。上述促销手段到底能不能起到预想的效果，取决于促销手段的应用是否合理。

现营销部经理来到厂长办公室汇报情况，分析得失利弊，请示厂长决策。

3．实训目的与要求

以小组为单位，对营销部经理和厂长的活动进行模拟（提示：可以从产品的购买动机、产品的安全性和消费决策者的作用等方面提出看法和观点。）

4．实训步骤

（1）根据教学班级人数确定学习小组（5~8组为宜），每组6~8人。

（2）学生讨论选出组长，并分工进行玩具产品的相关调查并收集资料。

（3）以小组为单位进行讨论分析，对营销部经理和厂长的活动进行模拟。

（4）同学互评和教师点评，然后综合评定各小组及成员的本次实训成绩。

5．实训考核

（1）实训准备工作（10分）。

（2）各组对本次实训的组织、分配、管理等过程的表现情况（20分）。

（3）各组提交分析报告的质量和情景模拟效果（50分）。

（4）学习小组的团队合作精神面貌（10分）。

（5）同学互评，教师点评（10分）。

项目九　市场营销战略与组织管理

项目目标

知识目标

（1）掌握营销战略管理的基本内容。

（2）理解企业资源的配置及竞争优势的保持。

技能目标

（1）学会营销调研及营销诊断。

（2）能灵活应用市场竞争的知识，用开放的经营观点看待企业生存的条件。

（3）能规划企业营销战略，运用资源配置保持企业竞争优势。

（4）能运用市场营销战略分析的方法对企业进行战略分析及组织架构管理。

本章导入

方太集团的差异化战略发展道路

一、背景

宁波方太厨具有限公司位于宁波慈溪，创办于 1996 年 1 月，是由一对父子创办、控股及经营管理的典型的家族制企业。公司专注于厨房用具的生产、开发，力争将“方太”打造成为一个厨房专家，立志成为中国厨房高端市场的第一品牌。公司目前已成为中国厨房领域最成功的企业之一。

二、方太的营销差异化战略历程

1. 企业形象的差异化

在形象宣传设计上，方太最初就请香港的“方太美食”主持人方任利莎为企业产品的代言人，以此向消费者清晰地传达方太公司的行业定位，并且借助名人效应迅速提高了方太的美誉度和知名度，加上优良的产品品质，巩固了公司高端品牌的定位。之后，方太开始淡化名人在品牌中的效应，强调产品的功能特色以及市场差异性所在。公司突出强调方太的行业专家形象，并以产品的高品质、美观、卓越性能、全面满足消费者的差异化需求以及优质、细节性的售后服务等为载体，向消费者展示了方太兢兢业业的事业精神。

2. 产品的差异化

方太明确价值定位，把厨房“专家”作为卖点，在产品性能、质量、用材以及售后服务上不断强化自身的专家形象，与竞争产品形成差异化；在工艺方面做精、做好，关注细节，寻找行业和市场的突破点。

在现有三类产品中，方太的油烟机一直是研发和设计的先行者以及先进技术应用的主导者：在国内第一个将工业设计理念引入抽油烟机设计，并结合和利用人体功能学、美学各种边缘科学以及集成技术，在市场上先后推出深罩大圆弧流线型抽油烟机、煤气自动报警型抽油烟机、人工智能型油烟机、智能调速式吸油烟机、外形比较“欧式”的塔形抽油烟机等。在克服市场原有抽油烟机外观不受欢迎的同时，增强了排烟效果和产品的智能化、易操作性，不断引领市场将产品的功能和技术含量提高。

消毒碗柜不是沿用市场上已有的高温消毒技术，而是采用臭氧紫外线技术来消毒，消毒效果达到国家二星级标准（食用消毒柜最高等级）。此外，原材料选择（铝合金加玻璃面板、不锈钢碗架等）、使用功能、安装技术（嵌入式）、外观设计（蓝色数码显示屏）等方面都比市场同类产品更能多方面满足消费者的需求。

灶具当初推进市场也是遵照高档、精品的市场定位，在零部件选择、用料（进口）等都定位于中高档。灶具的炉头采用健康环保型设计，以及按照现代欧洲环保标准实现“三气兼容”，并且各项指标，比如一氧化碳、氮氧化合物、燃烧性能等指标，都处于行业标准要求之上。

3. 市场定位的差异化

方太自成立之初就坚持做国内市场的高端品牌，将目标消费者定位为：追求时尚、个性、高品质生活的、有一定文化素养及经济实力的个人和家庭。在此基础上，将产品进行明确定位：专业化、中高档、精品化，即做行业内的专家。市场定位在高档、兼顾中端，产品质量追求精品化，与同类产品品牌形成明显的差异化，做同类产品品牌中的“贵族”。同时，对内（公司内部）提出口号：做专、做精、做强，从而在整体上树立起方太“外观独特、性能卓越”的产品及品牌形象。

公司的产品已经在消费者心目中形成一个比较好的形象，普遍认同方太是较高档次的品牌类型，且多数消费者倾向于购买“方太”系列中价位较高的产品。这些都与同行业其他品牌形成鲜明的差异化。在以上三类产品中，其他品牌的产品线都很长，覆盖了高、中、低三档市场。只有方太专注于中高档市场，并从顾客服务、技术创新、人力资源管理等方面加紧培植竞争力，为企业这一战略定位提供有力的支撑。

请思考：试分析方太集团的营销战略优势。

任务一　理解企业战略与战略规划

“战略”（Strategy）一词最早是军事方面的概念。在西方，“Strategy”一词源于希腊语“Strategos”，意为军事将领、地方行政长官。后来演变成军事术语，指军事将领指挥军队作战的谋略。在中国，战略一词历史久远，“战”指战争，“略”指谋略。春秋时期孙武的《孙子兵法》被认为是中国最早对战略进行全局筹划的著作。在现代，“战略”一词被引申至政治和经济领域，其含义演变为泛指统领性的、全局性的、左右胜败的谋略、方案和对策。

一、企业战略的定义

企业战略是对企业各种战略的统称，其中既包括竞争战略，也包括营销战略、发展战略、品牌战略、融资战略、技术开发战略、人才开发战略、资源开发战略等。从企业未来发展的角度来看，战略表现为一种计划（Plan），从企业过去发展历程的角度来看，战略表现为一种模式（Pattern）。从产业层次来看，战略表现为一种定位（Position）。从企业层次来看，战略则表现为一种观念（明茨伯格）。此外，战略也表现为企业在竞争中采用的一种计谋（Ploy）。这是关于企业战略比较全面的看法，即著名的5P模型（明茨伯格，1998）。

战略并不是“空的东西”，而是直接左右企业能否持续发展和持续盈利最重要的决策参照系。例如：企业竞争战略是对企业竞争的谋略，是对企业竞争整体性、长期性、基本性问题的计谋；企业营销战略是对企业营销的谋略，是对企业营销整体性、长期性、基本性问题的计谋；企业技术开发战略是对企业技术开发的谋略，是对企业技术开发整体性、长期性、基本性问题的计谋；企业人才战略是对企业人才开发的谋略，是对企业人才开发整体性、长期性、基本性问题的计谋。总之，无论哪个方面的计谋，只要涉及的是企业整体性、长期性、基本性问题，就属于企业战略的范畴。

从战略内容来看，公司战略一般包括以下几个方面的关键内容。

1. 公司使命

公司使命表达的是有关公司存在价值和意义之类的一些基本的、根本性的问题。

2. 公司目标

公司使命必须转化成各个管理层次和部门的具体目标。最常见的目标有盈利、销售增长、市场份额扩大、风险分散以及创新等。为了便于采用，组织目标应具备层次化、数量化、现实性和协调性等条件。

3. 公司业务组合战略

公司战略必须明确建立、扩大、维持、收缩和淘汰哪些业务。规划公司业务组合的一个有用步骤是识别和区分公司的战略业务单位，并对所有战略业务单位的盈利潜力进行评价。一般来说，战略业务单位应满足以下诸条件：它是一项业务或几项相关业务的集合；它有一个明确的任务；它有自己的竞争对手；它有一个专门负责的经理；它由一个或多个计划单位和职能单位组成；它能够从战略计划中获得利益；它能够独立于其他业务单位自主地制订计划。至于战略业务单位的评价方法，比较著名的有波士顿咨询公司的成长—份额矩阵，以及通用电气公司的多因素业务经营组合矩阵。

4. 新业务战略

一个公司不仅要管理好现有的业务，而且要考虑通过发展新业务，实现公司的成长。有三种成长战略可供公司选择。

第一是密集型成长战略，即在公司现有的业务领域寻找发展机会。其中有三种途径可以实现密集型成长，包括市场渗透战略（设法在现有市场上增加现有产品的市场份额）、市场开发战略（为公司现有产品寻找新市场）以及产品开发战略（开发新产品）。

第二是一体化成长战略，即建立或并购与目前业务有关的业务，包括纵向一体化（又可以区分为前向一体化和后向一体化）战略及横向一体化战略。其中，前向一体化就是通过兼并和收购若干个处于生产经营环节下游的企业实现公司的扩张和成长，如制造企业收购批发商和零售商。后向一体化则是通过收购一个或若干供应商以增加盈利或加强控制，如汽车公司对零部件制造商的兼并与收购。横向一体化就是对竞争企业的兼并与收购。

第三种是多角化成长战略，即在寻找与公司目前业务范围无关的富有吸引力的新业务。多角化成长战略包括同心多角化（开发与公司现有产品线的技术或营销有协同关系的新产品）、水平多角化（研究开发能满足现有顾客需要的新产品）以及集团多角化（开发与公司现有技术、产品和市场都毫无关系的新业务）。

二、企业战略的特征

企业战略是设立远景目标并对实现目标的轨迹进行的总体性、指导性谋划，属宏观管理范畴，具有指导性、全局性、长远性、竞争性、系统性、风险性六大主要特征。

1. 指导性

企业战略界定了企业的经营方向、愿景目标，明确了企业的经营方针和行动指南，并筹划了实现目标的发展轨迹及指导性的措施、对策，在企业经营管理活动中起着导向的作用。

2. 全局性

企业战略立足于未来，通过对国际、国家的政治、经济、文化及行业等经营环境的深入分析，结合自身资源，站在系统管理高度，对企业的愿景发展轨迹进行了全面的规划。

3. 长远性

“今天的努力是为明天的收获”“人无远虑、必有近忧”。首先，兼顾短期利益，企业战略着眼于长期生存和长远发展的思考，确立了愿景目标，并谋划了实现远景目标的发展轨迹及宏观管理的措施、对策。其次，围绕愿景目标，企业战略必须经历一个持续、长远的奋斗过程，除根据市场变化进行必要的调整外，制定的战略通常不能朝夕令改，具有长效的稳定性。

4. 竞争性

竞争是市场经济不可回避的现实，也正是因为有了竞争，才确立了“战略”在经营管理中的主导地位。面对竞争，企业战略需要进行内外环境分析，明确自身的资源优势，通过设计合适的经营模式，形成特色经营，增强企业的对抗性和战斗力，推动企业长远、健康地发展。

5. 系统性

立足长远发展，企业战略确立了远景目标，并需围绕远景目标设立阶段目标及各阶段目标实现的经营策略，以构成一个环环相扣的战略目标体系。同时，根据组织关系，企业战略需由决策层战略、事业单位战略、职能部门战略三个层级构成一体。决策层战略是企业总体的指导性战略，决定企业经营方针、投资规模、经营方向和愿景目标等战略要素，是战略的核心。

6. 风险性

企业做出任何一项决策都存在风险，战略决策也不例外。市场研究深入，行业发展趋势预测准确，设立的愿景目标客观，各战略阶段人、财、物等资源调配得当，战略形态选择科学，制定的战略就能引导企业健康、快速地发展。反之，仅凭个人主观判断市场，设立目标过于理想或对行业的发展趋势预测偏差，制定的战略就会产生管理误导，甚至给企业带来破产的风险。

案例链接与思考

从杜邦公司看经营多元化战略

创建于 1802 年的杜邦公司是美国历史上创建最早、存在时间最长的企业之一，还是经营和管理堪称一流的“百年老店”式的成功企业。作为经营管理成功的公司之一，杜邦的经验是丰富的，将其发展战略浓缩起来，可以归结为 8 个字，即“科学管理、锐意创新”。在近两个世纪的发展中，它根据企业规模的扩大和市场的变化，不断地进行组织和管理的创新，与此同时，它又根据消费者的现实需求和潜在需要，不断地进行技术和产品创新，以创造和开拓更广阔的市场，从而保持了杜邦公司 200 多年不断持续发展，长盛不衰。

直到 20 世纪初叶，已创建了 100 多年的杜邦公司还只是一家火药公司，第一次世界大战为杜邦公司带来了巨额利润，但公司主管们在喜悦之余，并未忘记思考战后如何处理因战争需求而急剧膨胀起来的公司火药生产能力过剩的问题。

从 1915 年起，针对市场的变化，杜邦进行未雨绸缪的企业结构重大调整，到第一次世界大战结束时，杜邦公司已经从一个单一的火药制造公司成功地转变为一个生产多种化工产品的化学公司，为杜邦日后的长足发展奠定了坚实的基础。

在管理改革中，杜邦公司实行了一种以“投资周转率”来衡量企业经营业绩的资产会计法。这种创新的会计法将传统的成本会计、资本会计和财务会计三者有机地结合在一起，为美国各工业行业提供了一种评估企业业绩和进行计划的管理工具，同时也使杜邦公司本身获益匪浅。

第一次世界大战后，已经成功地从火药公司转变为多样化生产经营的化学公司的杜邦公司遇到了前所未有的销售难题。不像火药产品的买主大多是大批量进货，许多化工产品的买主都是小批量购买，杜邦公司原有的由公司集中管理的销售体制不适应这种变化，使得化工产品销售出现亏损。为了扭转这种趋势，经过认真的讨论，杜邦公司对其管理结构进行了一次公司历史上最重要的重组。这次重组创建了一种按产品来划分部门的多部门管理结构模式。

这种模式与当时杜邦控制下的通用汽车公司的管理改革模式一样，后来成了实行多样化生产经营的现代化大型公司实施管理的标准模式，其基本结构是：在公司高层，设立董事会执行委员会、财务委员会和咨询委员会，构成公司的总办事机构，负责向公司总裁和执委会提供协调公司资源分配所需的信息、对生产部门的统计资料进行分析并对其生产经营活动进行监督、协调和评估。其中，执行委员会只负责公司的计划、方针和政策的制定；财务委员会负责公司的财务、审计、成本分析等；咨询委员会负责公司的法律、人事、广告、公共关系、不动产、开发、工程技术等事务。在公司的中层，则按照火药、摄影胶片、合成纤维、油漆、塑料、化工等不同产品的生产系统，重组为多个生产经营部门，负责产品的生产和销售。在这些生产经营部门的内部，建立了各自的会计、采购、生产、销售、运输等职能部门，作为公司的下层管理机构。这种管理模式具有“决策集中，经营分散”的特点，使生产经营部门的经理在采购、生产和销售上享有很大的自主权，从而使杜邦公司所遇到的化工产品销售难题在很短的时间内便获得了解决。至今，杜邦、通用汽车等美国大型工业公司的基本管理结构仍然是这样一种模式。

组织和管理创新使规模不断壮大的杜邦公司能顺利地适应了市场的不断变化。

请思考：

1. 你认为杜邦公司的内部组织管理模式是否有利于多样化生产经营？
2. 杜邦公司成功的诀窍是什么？
3. 杜邦公司的成功经验对我国企业的经营管理有什么启示？

三、企业战略规划及管理

所谓战略规划，就是制定组织的长期目标并将其付诸实施，它是一个正式的过程和仪式。一些大企业都有意识地对大约 50 年内的事情做出规划。制定战略规划分为三个阶段：第一个阶段就是确定目标，即企业在未来的发展过程中，要应对各种变化所要达到的目标；第二阶段就是要制定这个规划，当目标确定了以后，考虑使用什么手段、什么措施、什么方法来达到这个目标，这就是战略规划；最后，将战略规划形成文本，以备评估、审批，如果审批未能通过的话，那可能还需要多个迭代的过程，需要考虑怎么修正。

1. 战略规划的特点

战略规划的有效性包括两个方面：一方面是战略正确与否，正确的战略应当做到组织资源和环境的良好匹配；另一方面是战略是否适合于该组织的管理过程，也就是和组织活动匹配与否。一个有效的战略一般有以下特点。

（1）目标明确——战略规划的目标应当是明确的。其内容应当使人得到振奋和鼓舞。目标要先进，但经过努力可以达到，其描述的语言应当是坚定和简练的。

（2）可执行性良好——好的战略的说明应当是通俗的、明确的和可执行的，它应当是各级领导的向导，使各级领导能确切地了解它、执行它，并使自己的战略和它保持一致。

（3）组织人事落实——制定战略的人往往也是执行战略的人，一个好的战略计划只有有了好的人员执行，它才能实现。因而，战略计划要求一级级落实，直到个人。高层领导制定的战略一般应以方向和约束的形式告诉下级，下级接受任务，并以同样的方式告诉下一级，这样一级级地细化，做到深入人心，人人皆知，战略计划也就个人化了。

个人化的战略计划明确了每一个人的责任，可以充分调动每一个人的积极性。这样一方面激励了大家动脑筋想办法，另一方面增加了组织的生命力和创造性。在一个复杂的组织中，只靠高层领导一个人是难以识别所有机会的。

（4）灵活性好——一个组织的目标可能不随时间而变，但它的活动范围和组织计划的形式无时无刻不在改变。现在所制订的战略计划只是一个暂时的文件，只适用于现在，应当进行周期性的校核和评审，灵活性强使之容易适应变革的需要。

2. 战略规划的内容

战略规划的内容由三个要素组成。

（1）方向和目标。经理在设立方向和目标时有自己的价值观和自己的抱负，但是他不得不考虑到外部的环境和自己的长处，因而最后确定的目标总是这些东西的折中，这往往是主观的，一般来说最后确定的方向目标绝不是一个人的愿望。

（2）约束和政策。这就是要找到环境和机会与自己组织资源之间的平衡。要找到一些最好的活动集合，使它们能最好地发挥组织的长处，并最快地达到组织的目标。这些政策和约束所考虑的机会是现在还未出现的机会，所考虑的资源是正在寻找的资源。

（3）计划与指标。这是近期的任务，计划的责任在于进行机会和资源的匹配。但是这里考虑的是现在的情况，或者说是不久的将来的情况。由于是短期，有时可以做出最优的计划，以达到最好的指标。经理或厂长以为他做到了最好的时间平衡，但这还是主观的，实际情况难以完全相符。

战略规划内容的制定处处体现了平衡与折中，都要在平衡折中的基础上考虑并解决以下四个问题：

- 我们想要做什么？——确定目标。
- 我们可以做什么？——确定方向。
- 我们能做什么？——找到环境和机会与自己组织资源之间的平衡。
- 我们应当做什么？——做出计划。

这些问题的回答均是领导个人基于对机会的认识，基于对组织长处和短处的个人评价，以及基于自己的价值观和抱负而做出的回答。所有这些不仅限于现实，而且要考虑到未来。

3．战略管理

战略管理定义为：企业确定其使命，根据组织外部环境和内部条件设定企业的战略目标，为保证目标的正确落实和实现进行谋划，并依靠企业内部能力将这种谋划和决策付诸实施，以及在实施过程中进行控制的一个动态管理过程。

其特点是：指导企业全部活动的是企业战略，全部管理活动的重点是制定战略和实施战略。而制定战略和实施战略的关键都在于对企业外部环境的变化进行分析，对企业的内部条件和素质进行审核，并以此为前提确定企业的战略目标，使三者之间达成动态平衡。战略管理的任务，就在于通过战略制定、战略实施和日常管理，在保持这种动态平衡的条件下实现企业的战略目标。

第一，战略管理不仅涉及战略的制定和规划，而且包含着将制定出的战略付诸实施的管理，因此是一个全过程的管理。

第二，战略管理不是静态的、一次性的管理，而是一种循环的、往复性的动态管理过程。它是需要根据外部环境的变化、企业内部条件的改变，以及战略执行结果的反馈信息等，而重复进行新一轮战略管理的过程，是不间断的管理。

从战略过程来看，公司战略管理可以划分为战略的制定、执行和控制这三个阶段。战略制定包括确定企业的使命和任务，识别企业的外部机会与威胁，识别企业内部的优势和劣势，建立长期目标，制定供选择的战略，以及选择特定的执行战略。战略制定过程所要解决的问题也就是战略计划的内容。战略执行要求公司建立年度目标、制定政策、激励雇员和配置资源，以便制定的战略得以贯彻执行。战略执行包括培育支持战略的企业文化，建立有效的组织结构，调整企业经营方向，制定预算，建立和使用管理信息系统，以及将雇员报酬与组织绩效挂钩等。战略控制就是跟踪企业环境变化和战略执行情况，发现问题，找出问题的原因，并及时采取纠正措施。基本的战略控制活动包括重新审视企业内外环境因素、度量组织业绩以及采取纠正措施。企业战略管理过程示意图如图 9-1 所示。

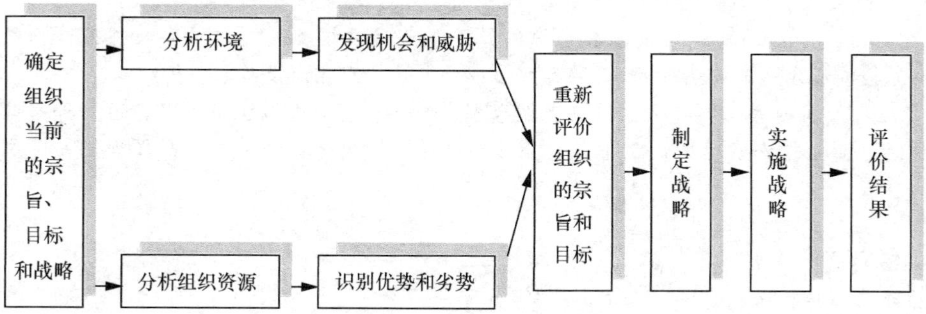

图 9-1　战略管理过程示意

案例链接与思考

一位瑞士工程师 Max Hetzel 在 1954 年发明了电子手表，但是 Hetzel 并不走运，瑞士制表业对他的发明毫无兴趣。这却是一个致命的错误。随着其他国家和地区在电子手表业务方面的迅速发展，瑞士制表业被它的同行远远地甩在了后面，很难再追赶了。1970 年瑞士每年出口 7 100 万只手表，而到了 1982 年，这一数字却下降到了 3 100 万。

当然，迫于形势，最后瑞士制表业对于电子手表的发明终于有了相应的举措。第一个战略就是倾其所有地冒险开发一种独有的手表来扭转行业的亏损。专注的研发工作最终有了结果。他们成功地推出了 Swatch 手表，其特点为：概念新，质量好，组件少，损坏的概率非常小。由于 Swatch 手表几乎不用修理，所以价格便宜，并且是一种时尚的产品，因此经常被更新。在短短 5 年之内就卖出了 5 000 万只。

请思考：

1. 请分析瑞士手表失败及重新崛起的原因。
2. 请问中国企业如何定义企业发展战略方向？

战略管理是由环境分析、战略制定、战略实施、战略控制这四个不同阶段组成的动态过程，这一过程是不断重复、不断更新的。理论上通常都是按上述的顺序对企业的战略管理进行分步研究。但是，在实际应用中，这几个步骤往往是同时发生的，或是按着不同于上述的步骤进行的。这要求企业的管理者们必须创造性地设计、应用战略管理系统，并且这一系统应该有足够的弹性以适应企业所面临的时刻变化着的外部环境。这一动态过程理论上称之为战略管理过程。以战略管理过程理论为依据，进行的动态企业战略管理研究，在国内外开始的时间并不是很长，目前正处于发展阶段。我国企业应当高度重视战略管理理论研究，指导企业在激烈的竞争中立于不败之地。

技能训练 9-1

训练背景

比利时的高醇度啤酒厂曾经是传统的家族企业，他们原本可以通过兼并和收购组成更大的企业集团，但是啤酒业沉湎于传统，且美其名曰“酿酒的艺术”。每天中午 12 点整，当味蕾高度敏锐时，业主和酿酒的大师傅都要品尝一下他们劳动的果实。

对产品的满意使许多啤酒商忽略了营销，好的啤酒不需要广告，真是这样吗？事实并非如此。现在，即使拥有了新技术来酿造和灌装啤酒，使其保质期更长，出口的增长也依然相当缓慢。

这种专注于产品而没顾及顾客感受的做法，与喜力啤酒公司的董事长杰拉德·阿德里安·海尼根的理念形成鲜明的对比："喜力啤酒公司是拥有生产设备的营销组织。"

在两种不同的理念支持下，结果当然也不会一样：喜力啤酒世界闻名；但另外一些也产于比利时，而且被许多行家认为比喜力啤酒要好得多，风味更独特的高醇度啤酒，却反而鲜为人知。

训练要求

以小组为单位进行讨论，讨论内容包括：

1. 以上情况哪些造成被赞誉的啤酒无法享誉世界？
2. 喜力公司是如何在变化的环境中寻找新的发展方向和机会的？

任务二　分析企业营销战略规划

一、企业市场营销战略的含义及与企业战略管理的关系

市场营销战略是企业市场营销部门根据战略规划，在综合考虑外部市场机会及内部资源状况等因素的基础上，确定目标市场，选择相应的市场营销策略组合，并予以有效实施和控制的过程。

市场营销战略作为一种重要战略，其主旨是提高企业营销资源的利用效率，使企业资源的利用效率最大化。由于营销在企业经营中的突出战略地位，使其连同产品战略组合在一起，被称为企业的基本经营战略，对于保证企业总体战略的实施起着关键作用，尤其是对处于竞争激烈的企业，制定营销战略更显得非常迫切和必要。市场营销战略，包括两个主要内容；一是选定目标市场；二是制定市场营销组合策略，以满足目标市场的需要。根据购买对象的不同，将顾客划分为若干种类，以某一类或几类顾客为目标，集中力量满足其需要，这种做法叫作确定目标市场，这是市场营销首先应当确定的战略决策。目标市场确定以后，就应当针对这一目标市场，制定出各项市场经营策略，以争取这些顾客。

（一）市场营销战略与企业战略的传统关系

一个市场营销战略贯穿在企业的各级层次上。在最高层次上，市场营销战略关系到的是整个企业，即选择活动组合和品牌策略的双重方面。主要是从若干年的远景角度出发确定企业所希望的活动组合。在这个层次上，市场营销战略连同财务策略、产业策略以及人力资源策略对所谓的企业"综合策略"做出了根本的贡献。

在较低的等级层次上，一个市场营销战略可以关系到同一企业的一个系列产品，例如宝洁公司销售的所有品牌的洗发水，或者各品牌的洗衣粉。

在最低的层次上，也是最具可操作性的层次上，一个市场营销战略也可以应用于个别产品。

传统的观念认为：市场营销策略只是企业战略的一部分。大多数营销战略都是根据企业的总体战略来制定的，也就是说，先有了企业的整体战略，才有市场营销战略。很多企

业往往都是先由企业的最高领导层为企业描绘出企业的宏伟蓝图，然后再让各职能部门的管理者或事业部的管理者在此基础上制订各事业部或职能部门的战略计划。由于各层级的战略制定是自上而下的,就导致他们只能通过提案的形式向公司最高领导层提供有关产品、产品线和责任领域的信息以及战略信息；并且自己制定市场营销目标和市场营销战略时也要受战略计划所引导。但是我们看到，成功的企业在战略上各有各的绝活，而失败的企业却是相似的：它们都从根本上失去了自己的顾客基础或市场基础。

（二）市场营销战略与企业战略的现代关系

1. 市场营销战略的特点

市场营销战略，即指企业为适应环境和市场的变化，站在战略的高度，以长远的观点，从全局出发来研究市场营销问题，策划新的整体市场营销活动。它具备以下几个特点：①以创造客户为目的；②立足于市场调研；③是战胜竞争对手的策略组合；④注重监控，持续改进；⑤以结果为导向。

一个市场营销的总体战略包括指定产品的产品策略、价格策略、分销策略等。但是市场营销战略不是将这些不同领域中各个独立制定的决策累加在一起；正相反，总体战略必须先于并指导具体的产品、价格、分销等策略的制定，这其实需要的是一个逆向的制定过程。如同对一个军事参谋部来说，构思一个整体战略必须先于制订针对步兵、炮兵、装甲兵、空军等的个别计划。

制定一个市场营销战略所遵循的一般方法包括 4 个主要步骤。第一个步骤是分析并诊断市场、竞争和企业本身。第二个步骤是准确地为战略指定目标。第三个步骤是确定基础战略选择，即目标、定位、总量资源和优先权的选择。最后一步就是根据基础选择制定和评估一个具体的混合市场营销，就是说，产品、价格、分销和传播策略的一个结合体。当然，一个市场营销战略一旦被确定采纳，将必须通过一些短期的可操作的行动计划延续。

2. 二者的现代关系

随着市场营销战略在企业实现目标的过程中起到越来越大的作用，市场营销战略已经逐步挣脱了企业总体战略对其的制约和主导，越来越偏向以目标市场和顾客为导向，同时遵循总体成本领先战略、差异化战略、专一化战略三大成功通用战略的原则，成为企业战略取胜的不二法宝。从战略制定方向上已经从以前的自上而下变成了自下而上，形成了新型的逆向关系。

按照逆向市场营销的原理，即从特殊到一般，从短期到长期，从战术上升到战略。我们不难知道，战略应当自下而上发展起来，而不是自上而下落实下去，这样才能创造出更好的战略。同时市场竞争的实践证明，战略应当根生于对实际市场营销战术本身深刻理解的基础上，才能保证其立于不败之地。也就是我们常说的“战术支配战略，然后战略推动战术”。

然而，往往很多企业都太执着于实现企业的愿景和战略而忽略了市场和顾客的客观性，总是要在经历了坎坷后才恍然大悟，可是商机稍纵即逝。比如，柯达多年来一直把 X 光底片卖给医院实验室的技术人员，很晚才注意到购买决策已逐渐转移到专业行政人员的手中。营销导向理论告诉我们，现代市场营销具备一种统括职能，起到一种导向作用。企业要根据市场营销的需要来确定其职能部门和分配经营资源，并要求其他职能部门服从市场营销，服务于市场营销，从而在其基础上决定企业总体发展方向和制定企业战略。

企业战略有不同的层次和不同的职能。过去市场营销战略只是企业总体战略的一个分支、一项内容而已，是企业战略的组成部分。诚然，我们不能用市场营销战略替代企业战略的谋划，但是随着市场营销战略的不断完善和取得成效，它为企业的总体战略成功奠定了不可替代的基础。世界500强企业里面，在企业战略上取胜的IBM、海尔、宝洁、沃尔玛等无一不是在市场营销战略上取得巨大成功的。当然这也就要求了企业的其他职能战略也必须以市场营销战略为导向，与之配备，这样才能形成以市场营销战略为核心的企业总体战略。

资料贴吧

贵州红星发展大龙锰业有限公司是一家以生产电解二氧化锰，为电池生产企业提供原料的上市公司。该公司自 2002 年成立以来，在短短的两年时间里，其生产能力就位居全国第二，产品已顺利进入南孚、双鹿以及日本松下等知名电池生产企业，产品供不应求，在高档无汞碱性电池原料市场的占有率已位列全国第二。可谁又知道这家公司的前身竟是由已破产关闭的贵州汞矿系统的大龙氯碱镁厂、贵汞铁路专用线、贵汞汽修厂组建而成的。公司最大的成功秘密就是其在市场营销战略上的成功。

公司立足于市场，通过对市场的诊断分析，能看到电池无汞化以及碱性电池需求的增长带来对相关原材料的强劲需求，诊断出市场缺口近 2 万吨，且市场需求以每年近 30%的速度增长。公司对此迅速做出战略调整，抓住机遇，集中资金扩大生产能力。公司主导产品电解二氧化锰生产能力从 1 万吨/年发展到 2006 年的 3 万吨/年，2007 年又扩建 1 万吨/年的电解二氧化锰生产线。公司同时着眼国际市场，提升企业战略高度，现除南孚、双鹿、豹王等知名电池生产企业红星产品的占有率已达 48%外，日本松下公司还与其签订了正式供货合同，需求超过 5 万吨的全球最大碱性电池生产企业美国金霸王公司也提出了不低于 1 万吨的采购需求。公司市场营销战略的成功有力地推动了企业战略的实施，使其真正实现了以市场为导向、财务管理为龙头、企业文化建设为依托的企业发展战略，并取得了成功。

通过这个案例，我们不难看出，市场营销战略在企业战略的核心地位已经逐渐形成，两者的关系不再是以往的“母与子”的上下关系，而是成为“鸡与蛋”的相生关系。市场营销战略的好坏直接影响整个企业的成败，市场营销战略的实施需要企业整体战略的支持，两者之间相互依存，相互影响。

资料来源：杨建. 论市场营销战略与企业战略之间的关系[J]. 广西轻工业，2007（5）.

在企业战略越来越被重视的今天，企业战略的意义不言而喻。从市场营销战略对企业战略的影响上看，我们清醒地认识到，制定一个市场营销战略是一项至关重要的工作。研究市场营销战略与企业战略之间的关系，看似只论证了一个关系，但更多的是找到了制定企业战略的一个关键性突破口，为制定更加有效的企业战略，达到企业生产经营获取最大利润并能持续良性发展发挥着重要作用。

二、战略营销规划设计

战略营销规划是企业为实现总体战略目标设计的一定时期内市场营销发展的总体设想和方案。它从企业的经营结构、资源优势、营销目标出发，分析市场环境状况和可接受的风险限度，使企业的内部、外部条件达到动态的平衡。其内容涉及企业的营销费用、营销组合及预期的环境变化对企业的影响和竞争条件下营销资源的分派和使用等许多方面。

（一）战略营销规划的内容

战略营销规划是在较宽泛的企业战略规划基础上展开的，它归纳了要采取的营销行动，明确指出和回答了为什么要这样做，谁负责实施，在何时何地完成，以及如何进行控制和协调等问题。战略营销规划过程通常由 7 个相互关联的步骤组成：明确组织使命、建立战略业务单位、设立市场营销目标、进行情景分析、制定市场营销战略、实施策略及监测结果。显然，一个有效的战略营销规划可以帮助达成下列各个方面。

（1）引导企业的努力方向，使企业从大政方针到具体的营销决策过程中，都能更好地理解市场营销的研究维度、消费者分析、产品、分销、促销、价格等计划。

（2）确保公司各个部门都有明确的目标，并与整个企业的目标相一致。

（3）鼓励不同的职能部门和业务单位进行协同努力，并拥有一套评估绩效的程序。

（4）促使企业评估自己的优势和劣势，考虑环境中的机遇与威胁。

（5）概括企业能采取的其他行动或联合组合，并确定分配资源的基础。

（二）战略营销规划的步骤

企业营销管理过程是市场营销管理的内容和程序的体现，是指企业为达成自身的目标辨别、分析、选择和发掘市场营销机会，规划、执行和控制企业营销活动的全过程。

企业市场营销管理过程包含着下列 4 个相互紧密联系的步骤：分析市场机会、选择目标市场、确定市场营销策略、市场营销活动管理。

1. 分析市场机会

在竞争激烈的买方市场，有利可图的营销机会并不多。企业必须对市场结构、消费者、竞争者行为进行调查研究，识别、评价和选择市场机会。

企业应该善于通过发现消费者现实的和潜在的需求，寻找各种“环境机会”，即市场机会。而且应当通过对各种“环境机会”的评估，确定本企业最适当的“企业机会”。

对企业市场机会的分析、评估，首先是通过有关营销部门对市场结构的分析、消费者行为的认识和对市场营销环境的研究；还需要对企业自身能力、市场竞争地位、企业优势与弱点等进行全面、客观的评价；还要检查市场机会与企业的宗旨、目标与任务的一致性。

2. 选择目标市场

对市场机会进行评估后，对企业要进入的哪个市场或者某个市场的哪个部分，要研究和选择企业目标市场。目标市场的选择是企业营销战略性的策略，是市场营销研究的重要内容。企业首先应该对进入的市场进行细分，分析每个细分市场的特点、需求趋势和竞争状况，并根据本公司优势选择自己的目标市场。

案例链接与思考

“斯德哥尔摩—阿姆斯特丹”直飞航线

多年来，斯堪的纳维亚航空公司（也称北欧航空公司）拥有一条使用 DC-9 系列飞机的“斯德哥尔摩—阿姆斯特丹”直飞航线。有一天，北欧航空公司决定用新的、载客量更大的空中客车系列来代替旧的 DC-9 系列。结果拥有新型飞机的航线，乘坐率非常低，变成了一条不再盈利的航线。最显而易见的解决方法是中途停靠哥本哈根，但是这样做会导致直飞航线减少和服务水平的下降。

Jan Carlsson 成为公司新一任董事长后，将空中客车系列飞机租赁给其他公司，又继续使用老式的 DC-9 系列直飞这条航线。Carlsson 坚信的信条是："我们是为人而飞，不是为飞机而飞。"

请思考：

1. 分析北欧航空公司更新新机型失败的原因。
2. 北欧航空公司新任董事长的信条的借鉴意义何在？

3. 确定市场营销策略

在企业营销管理过程中，制定企业营销策略是关键环节。企业营销策略的制定体现在市场营销组合的设计上。为了满足目标市场的需要，企业对自身可以控制的各种营销要素如质量、包装、价格、广告、销售渠道等进行优化组合。重点应该考虑产品策略、价格策略、渠道策略和促销策略，即"4Ps"营销组合。

随着市场营销学研究的不断深入，市场营销组合的内容也在发生着变化，从"4Ps"发展为"6Ps"。近年又有人提出了以"4Cs"为主要内容的市场营销组合。

资料贴吧

4Cs 营销理论（The Marketing Theory of 4Cs），也称"4C 营销理论"，是由美国营销专家劳特朋教授在 1990 年提出的，与传统营销的 4P 相对应的 4C 理论。它以消费者需求为导向，重新设定了市场营销组合的四个基本要素，即消费者（Customer）、成本（Cost）、便利（Convenience）和沟通（Communication）。它强调企业首先应该把追求顾客满意放在第一位，其次是努力降低顾客的购买成本，然后要充分注意到顾客购买过程中的便利性，而不是从企业的角度来决定销售渠道策略，最后还应以消费者为中心实施有效的营销沟通。

资料来源：http://baike.baidu.com/view/970869.htm?fr=aladdin

4. 市场营销活动管理

企业营销管理的最后一个程序是对市场营销活动的管理，营销管理离不开营销管理系统的支持。需要以下三个管理系统支持。

（1）市场营销计划。既要制定较长期战略规划，决定企业的发展方向和目标，又要有具体的市场营销计划，具体实施战略计划目标。

（2）市场营销组织。营销计划需要有一个强有力的营销组织来执行。根据计划目标，需要组建一个高效的营销组织结构，需要对组织人员实施筛选、培训、激励和评估等一系列管理活动。

（3）市场营销控制。在营销计划实施过程中，需要控制系统来保证市场营销目标的实施。营销控制主要有企业年度计划控制、企业盈利控制、营销战略控制等。营销管理的三个系统是相互联系、相互制约的。市场营销计划是营销组织活动的指导，营销组织负责实施营销计划，计划实施需要控制，保证计划得以实现。

技能训练 9-2

训练背景

1981 年，有着 300 多年酿制历史的“状元红”首进上海。厂商认为，古老名酒，质优价廉，到上海必定能“旗开得胜”，畅销全市。殊不知由于产品不适销对路，“状元红”出现严重滞销。“状元红”酒厂，面对现象，仔细研究，根据调查得知：上海瓶酒最大的消费者是青年人，他们的购买目的，一是作为礼品，二是作为装饰。在各种价格的瓶酒中，以中档商品销路最好。同时酒厂分析了本厂产品的劣势：外观质量欠佳，“状元红”见光保存半年以上，酒色易褪；出厂前密封时间过短，酒味稍辣；存放久了易产生沉淀，影响外观；包装设计沉闷，缺乏吸引力，“状元红”商标图案呆板；标签用糨糊粘贴，易霉变而脱落；酒瓶造型不美，易破损，11 斤装酒瓶过高，无法放入酒柜陈列；外包装不牢，破损率高，影响经销商店利益。加之广告促销不利，销售渠道薄弱，售价不适宜等因素作用，致使“状元红”难在上海“红”起来。为了打开上海市场，“状元红”酒厂不得不探索新的市场营销策略。

训练要求

以小组为单位进行讨论，讨论内容包括：

1. “状元红”酒的包装设计欠缺哪些考虑？
2. 若你是酒厂的管理者，你会怎样调整营销策略？
3. “状元红”在上海碰壁说明了什么问题？

任务三　规划和组织市场营销管理

一、市场营销组织的演变

市场营销组织是指企业内部涉及营销活动的各项职位安排、组合及其组织结构模式。企业市场营销组织以及与企业其他职能部门的关系，受到宏观市场环境和国家经济体制、运行机制、企业营销管理的指导思想、企业自身所处的发展阶段和业务特点等诸多因素的影响。现代企业的营销组织结构，就是受这些因素的影响而逐渐发展和演变而来的。西方企业内部市场营销组织结构的演变，大致经历了以下五个阶段。

1. 简单的销售部门

一般来说，企业在建立之初，都是从财务、生产、销售、人事、会计五个基本职能部门开始发展起来的。在该阶段，企业以生产观念作为经营指导思想，企业经营管理的重点是生产，生产什么、生产多少以及产品价格主要由生产部门和财务部门制定，销售部门只负责产品的推销工作，并通过管理好推销人员，促使他们销售出更多的产品，如图 9-2 所示。

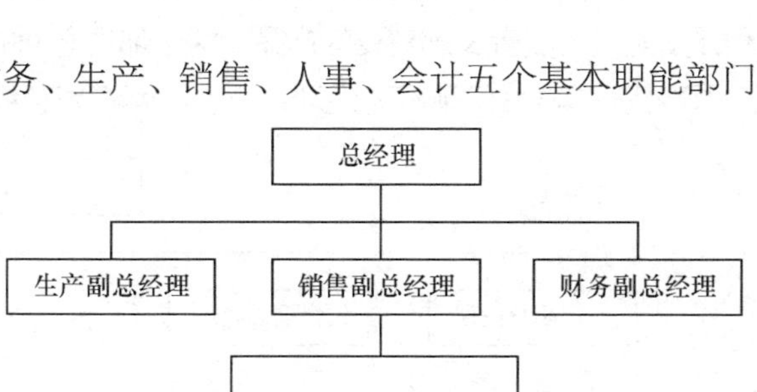

图 9-2　简单的销售部门

2. 兼有营销职能的销售部门

随着企业经济的发展，规模的扩大，销售工作日益复杂，销售部门需要增加一些新的营销职能，如开展市场调研、广告宣传、销售服务等工作，于是出现了兼有营销职能的销售部门，如图 9-3 所示。

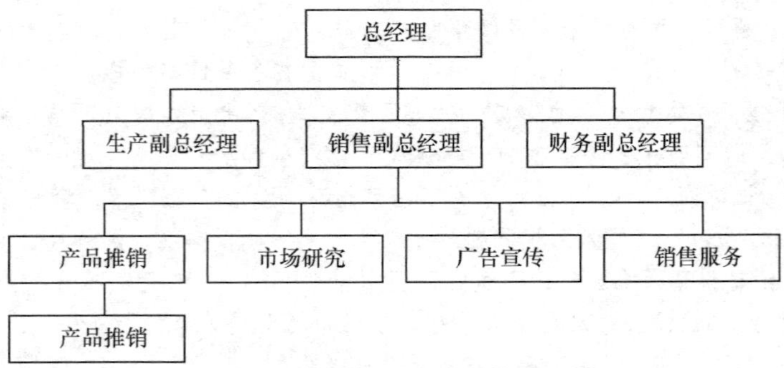

图 9-3　兼具营销职能的销售部门

3. 独立的营销部门

随着企业规模和业务范围的进一步扩大，原来作为辅助性的市场营销调研、新产品开发、销售服务等工作需要进一步加强。于是，营销功能逐渐从销售部门中独立出来，开始成为一个与销售部门并立的职能部门，并由一位专门的营销副总经理领导，如图 9-4 所示。

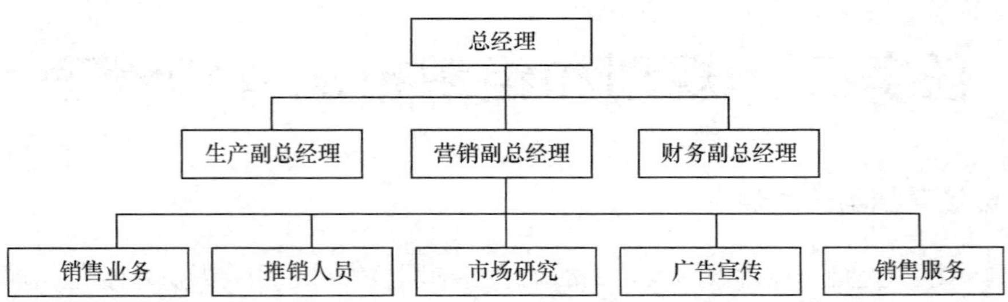

图 9-4　独立的营销部门

4. 现代营销部门

尽管销售部门与营销部门需要互相配合、互相协调，但由于各个职能、目标不同，结果往往出现矛盾。销售经理通常着眼于短期目标并致力于完成当前的工作任务，而营销经理则注重长期目标和开发满足消费者长远需要的产品。两个部门之间的矛盾发展，使得企业营销组织进一步完善，产生了现代营销部门，即在总经理之下设立营销副总经理，主管销售部门和营销部门，如图 9-5 所示。

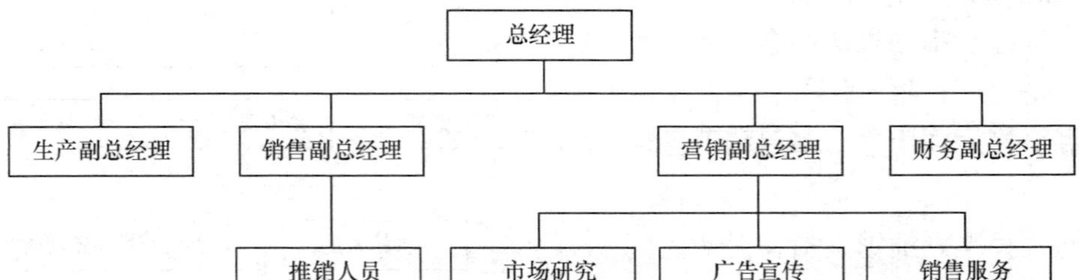

图 9-5　现代营销部门

5. 现代营销公司

一个公司可能设有现代营销部门，但不等于就是现代营销公司。是不是现代营销公司，主要应看公司中其他主管人员对营销职能的态度。如果把营销活动仅仅看作一种销售功能，就不具备现代营销公司的条件。只有当所有的主管人员都认识到企业一切部门的工作都是“为顾客服务”，营销不仅仅是一个部门的名称，而且是企业的经营宗旨时，这个公司才能成为一个真正意义上的现代营销公司。

根据现代市场营销观念，市场营销是企业的基础，而不是单独的职能。从营销的最终成果亦即从顾客的观念来看，市场营销就是整个企业。为此，在企业组织结构上应做出如下安排。①设置独立的营销调研部门，以确定消费者的需要以及企业应提供什么样的产品或服务来满足这些需求。②参与新产品的开发。在企业内，营销部门对消费者需要最为了解，而新产品开发的成功与否不仅取决于技术的先进程度，还取决于消费者的需要变化动向，因此，在决定开发新产品的种类、功能、外观、规格、式样、花色等方面，市场营销部门应起指导作用。③营销部门应统一负责企业的全部营销职能，不应将其中一部分职能分散到其他部门。

二、市场营销组织形式

现代企业的营销部门的组织形式有多种，不论采取哪种组织形式，都要体现以顾客为中心的营销指导思想。具体来讲，营销组织形式主要有以下几种。

1. 职能型组织形式

这是最普通的一种组织形式，即按照需要完成的工作职能来进行组织，如图 9-6 所示。

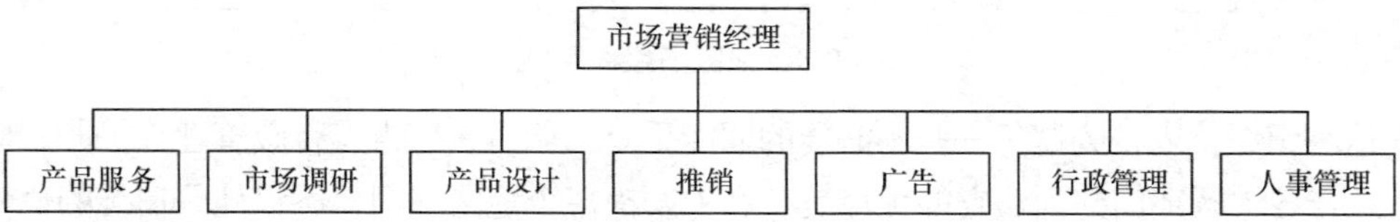

图 9-6　职能型组织形式

职能型组织的主要优点是结构简单、管理方便。它最适用于产品种类不多、对有关产品的专门知识要求不高或经营地区的情况差别不大的企业。随着产品增多和市场扩大，这种组织形式会失去其有效性。首先，这是由于没有人对该产品或一个市场负全部责任，因而没有按每种产品和每个市场制订的完整计划，有些产品或市场就很容易被忽略。其次，这是因为各个职能部门常为获得更多预算或取得较其他部门更高的地位而竞争，使营销经理经常面临协调上的难题。

2. 产品管理型组织形式

生产多种产品或多种不同品牌的大企业，往往按产品或品牌建立管理组织，即采取由某专人负责一种产品或产品线的组织形式，如图 9-7 所示。

这种组织形式的优点：一是各类产品责任明确，由于产品互不相关，各产品相互干扰不大；二是比较灵活，增加新产品时再增加一个产品部即可。其缺点是缺乏地区概念，各个产品部不可能对每一地区都兼顾并做出适当反应。

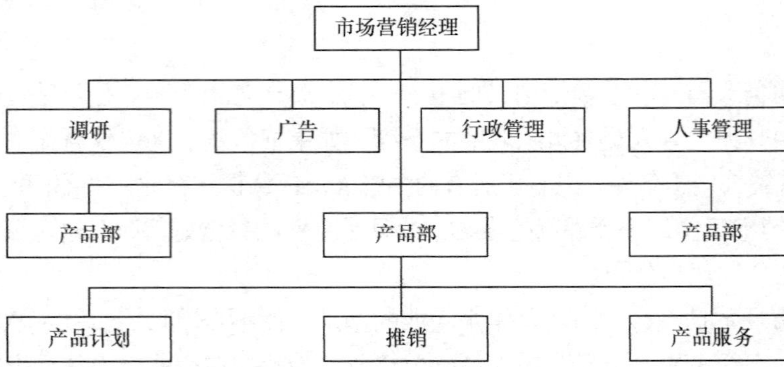

图 9-7　产品管理型组织形式

3. 地区型组织形式

此种组织形式适用于销售区域大，而经营品种单一的企业。采取地区型组织形式的企业在地区设立管理部门，负责每个地区的产品推销、产品计划与产品服务，如图 9-8 所示。

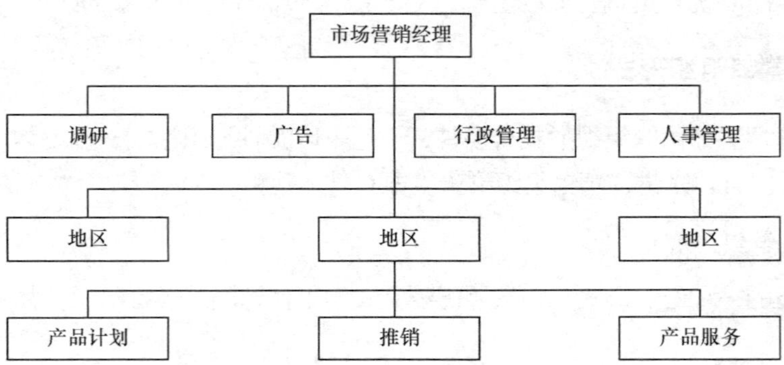

图 9-8　地区型组织形式

在这种组织体内，为避免一些不必要的职能重复，调研、广告、行政管理等仍归属原职能部门，且与各地区部门并列。它的优点是有利于发挥每个地区部门熟悉该地区情况的优势。其缺点是当企业经营品种较多时，很难按不同产品的使用对象来综合考虑，而且各地区的活动也难以协调。

4. 市场（或顾客）型组织形式

如果顾客可按其特有的购买习惯和产品偏好，予以细分和区别对待，就需要建立市场管理型组织，如图 9-9 所示。

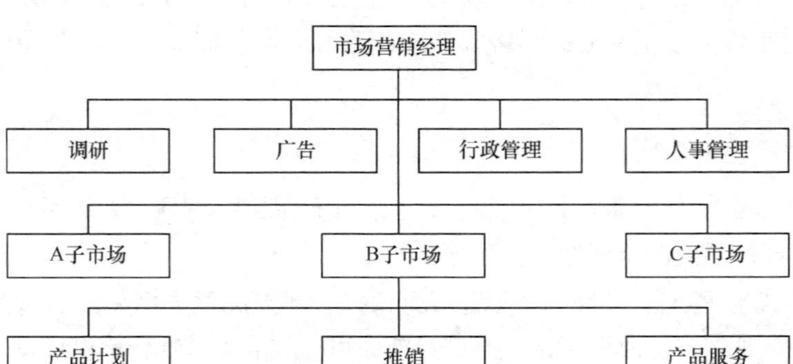

图 9-9　市场型组织形式

5. 产品/市场型组织形式

这是一种产品式和市场式相结合的矩阵组织形式，适合于生产多种产品并向多个市场销售的企业。这种组织形式可以采用产品管理组织形式，那就需要产品经理熟悉广为分散的各种不同的市场；也可以采用市场管理组织形式，那就需要市场经理熟悉销往各市场的五花八门的产品；或者还可以同时设置产品经理和市场经理，形成一种矩阵式结构，如图 9-10 所示。

		市场经理			
		男式服装	女式服装	家庭装饰	工业市场
产品经理	人造丝				
	尼龙				
	醋酸纤维				
	涤纶				

图 9-10 产品/市场型组织形式

产品经理负责产品的销售利润和计划，为产品寻找更广泛的用途；市场经理负责开发现有和潜在的市场，着眼市场的长期需要，而不只是推销眼前的某种产品。这种组织形式适用于多角化经营的企业，不足之处是费用较大，而且由于权力和责任界限比较模糊，易产生矛盾。

三、市场营销组织设计的原则

任何一个现代企业都必须要建立市场营销组织。企业设计什么样的市场营销组织，必须从实际出发，遵循以下原则。

1. 目标一致原则

市场营销组织是实现营销目标的手段和保证，它的设置必须依据并服从于营销目标，与营销目标保持高度的一致，因此，在设计市场营销组织时，坚持以营销目标为导向，以“事”为中心，因“事”设机构、因“事”配人员。也就是说，任何一个职务与机构的设置都是实现营销目标所必需的，凡是与目标无关的职位与机构都必须坚决取消，对于那些与营销目标关系不大、可有可无的职位与机构，应该予以调整或合并。

2. 分工协作原则

分工与协作是社会化大生产的客观要求，是实现现代企业目标所必需的，因此，在设计企业市场营销组织时，必须坚持分工协作的原则。应将市场营销目标层层分解，变成一项项具体的工作和任务，落实到各个部门与岗位。这就是在组织内部进行分工，明确各个部门和各个岗位的工作内容、工作范围，解决干什么的问题。有分工就必然有协作，分工将一个整体分成各个部分，为使各个部分协同运作，产生“1+1>2”的效应，就必须在分工的基础上，明确规定各个部门和各个岗位之间的关系，协调配合的途径与方法，使得企业市场营销工作运行有序，形成合力，产生整体功能。

3. 命令统一原则

命令统一原则的实质，就是在市场营销管理工作中实行统一领导，形成统一的指挥中心，避免多头领导，消除有令不行、有禁不止的现象，确保政令畅通、指挥灵敏。

4. 权责对等原则

职权和职责是两个互相关联的概念。职责是指某一职位的责任和义务，职权是指为完成某一职位的责任和义务所应具有的权力，包括决定权、命令权、审查权、提案权、支配权等，两者不可分割，因此，在设计营销组织结构时，既要明确规定各个部门、各个职位的职责范围，又要赋予完成其职责所必需的管理权限。职责与权限不仅必须统一，而且必须对等。为了履行一定的职责，就必须有相应的职权。只有职责，没有职权或权限太小，人们就没有履行职责的能力；反之，只有职权而没有责任，或权力很大，责任很小，就会造成滥用权力和瞎指挥，产生官僚主义。只有职责与职权对等，才是最佳的组合。

5. 集权与分权相结合原则

集权是把权力集中于最高层领导，分权是将权力分散于组织各个层次。集权的优点是：有利于集中统一领导，加强对整个组织的控制；有利于协调组织的各项活动，提高工作效率；有利于充分发挥高层领导的聪明才智和统御能力。但集权也有其缺点，它使得管理层次增多，信息沟通渠道变长，基层组织缺乏独立性和自主权，高层领导的负荷过重。分权正好相反，它使得管理层次减少，信息沟通渠道缩短，高层管理者可以从具体事务中解脱出来，集中精力抓大事，同时又有利于调动基层管理人员的积极性和主动性，但过度分权，也有可能失去对整个组织的控制，因此，权力过于集中和过于分散，都不利于发挥整个组织的作用。为了避免权力的过于集中和过于分散，应坚持把集权和分权有机地结合起来，并把握好两者结合的度。一般而言，集权应以不妨碍基层人员积极性的发挥为限，分权应以不失去对下级的有效控制为限。

技能训练 9-3

训练背景

五粮液集团有限公司是以五粮液及其系列酒的生产、销售为主，同时生产经营精密塑胶制品、大中小高精尖注射和冲压模具的现代制造产业，以及以生物工程为发展产业，涉及药业工业、印刷业、电子器件产业、物流运输和相关服务业的具有深厚企业文化的现代化企业集团。2005 年，五粮液实现销售收入 156.65 亿元。集团公司现有职工 30 000 余人，其从事制造业的厂房错落有致地掩映在 7 平方千米的花园般的厂区中。

公司系统研制开发了五粮春、五粮神、五粮醇、长三角、两湖春、现代人、金六福、浏阳河、老作坊、京酒等几十种不同档次、不同口味，满足不同区域、不同文化背景、不同层次消费者需求的系列产品。特别是十二生肖五粮液、一帆风顺五粮液、五粮液巴拿马纪念酒、五粮液年份酒等精品、珍品系列五粮液的面世，其在神、形、韵、味各方面精巧极致的融合，成为了追求卓越的典范。

五粮液人通过以质量、规模、效益为工作重心，实施了成功的阶段性战略突破和高速发展，使五粮液股份有限公司已经具备了年酿造五粮液及其系列酒 40 多万吨的生产能力，以及年包装各类成品酒 40 多万吨的配套生产能力。同时，集团公司还以其开发的“仙林青梅实酒”和“亚洲干红”等优质产品来开拓国内外果酒市场。

为了给广大消费者提供更多更好的优质产品，满足社会各阶层的不同需求，将我国历史文化中的瑰宝发扬光大，公司不断将现代科技与古老的传统工艺相结合，在提高产品质量的同时扩大企业的生产能力，以适应国内外市场发展的需求。

训练要求

请以小组为单位，根据组织结构设计的相关知识，在小组讨论的基础上，为五粮液集团公司市场营销设计组织结构。要求拟写设计依据，画出组织结构图，并拟写出岗位职责。

项目思考与练习

【案例分析】

从美国在线和时代华纳合并看公司战略价值的确定

2000年1月10日，全球最大的互联网服务提供商（ISP）——美国在线公司（AOL）与全球娱乐及传媒巨人——时代华纳公司（Time Warner）正式宣布合并。在美国在线公司宣布并购时代华纳公司的当天，两家公司的市场价值累计达到3 420亿美元。在新合并的公司内，原美国在线的股东占55%的股份，即约1 881亿美元，原时代华纳的股东占45%股份，约1 539亿美元。时代华纳的营业额是美国在线的4.5倍，总资产是美国在线的7.45倍，盈利能力比美国在线高56%，商誉更是美国在线的36.6倍。然而，在消息公布之前，美国在线的市值高达1 634亿美元，而相比之下，时代华纳只有833亿美元。通过这项合并，时代华纳的股东得到了高额回报，所持有的股份几乎达到了原市场价值的两倍。

这些数字给人们的突出印象除了天文数字般的交易金额外，恐怕更多的是迷惑不解。为什么时代华纳通过合并，一夜之间达到其市场价值的两倍？回答这个问题，首先需要对公司价值的概念有深入的认识。

美国在线创立于1985年，是新兴网络产业的领头羊。现有注册用户1 700万，遍布全球，是世界上最大的在线服务商。它在收购了拥有200万用户的电脑服务公司——著名的网景公司之后更是如虎添翼，也是网络产业为数不多的盈利公司之一。时代华纳是世界最大的媒体公司，拥有众多著名品牌。但是在网络冲击波的影响下，近年来增长速度日趋减缓。互联网公司积极设法丰富网上服务内容，尤其是信息服务，但是信息的权威来源目前仍然是传统媒体，传统媒体公司也在谋划如何利用互联网技术扩大自己的市场份额，增强竞争力。两者之间既有竞争，但又存在密切的互补关系。本次收购产生了一个超级媒体帝国，营业额可达300亿美元。它的边界从杂志、电视网、电影公司、音乐公司、卡通网络一直延伸到互联网，它将重新规划人们获取信息和娱乐的方式。合并后的公司将拥有《时代》《财富》《人物》，以及CNN电视网、华纳兄弟电影公司、HBO电视频道、卡通网络、华纳音乐集团、《娱乐周刊》等著名媒体品牌，还有美国在线、网景、ICQ信息通信、数字都市等著名网络品牌，其竞争力之强可想而知。

美国在线用户将享受到时代华纳丰富的媒体及娱乐资源。与此同时，时代华纳也将借助美国在线庞大的用户群扩大自己的市场份额。对时代华纳及美国在线的竞争对手，如迪斯尼公司和雅虎构成压力。

美国在线公司收购媒体巨擘时代华纳公司，形成总值3 420亿美元、能演化出新品种的“全球巨无霸”媒体集团。这桩并购案，正是网络企业与传统企业整合的典范。美国在线公司由一家名不经传的网络公司发展到今天全球第一大网络服务供应商。这项举措表明美国在线将不只是提供宽频服务或是精彩的网络内容，而是会朝着具有附加价值的服务前进，它将彻底改变网络生态。

请思考：

（1）网络企业与传统企业联合将对经济效益产生什么样的影响？

（2）合并将会对美国在线的发展起到什么样的作用？

（3）合并对时代华纳的未来将会产生什么样的影响？

【综合实训】

1. 实训项目：中小企业网络营销战略分析

2. 实训背景

如果你是一家企业的营销主管，在电子商务环境条件下，总经理要求你做好企业网络直销的战略分析。

3. 实训目的与要求

（1）学生学会从企业的经营管理决策实际出发，确定战略分析的内容。

（2）教师要求学生分组进行实地访问和调查，并结合文献研究了解影响企业电商环境下网络直销的因素。

（3）教师训练学生分析市场环境、制订战略计划的能力。

（4）学生撰写分析报告，提出改进措施及建议。

4. 实训步骤

（1）根据教学班级人数确定学习小组（5～8组为宜），每组6～8人。

（2）学生讨论选出组长，并分工进行文献研究和联系企业进行实地调查收集资料。

（3）以小组为单位进行研讨，完成小组的分析报告，并制作PPT进行汇报。

（4）同学互评和教师点评，然后综合评定各小组及成员的本次实训成绩。

5. 实训考核

（1）实训准备工作（10分）。

（2）各组对本次实训的组织、分配、管理等过程的表现情况（20分）。

（3）各组提交的实训报告的质量和报告PPT的演示效果（50分）。

（4）学习小组的团队合作精神面貌（10分）。

（5）同学互评，教师点评（10分）。

项目十　市场营销实务新发展

项目目标

知识目标

（1）了解市场营销实务的新发展。

（2）掌握市场营销行业发展的新趋势。

技能目标

（1）能灵活运用各种市场营销技能。

（2）学会发展和创新市场营销技能。

（3）能运用市场营销技能应对企业或产品在市场中的新形势。

本章导入

管理启示录——海尔砸冰箱

1985 年，青岛电冰箱总厂生产的瑞雪牌电冰箱（海尔的前身），在一次质量检查时，库存不多的电冰箱中有 76 台不合格。按照当时的销售行情，这些电冰箱稍加维修便可出售。但是，厂长张瑞敏当即决定，在全厂职工面前，将 76 台电冰箱全部砸毁。当时一台冰箱 800 多元，而职工每月平均工资只有 40 元，一台冰箱几乎等于一个工人两年的工资。当时职工们纷纷建议：便宜处理给工人。

张瑞敏对员工说："如果便宜处理给你们，就等于告诉大家可以生产这种带缺陷的冰箱。今天是 76 台，明天就可能是 760 台、7 600 台……因此，必须解决这个问题。"

于是，张瑞敏决定砸毁这 76 台冰箱，而且是由责任者自己砸毁。很多职工在砸毁冰箱时都流下了眼泪，平时浪费了多少产品，没有人去心痛；但亲手砸毁冰箱时，感受到这是一笔很大的损失，痛心疾首。通过这种非常有震撼力的场面，改变了职工对质量标准的看法。质量标准不能一成不变，必须随着市场发展而变动，同样的市场营销理论也必须发展和创新。

过往的百年，是营销领域从孕育、生长到大发展的百年，是营销管理理论不断创新与丰富的过程。营销理论不断地涌现出新思想、做法、案例，思想理论的创新是营销领域钱进的动力和知识源泉。

请思考：海尔砸冰箱这个故事给我们的启示是什么？

任务一　认知网络营销

21世纪最有代表性的一种低成本、高效率的全新商业形式、是以互联网为核心平台，以网络用户为中心，以市场需求和认知为导向，利用各种网络应用手段去实现企业营销目的的一系列行为。

一、网络营销的含义

网络营销就是以国际互联网络为基础，利用数字化的信息和网络媒体的交互性来辅助营销目标实现的一种新型市场营销方式。

网络营销并不单纯的是指网上直接销售，它包括企业上网宣传、网上市场调查、网络分销等许多层面。正确深入地理解网络营销，需要在了解网络营销产生背景的基础上，理解其实施层次及每个层次的特征、实现条件与主要活动，全面把握其所处的环境、特点、功能和核心思想。

网络营销是企业营销战略中的一个重要组成部分。企业需要根据信息化社会的营销环境和技术特点，将网络营销与传统营销进行整合，将人员推销、市场调查、广告促销、经销代理等传统营销手法与互联网相结合；另一方面，企业特别是中小企业，必须结合自身实际，确定适宜的网络营销模式、目标，选择相应的网络营销方法，充分利用网络营销工具和互联网资源，以最低的成本投入获得最优的营销效果。

二、网络营销的特点

网络营销的产生是互联网与现代电子通信技术的应用、消费者价值观变革和激烈的市场竞争等多种因素综合作用的产物。随着互联网技术发展的成熟以及联网成本的降低，互联网好比一种“万能胶”将企业、团体、组织以及个人跨时空连接在了一起，使他们之间信息的交换变得唾手可得。市场营销中最重要、最本质的是组织与个人之间进行信息传播和交换。如果没有信息交换，那么交易也就是无本之源。正因为如此，互联网具有营销要求的某些特征，使网络营销呈现出以下一些特点。

1．时空性

营销的最终目的就是占有市场份额。由于互联网能够超越时间约束和空间限制进行信息交换，使营销脱离时空限制进行交易变成可能，企业有了更多时间和更大的空间进行营销，可以“7×24”小时地提供全球性营销服务。

2．多媒体性

互联网设计成可以传输多种媒体的信息，如文字、声音、图像等信息，为达成交易进行的信息交换能以多种形式存在，可以充分发挥营销人员的创造性和能动性。

3．交互性

互联网通过展示商品图像和商品信息资料库提供有关查询来实现供需双方的互动与

双向沟通，还可以进行产品测试与消费者满意度调查等活动。互联网为产品联合设计、商品信息发布以及各项技术服务提供了最佳工具。

4. 个性化

互联网上的促销是一对一的、理性的、消费者主导的、非强迫性的、循序渐进式的，而且是一种低成本与人性化的促销，避免了推销员强势推销的干扰，并通过信息提供与交互式交谈，与消费者建立长期的良好关系。

5. 成长性

互联网使用者数量快速增长并普及全球，使用者多属年轻、中产阶级、高教育水准，由于这部分群体购买力强而且具有很强的市场营销力，因此是一项极具开发价值的市场渠道。

6. 整合性

互联网上的营销可由商品信息到收款、售后服务一气呵成，因此也是一种全程的营销渠道。

7. 超前性

互联网是一种功能强大的营销工具，它同时兼具渠道、促销、电子交易、顾客互动服务以及市场信息分析与提供的多种功能。它具备的一对一营销能力正是符合定制营销和直复营销的未来趋势。

8. 高效性

计算机可储存大量的信息，供消费者查询，可传送的信息数量和精确度远超过其他媒体，并能适应市场需求，及时更新产品或调整价格，因此能及时、有效地了解并满足顾客的需求。

9. 经济型

通过互联网进行信息交换，代替以前的实物交换，一方面可以减少印刷与邮递成本，可以无店面销售，免交租金，节约水电和人工成本；另一方面可以减少由于迂回多次交换带来的损耗。

10. 技术性

网络营销是建立在以技术作为支撑的互联网的基础上的，企业实施网络营销必须有一定的技术投入和技术支持，改变传统的组织形态，提升信息管理部门的功能，引进既懂营销又懂计算机技术的复合型人才，这样才能具备市场的竞争优势。

三、网络营销的方法

1. 搜索引擎营销：软文优化、图片优化、视频优化、站点地图优化、关键字优化。主要是针对网站的。

2. E-mail 营销

电子邮件营销（E-mail Direct Marketing，EDM），是在用户事先许可的前提下，通过电子邮件的方式向目标用户传递价值信息的一种网络营销手段。E-mail 营销有三个基本因素：用户许可、电子邮件传递信息、信息对用户有价值。三个因素缺少一个，都不能称之为有效的 E-mail 营销。电子邮件营销是利用电子邮件与受众客户进行商业交流的一种直销方式。同时也广泛地应用于网络营销领域。电子邮件营销是网络营销手法中最古老的一种，可以说电子邮件营销比绝大部分网站推广和网络营销手法都要陈旧。

3. 数据库营销

数据库营销的一般运作方式有以下几种。

（1）数据采集：主要是针对行业市场情况的客户群体数据采集。

（2）数据存储：把收集来的数据进行整理存储。

（3）数据处理：把收集来的数据整理成有条理的便于各部门人员查看的数据。

（4）寻找理想消费者：根据收集来的数据分析判断出适合该产品或服务的消费群体作为营销的目标。

（5）使用数据：根据收集来的数据的分析针对不同的消费群体制定不同的营销方案

（6）完善数据库：在营销的过程中不断地收集数据完善数据库。

（7）信息发布：针对 B2B 商务网站的产品信息发布，如阿里巴巴、赢商网、慧聪网等；不同网站有不同的信息发布规则，要根据网站搜索引擎的规律发布。

（8）平台营销：B2B 的阿里巴巴、赢商网、慧聪网，C2C 的淘宝、eBay、腾讯拍拍、B2C 的 365 商城等，主要是在各个平台网站上充分利用网站上面提供的功能来有效地推广自己的产品。

4. 博客营销

博客营销的常见形式有以下几种。

（1）企业网站博客模式：主要指自己公司网站上带的博客功能。

（2）第三方 BSP 公开平台模式。

（3）建立在第三方企业博客平台的博客营销模式：主要是在 B2B 大型商务网站（阿里巴巴）上的博客应用。

（4）个人独立网站模式：如个人独立网站的博客。

（5）博客营销外包模式。

（6）博客广告模式：①同一般的网络广告一样，在博客网站上刊登广告；②企业募集专业写手，在博客网站上发表和企业产品相关的具有较强知识性、专业性的博客日志；③企业建立企业或行业专题，由博客网站负责版面的设计、注释、链接和其他功能的设置，企业负责内容的提供。

5. 论坛营销

论坛营销的基本原则有以下几点。

（1）明确产品定位。

（2）制订工作计划。

（3）注册登录账号：每个论坛注册至少 5 个 ID，账号名称不要随便取无意义的数字和字母。

（4）创作发帖内容。

任务二 认知文化营销

一、文化营销的含义

文化营销强调企业的理念、宗旨、目标、价值观、职员行为规范、经营管理制度、企业环境、组织力量、品牌个性等文化元素，其核心是理解人、尊重人、以人为本，调动人的积极性与创造性，关注人的社会性。在文化营销观念下，企业的营销活动一般奉行一些原则：给予产品、企业、品牌以丰富的个性化的文化内涵。

诸如相机、月饼、粽子等产品的深处包含着一种隐性的东西——文化。企业向消费者推销的不仅仅是单一的产品，产品在满足消费者物质需求的同时还满足消费者精神上的需求，给消费者以文化上的享受，满足他们高品位的消费。这就要求企业转变营销方式进行文化营销。

物质资源是会枯竭的，唯有文化才能生生不息。文化是土壤，产品是种子，营销好比是在土壤里播种、耕耘，培育出品牌这棵幼苗。可口可乐只是一种特制饮料，和其他汽水饮料也没有太大的差别，但它之所以能够成为全球知名品牌，并有一百多年历史，是因为它与美国的文化有紧密的联系。可口可乐的每一次营销活动无不体现着美国文化，是其品牌成为美国文化的象征。

文化营销是指把商品作为文化的载体，通过市场交换进入消费者的意识，它在一定程度上反映了消费者对物质和精神追求的各种文化要素。文化营销既包括浅层次的构思、设计、造型、装潢、包装、商标、广告、款式，也包含对营销活动的价值评判、审美评价和道德评价。

它包括如下三层含义：

① 企业需借助于或适应于不同特色的环境文化开展营销活动；

② 文化因素需渗透到市场营销组合中，综合运用文化因素，制定出有文化特色的市场营销组合；

③ 企业应充分利用 CI 战略与 CS 战略全面构筑企业文化。

二、文化营销应注意的问题

文化营销不是喊口号，它不仅仅是一个形式的问题，更是一个内容的问题，它也不是企业心血来潮时的一时冲动。企业在文化营销时应注意以下两个方面。

第一，处理好内容与形式的关系。内容决定形式，形式是内容的体现，二者辩证统一。许多企业在文化营销时往往只重视形式，忽略了内容。有的企业只注重产品的包装，不重视产品的质量；有的企业在文化建设中只提出一些口号，实际中并不执行；有的企业只知道做广告、做宣传，只重视企业视觉识别系统（VI 设计），不强调企业理念（MI）和企业行为（BI）建设，造成了“金玉其外，败絮其中”的结果。

第二，要用系统的观点对待文化营销。企业的文化营销是一个整体，一个有机的系统。它包括三个方面的含义，我们不能断章取义，只抓一点不及其余，而要把三者有机结合起来。企业文化建设是企业文化营销的前提和基础，企业没有良好的健康的全面的文化建设，文化营销就成了无源之水、无本之木。企业分析和识别不同环境的文化特点是文化营销的中间环节和纽带，在企业文化建设的基础上，只有对不同环境的文化进行分析，才能制定出科学的文化营销组合策略；制定文化营销组合策略是前两者的必然结果。企业在进行文化营销时往往忽视了前两者，只重视了文化营销组合策略的运用，结果是收效甚微。

资料贴吧

东风雪铁龙营销案例：C5 上市文化营销

雪铁龙 C5 上市的时候，机遇与挑战并存。就挑战而言，C5 作为雪铁龙引入中国的第一款中级车，担负着提升品牌形象的战略重任。在已有的中级车市场竞争格局中，日系车占据大部分市场份额，欧系车 C5 如何取得销量成功？就机遇而言，C5 凝聚了雪铁龙 9 代高端车的精髓，其操控、安全等方面的六大前瞻科技在同级车中处于领先水平。C5 在欧洲市场的销量非常成功，尤其在法国中高级汽车市场销量位居第一，并获得测试五星安全评级等 10 余项国际大奖。

针对上述情况，雪铁龙的推广策略是：以新儒学文化为载体，逐步展现 C5“和而不同”的产品特质；通过与书法、书法名家、文化交流等的互动，影响目标受众，让商务人群直观感受 C5 的品牌价值；借助与中国传统文化的结合，吸引媒体主动关注，扩大传播影响。具体的推广执行情况如下。

一是，公司创造出能够体现深厚文化底蕴的产品 slogan——“逸天地，悦人生”；二是，邀请书法泰斗书写 slogan，演绎厚积薄发的大气；三是，以大道无形、至柔至刚的水为主题召开新品发布会，演绎新品的和谐大气；四是，邀请 VIP 嘉宾，在位于北京前门 23 号院（四合院）的布鲁克法餐厅鉴赏 C5 以及中国书法艺术精品，吸引媒体和社会的关注，保持舆论热度；五是，组织文化名家、行业领袖如上官洪夫、张颐武、钟师等进行文化品鉴活动，在鉴赏范增画作、“逸天地，悦人生”的创意精髓的过程中，借助意见领袖的见解和肯定影响目标消费群体的认知。此外，公司密切关注中法文化交流，如“中法文化交流之春”等活动，通过赞助活动用车等形式，表达文化姿态。

这些策略为新品销量奠定了基础：东风雪铁龙 C5 上市后，三个月内平均销量即达 4 000 台左右，并创下了在不到一个月的时间内接到过万张订单的销售佳绩。

资料来源：http://wenku.baidu.com/

任务三　认知绿色营销

一、绿色营销观念

绿色营销观念是在绿色营销环境条件下企业生产经营的指导思想。传统营销观念认为，企业在市场经济条件下生产经营，应当时刻关注与研究的中心问题是消费者需求、企业自身条件和竞争者状况三个方面，并且认为满足消费需求、改善企业条件、创造比竞争者更有利的优势，便能取得市场营销的成效。而绿色营销观念却在传统营销观念的基础上增添了以下新的思想内容。

① 企业生产经营研究的首要问题不是在传统营销因素条件下，通过协调三方面关系使自身取得利益，而是与绿色营销环境的关系。企业营销决策的制定必须首先建立在有利于节约能源、资源和保护自然环境的基础上，促使企业市场营销的立足点发生新的转移。

② 对市场消费者需求的研究，是在传统需求理论的基础上，着眼于绿色需求的研究，并且认为这种绿色需求不仅要考虑现实需求，更要放眼于潜在需求。

③ 企业与同行竞争的焦点，不在于传统营销要素的较量，争夺传统目标市场的份额，而在于保护生态环境的最佳营销措施，并且认为这些措施的不断建立和完善，是企业实现长远经营目标的需要，它能形成和创造新的目标市场，是竞争制胜的法宝。

与传统的社会营销观念相比，绿色营销观念注重的社会利益更明确定位于节能与环保，立足于可持续发展，放眼于社会经济的长远利益与全球利益。

二、绿色产品观念

企业实施绿色营销必然要以绿色产品为载体，为社会和消费者提供满足绿色需求的绿色产品。所谓绿色产品，是指对社会、对环境改善有利的产品，或称无公害产品。这种绿色产品与传统同类产品相比，至少具有下列特征。

① 产品的核心功能既要能满足消费者的传统需要，符合相应的技术和质量标准，更要满足对社会、自然环境和人类身心健康有利的绿色需求，符合有关环保和安全卫生的标准。

② 产品的实体部分应减少资源的消耗，尽可能利用再生资源。产品实体中不应添加有害环境和人体健康的原料、辅料。在产品制造过程中应消除或减少“三废”对环境的污染。

③ 产品的包装应减少对资源的消耗，产品的包装和报废后的残物应尽可能成为新的资源。

④ 产品生产和销售的着眼点，不在于引导消费者大量消费而大量生产，而是指导消费者正确消费而适量生产，建立全新的生产美学观念。

三、绿色产品的价格观念

价格是市场的敏感因素，定价是市场营销的重要策略，实施绿色营销不能不研究绿色产品价格的制定。一般来说，绿色产品在市场的投入期，生产成本会高于同类传统产品，因为绿色产品成本中应计入产品环保的成本，主要包括以下几方面。

① 在产品开发中，因增加或改善环保功能而支付的研制经费。

② 在产品制造中，因研制对环境和人体无污染、无伤害的产品而增加的工艺成本。

③ 使用新的绿色原料、辅料而可能增加的资源成本。

④ 由于实施绿色营销而可能增加的管理成本、销售费用。

但是，产品价格的上升会是暂时的，随着科学技术的发展和各种环保措施的完善，绿色产品的制造成本会逐步下降，趋向稳定。企业制定绿色产品价格，一方面当然应考虑上述因素，另一方面应注意到，随着人们环保意识的增强，消费者经济收入的增加，消费者对商品可接受的价格观念会逐步与消费观念相协调。所以，企业营销绿色产品不仅能使企业盈利，更能在同行竞争中取得优势。

四、绿色营销的渠道策略

绿色营销渠道是绿色产品从生产者转移到消费者所经过的通道。企业实施绿色营销必须建立稳定的绿色营销渠道，策略上可从以下几方面努力。

① 启发和引导中间商的绿色意识，建立与中间商恰当的利益关系，不断发现和选择热心的营销伙伴，逐步建立稳定的营销网络。

② 注重营销渠道有关环节的工作。为了真正实施绿色营销，从绿色交通工具的选择，绿色仓库的建立，到绿色装卸、运输、贮存、管理办法的制定与实施，认真做好绿色营销渠道的一系列基础工作。

③ 尽可能建立短渠道、宽渠道，减少渠道资源消耗，降低渠道费用。

五、绿色营销的促销策略

绿色促销是通过绿色促销媒体，传递绿色信息，指导绿色消费，启发引导消费者的绿色需求，最终促成购买行为。绿色促销的主要手段有以下几方面。

1. 绿色广告

绿色广告是指通过广告对产品的绿色功能定位，引导消费者理解并接受广告诉求。在绿色产品的市场投入期和成长期，通过量大、面广的绿色广告，营造市场营销的绿色氛围，激发消费者的购买欲望。

2. 绿色推广

绿色推广是指通过绿色营销人员的绿色推销和营业推广，从销售现场到推销实地，直接向消费者宣传、推广产品绿色信息，讲解、示范产品的绿色功能，回答消费者绿色咨询，宣讲绿色营销的各种环境现状和发展趋势，激励消费者的消费欲望。同时，通过试用、馈赠、竞赛、优惠等策略，引导消费兴趣，促成购买行为。

3. 绿色公关

绿色公关是指通过企业的公关人员参与一系列公关活动，诸如发表文章、演讲、影视资料的播放，社交联谊、环保公益活动的参与、赞助等，广泛与社会公众进行接触，增强公众的绿色意识，树立企业的绿色形象，为绿色营销建立广泛的社会基础，促进绿色营销业的发展。

任务四　认知体验营销

一、体验营销的概念

“体验”概念最初是由美国著名未来学家阿尔温·托夫勒 1970 年在其《未来的冲击》中提出的。他首先把体验作为经济价值来看待，认为体验是商品和服务心理化的产物，并指出“体验产品中的一个重要品种是以模拟环境为基础，让客户体验冒险、奇遇、感性刺激和其他乐趣。”伯恩德·H. 施密特在《体验营销》(2004)中进一步指出，体验营销是企业“以满足顾客体验需求为目标，以营销空间为舞台，以产品或服务为载体，利用文化、艺术和科技等手段来增加产品内涵，更好地满足人们的情感及审美等多种体验需求，在给人们的心灵带来震撼的同时，达到促进产品销售目的的一种全新的营销模式”。

国内学者汪涛和崔国华认为，体验营销是指企业营造一种氛围，设计一系列事件，以促使顾客变成其中的一个角色尽情“表演”，顾客在“表演”的过程中将会因为主动参与而产生深刻而难忘的体验，从而为获得的体验向企业让渡价值。汪秀英和邓勤学则认为，“体验营销是通过认识和了解顾客，创造有价值的顾客体验，达到企业目标的一种社会和管理过程”。

总体来说，体验营销是指企业通过采用让目标顾客观摩、聆听、尝试、试用等方式，使其亲身体验企业提供的产品或服务，让顾客实际感知产品或服务的品质或性能，从而促使顾客认知、喜好并购买的一种营销方式。这种方式以满足消费者的体验需求为目标，以服务产品为平台，以有形产品为载体，生产、经营高质量产品，拉近企业和消费者之间的距离。

二、体验营销的类型

由于体验的复杂化和多样化，所以《体验式营销》一书的作者伯恩德·H. 施密特将不同的体验形式称为战略体验模块，并将其分为五种类型。

1. 知觉体验

知觉体验即感官体验，将视觉、听觉、触觉、味觉与嗅觉等知觉器官应用在体验营销上。感官体验可区分为公司与产品(识别)、引发消费者购买动机和增加产品的附加价值等。

2. 思维体验

思维体验即以创意的方式引起消费者的惊奇、兴趣，对问题进行集中或分散的思考，为消费者创造认知和解决问题的体验。

3. 行为体验

行为体验指通过增加消费者的身体体验，指出他们做事的替代方法、替代的生活形态与互动，丰富消费者的生活，从而使消费者被激发或自发地改变生活形态。

4. 情感体验

情感体验即体现消费者内在的感情与情绪，使消费者在消费中感受到各种情感，如亲情、友情和爱情等。

5. 相关体验

相关体验即以通过实践自我改进的个人渴望，使别人对自己产生好感。它使消费者和一个较广泛的社会系统产生关联，从而建立对某种品牌的偏好。

三、体验营销的实施要素

体验营销像是上演一场戏剧，要有剧本和舞台，要有角色演员和表演主题，要布置场景和组织表演活动，还要进行表演信息传播和现场管理，才能使顾客参与并留下深刻印象，以达到企业体验营销的目的。为此，体验营销可以从如下几个方面成功展开。

1. 做好消费者需求的调研与体验定位

现代市场营销遵循“顾客导向”，强调“以消费者为中心”，根据顾客需求去开发产品和推广产品，因此，体验营销必须关注顾客的体验需求，研究消费者的体验心理和感受，才能击中消费者的心灵。为了正确把握消费者的体验需求，必须先进行目标消费群的细分定位，可以依据性别、年龄、收入水平、文化程度、社会阶层等诸多变量进行划分归类，只有这样才能准确识别目标消费群的体验特性并进行个性化的体验定位和体验产品设计。

2. 开发具有体验特征的产品与主题

体验产品与体验方式是体验营销的核心价值，能否开发出具有浓厚体验特征的产品载体和具有冲击力的体验主题，是企业体验营销模式成败的关键。这里有必要首先区分一下“体验营销”与“体验式营销”的概念。应该说，两者都包含在体验营销模式的内涵之内。体验营销主要指体验产品的营销，是指产品本身内涵浓重的体验色彩，或者是通过体验才能消费的产品，如旅游产品、服务产品等无形产品；而体验式营销主要是指产品的体验式销售，是指有形产品通过顾客体验的方式实现销售的营销模式。两者都包含着体验的形式和内容，两者不能分割，共同构成体验营销的内涵。因此，在产品开发环节和主题设计的过程中毫无疑问都要重视追求要素的体验特性与冲击力，才能形成对消费者眼球的吸引。

3. 营造具有亲和力的体验场景和舞台

体验就是剧场表演，需要场景和舞台，它是体验营销得以实施的载体，也是顾客获取体验的客体和来源。体验营销着重创造顾客愉悦难忘的感受，并期望由此驱动消费者的购买行为和品牌忠诚，因此更加关注场景的亲情与美学，温馨的、舒适的、轻松的、美观的、充满人情味的体验场景能够有效激发消费者的热情，拉近与顾客的心理距离，增强信任感。因此，尽可能将体验场景和舞台布置得亲近一些、和谐一些，对于顾客体验感觉的形成与体验价值的提升是有帮助的。

4. 选择合适的体验传播媒介和方式

为了达到体验目标，必须借助于一定的媒体来传播体验信息，通过影响潜在顾客而形成体验效应。施密特把这种用来创造体验的工具称之为体验媒体。作为体验营销（或体验式营销）执行工具的体验媒体包括随时沟通、电视广告、包装识别、场景营造、口碑传播、产品演示、品牌展示、户外媒体、印刷媒体、电子媒体与网站、人员推广、终端促销、公共关系以及产品说明书、POP、纪念品、吉祥物、新闻发布会、产品推介会、知识讲座等。而体验传播媒介和方式的选择不能强求一律，要因时而异、因产品而异、因企业而异。选择什么媒体比较合适、划算，主要考虑媒介选择的有效性、经济性、可信度和影响力标准。传播的有效性是指能否集中击中目标消费群。媒介的经济性是指媒体投入与效益产出的核算，媒介的可信度和影响力是其美誉度特征及权威性表现的标准。

5. 有效体验营销活动的组织与开展

正如体验剧场理论所说，体验营销好比剧场表演，体验剧本的实现需要借助演员的表演过程的展开，在这个体验过程中，整体的策划协调必不可少，前台、后台的支持配合也很重要，多种体验要素（体验产品、体验服务、体验舞台、员工表现、体验品牌、体验文化、体验传播等）能否整合协调成为关键，只有成功地策划组织并有序地整合展开，整场表演才可能成功，体验者才可能从中享受到体验活动所赋予的某种提供物。在体验营销活动的组织实施过程中，首先要开展内部体验，提高员工的参与度，让员工精神饱满、热情洋溢并富有专业水平和专业精神，因为员工表现的好坏直接影响体验顾客的体验感觉生成及体验满意度评价；其次，有效的体验活动有赖于顾客的积极参与，因此要注意提高顾客的参与度，特别要兼顾体验主题内容的新颖性与体验成本的问题，体验过程的新颖、简单易操作与低成本是吸引顾客积极主动参与的内在动因，这里的成本包括货币成本、时间成本与精神成本。

6. 顾客体验实施的延展与客户保持

根据 B. 约瑟夫·派因和詹姆斯·H. 吉尔摩在其《体验经济》中的观点，“体验是从服务当中分离出来的一种提供物”。从服务营销的角度考察，体验作为一种无形产品（一种服务），必然存在“售后服务”的问题。一次完美的体验活动应该延续到此次体验之后，甚至需要有一个不断强化的过程，才能使业已产生的美好体验固化成为习惯，并由此形成顾客的信任和忠诚，因此，体验实施必须延续到体验之后，这就需要引进客户关系管理（CRM）。CRM 是一种后续的营销策略，它的目标是通过与客户的交互式沟通，建立良好的长期客户关系，创造顾客忠诚。

体验营销以拉近企业和消费者之间的距离为重要经营手段，成为企业获得竞争优势的新武器。体验营销是站在消费者的感官、情感、思考、行动和联想等五个方面，重新定义、设计的一种思考方式的营销方法。这种思考方式突破传统上“理性消费者”的假设，认为消费者消费时是兼具理性与感性的，消费者在消费前、消费中和消费后的体验才是购买行为与品牌经营的关键。

任务五　认知关系营销

一、关系营销的定义

哲学家认为，世界以人为核心衍生出四种关系，即：人与自然的关系、人与社会的关系、人与人的关系、人与自我的关系。营销专家将之导入营销理论，便有了现代关系营销理论及其应用。

传统的市场营销理论认为，企业营销实质上是企业利用内部可控的因素，对外部不可控因素做出积极的动态反应，进而促进产品销售的过程。所谓内部可控因素主要指企业的产品、价格、分销和促销决策（简称市场营销组合）。企业市场营销活动的核心则是制定并实施有效的市场营销组合策略。只要营销组合策略运用得当，产品销售就有了根本保证。

然而，随着社会经济条件的发展，特别是市场竞争的日益激烈和市场营销组合策略的广泛使用，人们逐渐发现，市场营销组合已不再是解决所有市场营销问题的“灵丹妙药”，许多经过精心策划的市场营销组合计划付诸实施后困难重重，难以达到预期的目标。于是，进入20世纪80年代后，西方企业界和学术界一批颇具发展眼光的人士大胆地突破传统的市场营销框架的桎梏，积极寻求和创建适应当代企业竞争要求的营销理论和方法，一批颇有见地和创新的市场营销理论应运而生，关系营销便是其中的佼佼者。

传统营销理论和实践，强调的是建立交易而不是建立关系，从本质上看，传统营销是交易导向。过去的营销大量集中于交易导向，关注的是产品或服务的销售。现代营销思想正从追求销售向创造顾客方向发展。关系营销不仅将注意力集中于和顾客的关系，而且扩大了营销视野，将营销研究扩大到与分销商、供应商、竞争对手、公共机构、政府部门及企业内部员工等各种交换关系上。关系营销将建立与发展同相关利益者的交换关系作为企业市场营销的关键变量，把握住了现代市场竞争的特点，揭示了当今企业市场营销中的主要矛盾，在一定程度上顺应了国际经济变化的新趋势，被誉为"20世纪90年代及未来营销的方向"。

关系营销对我国企业营销活动的指导作用集中体现在以下三个方面：①顾客是企业生存与发展的基础，市场竞争的实质是一场争夺顾客资源的竞争，因而，建立并维持与顾客的良好关系是企业营销成功的关键；②社会主义市场经济体制下的企业竞争应是建立在平等、互利的基础上，企业应加强合作，建立与竞争者、供应商的良好合作关系，共同开发市场；③企业的生存与发展离不开社会环境，因此，企业要协调好与政府、社会组织的关系，创造良好的营销环境。

综上所述，关系营销就是把营销活动看成是一个企业与消费者、供应商、分销商、竞争者、政府机构及其他公众发生互动作用的过程，其核心是建立和发展与这些公众的良好关系。

二、关系营销的作用

关系营销对企业营销活动的指导作用集中体现在以下三个方面。

1. 建立并维持与顾客的良好关系是企业营销成功的基本保证

顾客是企业生存和发展的基础，市场竞争实质上就是争夺顾客。要建立与维持同顾客的良好关系，首先必须真正树立以消费者为中心的观念，一切从消费者出发，将此观念贯穿到企业生产经营的全过程中。曾几何时，市场营销逐渐升级为一场企业之间的战争，消费者渐渐被排除在这一竞争之外而受到冷落。而今实行关系营销，使以消费者为中心的观念可得以回归。

2. 促进企业合作共同开发市场机会

在以往的营销观念中，企业与企业的竞争是一场不宣而战的特殊战争。在这种营销观念的指导下，企业为寻求营销上的成功，往往不择手段地置对方于死地，有时为了取得竞争上的优势，不惜采取低价倾销的方法。这样做的结果往往会造成两败俱伤，同时也不利于社会经济的共同繁荣和进步。在这种情况下，人们开始重新审视企业之间的关系。一些市场营销专家认识到，在当今市场竞争日趋激烈的形势下，视竞争对手为仇敌、彼此势不两立的竞争原则已绝非上策。企业之间不仅存在竞争，而且存在合作的可能，有时，通过加强合作更有利于企业营销目标的实现。

3. 协调与政府的关系，创造良好的营销环境

政府对经济生活进行干预是当今世界各国通行的做法。出于国家整体利益的考虑，政

府要通过立法、行政和经济等手段，对社会经济活动实行宏观调控和管理，因此，企业的营销活动必然要受到政府有关规定的影响。在处理与政府的关系上，企业应该持积极的态度，遵循国家法规，协助研究国家所面临的各种问题的方法和途径，这样有助于创造良好的营销环境，保证企业营销的成功。美国营销专家谢斯认为，如果企业界能和政府积极地进行合作，树立共存共荣的思想，那么国家就可以制定出明确的营销政策，这将有助于国家对营销活动调节的合理化，避免相互矛盾的现象，帮助企业营销人员创造和分配价值，而不是阻碍营销活动的进行。企业与政府间的密切合作，要求所有企业的一切活动必须有利于实现政府宏观调控的目标；而政府的宏观调控，又要有利于企业开拓市场，促进社会经济的发展。

市场营销学是一门实用性很强的学科，其理论体系和方法在随着社会经济条件的发展而不断演变。关系营销作为一种新的营销思想，在一定程度上反映了国际经济变化的特点，抓住了目前西方国家企业市场营销中的主要矛盾。随着我国市场经济体制的建立和逐步完善，以及对外开放的进一步加深，这种营销思想对我国企业的营销活动也会发挥一定的指导作用。

任务六　认知整合营销

“整合营销”理论产生和流行于 20 世纪 90 年代，是由美国西北大学市场营销学教授唐·舒尔茨（Don Schultz）提出的。整合营销是指“根据企业的目标设计战略，并支配企业各种资源以达到战略目标”。传媒整合营销作为“整合营销”的分支应用理论，简言之，就是从“以传者为中心”到“以受众为中心”的传播模式的战略转移。整合营销倡导更加明确的消费者导向理念，因而，传媒整合营销理论对我国新的改革形势下传媒业的发展具有重要指导意义和实用价值。

整合营销以消费者为核心重组企业行为和市场行为，综合协调地使用各种形式的传播方式，以统一的目标和统一的传播形象，传递一致的产品信息，实现与消费者的双向沟通，迅速树立产品品牌在消费者心目中的地位，建立产品品牌与消费者长期密切的关系，从而更有效地达到广告传播和产品行销的目的。

现今互联网上，微博、博客、微信、论坛、贴吧等都是企业关注的营销“面包”，每一种营销渠道的出现必然带动行业小浪潮。国家工商总局公布的一组数据显示：寿命在 5 年以上的企业不足 4 成。以互联网为载体，以符合网络传播的方法和理念来展开实施的营销活动，成为企业延伸品牌的公信度与品牌影响力、增强经济效益的有效途径。整合营销正切合当下企业营销需求，达到最佳营销效果，是领先的营销方式，未来也将主宰互联网营销。

有业内人士认为：忽视互联网的信息传播能力，再好的产品也会在偌大的互联网里淹没。整合营销就可以让每个营销渠道互相关联促进，相辅相成，达到“1+1>2”的效果。

在当下，乃至未来，真正的互联网营销其实应该兼具互动传播、活动营销、事件营销、SEO、SEM、SPR 媒体资源整合等多项综合手段，这样整合营销可以将企业信息以更高效的手段向自己的目标用户、合作伙伴等群体快速传递。

项目思考与练习

【案例分析】

2005 年和 2006 年，多芬发起了一股“真美运动”之潮，基于详尽的消费者调查，针对只有 2%的女性认为自己美丽的情况，多芬提出了深入的解析：什么是美？自然是美，内心是美，学会欣赏自己的美丽。从该极具话题性的主题出发设计了一套整合线上线下，运用多种创意媒体、概念做推广，取得了非常好的效果。2005 年. 多芬产品销售额为 5.35 亿美元，同比增长 12.5%；2006 年，多芬品牌的销售额增长了 10.1%，增至 5.89 亿美元。基于互联网上相关的资料可以发现本次推广中多芬做了以下动作。

1. 悬念引出

多芬在《Time Out》杂志上刊登“寻找欣赏自己曲线的乐观女性”广告报名，并最终选出了 6 位女性现身于 2004 年 3 月 29 日的“真人广告”。

2. 权威美丽调查报告出炉

多芬发起并赞助“美丽的真谛——女性、美丽和幸福全球调查”。这个调查分三个部分。第一部分是对全球 118 个国家、22 种语言的相关文献进行整理，得到对“美丽”的传统观念和看法；第二部分是对 10 个国家 3 200 名女性的电话访问；第三部分是调查报告的撰写、白皮书的发布和专家评述。多芬赞助的调查虽然貌似普通社会民意调查，但其实却处处与公司自身利益密切相关。首先，调查有助于探求消费者心理。其次，调查有助于与竞争对手形成差异。再次，调查有助于树立企业有社会责任感的形象。

3. 借助专家的影响

2004 年 9 月 29 日，“多芬峰会”召开。会议邀请到了哈佛心理学教授以及非常著名的英国心理治疗师共同探讨如何将已在英国开展 3 年的 Body Talk（针对 14～25 岁的女性开设的沙龙会，帮助她们学会了解和处理外形和心理感受的关系，并且学习如何塑造“理想的”形象）扩大到其他国家。

4. 活动开启

2004 年 10 月，“多芬真美运动（Real Beauty Campaign）”正式拉开帷幕。这项运动旨在启发女性认真思考一下关于美丽的问题，比如社会对美丽的定义问题、美丽和身体吸引力之间的差别、媒体塑造美丽形象的过程和手法等。多芬在前一个群体模特广告的基础上推出一组新广告。在这组广告中，多芬另外选用了 6 位年龄从 22 岁到 95 岁的“典型女性”，展现她们自信、生动、充满活力的一面，并在他们的照片边上提出诸如“有皱纹还是非常棒？”，“灰色还是出色？”，“超重还是出色？”，“半空还是半满？”，“瑕疵还是无暇？”等问题。

如果说前三个阶段只是引出话题，那么从这个阶段开始，已经慢慢让受众加入进来，讨论并扩散影响了。受众可以登录网站进行对美丽的含义进行投票，投票结果立即显示，增加了震撼性。同时这些讨论以及投票结果也在户外的显示屏进行了显示。口碑的传播在户外人流密集的地方也得到了传播。

5. 知名卡通形象公关

2005年2月，以众人熟知的女性卡通形象为主角的多芬最新美发产品广告启动。这些动画人物都是一些大家耳熟能详的标志性人物，被大众认为值得信赖并且和自己有相似性，但是她们的发型从来没有改变过。因此，多芬公司试图抓住机会，给这些受众熟悉的人物一成不变的发型进行改变，突出多芬功能型美发产品的功效。此外，多芬公司还运用了公关、店内促销、互外媒体及其他营销手段。

请思考：

在这个案例中，促成活动成功的关键因素有哪些？

【综合实训】

1. 实训项目　凡客网络整合营销渠道训练

2. 实训背景

凡客是互联网时尚生活品牌，提倡简单得体的生活方式。目标消费群体是“80后”和“90后”这些崇尚简单、时尚，又喜欢网购的年轻人。

3. 实训目的与要求

（1）教师要求学生分组进行实地访问和调查，并结合文献研究，学会对分销渠道选择影响因素的分析。

（2）教师训练学生分销渠道选择的能力。

（3）学生了解并分析所运用整合营销的手段和方式，写出至少5种网络营销推广方式。

4. 实训步骤

（1）根据教学班级人数确定学习小组（5～8组为宜），每组6～8人。

（2）学生讨论选出组长，并分工进行文献研究和网络资料进行调查收集资料。

（3）以小组为单位进行研讨，完成小组的分析报告，并制作PPT进行汇报。

（4）同学互评和教师点评，然后综合评定各小组及成员的本次实训成绩。

5. 实训考核

（1）实训准备工作（10分）。

（2）各组对本次实训的组织、分配、管理等过程的表现情况（20分）。

（3）各组提交实训报告的质量和报告PPT的演示效果（50分）。

（4）学习小组的团队合作精神面貌（10分）。

（5）同学互评，教师点评（10分）。

参考文献

1. [美] 菲利普・科特勒，凯文・莱恩・凯勒著. 王永贵译. 营销管理（第 14 版・全球版）[M]. 北京：中国人民大学出版社，2012.
2. 黄彪虎. 市场营销原理与操作[M]. 北京：北京交通大学出版社，2008.
3. 吴健安. 市场营销学（第 4 版）[M]. 北京：高等教育出版社，2011.
4. 毕思勇. 市场营销（第 2 版）[M]. 北京：高等教育出版社，2012.
5. 杨群祥. 市场营销概论——理论、实务、案例[M]. 北京：高等教育出版社，2011.
6. [美] 迈克尔・所罗门，卢泰宏，杨晓燕著. 杨晓燕，郝佳，胡晓红，张红明译. 消费者行为学[M]（第 10 版）. 北京：中国人民大学出版社，2014.
7. 谢宗云. 现代市场营销实务[M]. 南京：南京大学出版社，2007.
8. 朱华，窦坤芳. 市场营销案例精选精析[M]. 北京：经济管理出版社，2003.
9. 吴泗宗. 市场营销学（第 2 版）[M]. 北京：清华大学出版社，2005.
10. 李世杰. 市场营销与策划[M]. 北京：清华大学出版社，2006.
11. 刘小清. 现代市场营销方式[M]. 北京：电子工业出版社，2005.
12. 李先国. 市场营销学[M]. 北京：中国财政经济出版社，2005.
13. 张卫东. 市场营销：理论与实训[M]. 北京：电子工业出版社，2006.
14. 杨勇. 市场营销：理论、案例与实训[M]. 北京：中国人民大学出版社，2006.
15. 吕化周，柳兴国，范应仁. 市场营销学[M]. 武汉：武汉理工大学出版社 2006.
16. 李先国. 分销渠道管理[M]. 北京：清华大学出版社，2007.
17. 卜妙金. 分销渠道管理[M]. 北京：高等教育出版社，2007.
18. [美] 罗森布洛姆著. 宋华等译. 营销渠道：管理的视野（第 7 版）[M]. 北京：中国人民大学出版社，2006.
19. [英] 阿德科克等著. 杨蕊，于千千译. 市场营销原理与实务[M]. 中国市场出版社，2007.
20. 郭国庆. 市场营销学[M]. 武汉：武汉大学出版社，2007.